U0487553

● 本书获第四届（2002）中国社会科学院优秀科研成果奖三等奖

中国社会科学院文库
经济研究系列
The Selected Works of CASS
Economics

中国流动人口问题

Floating Population in Transition China

蔡 昉 著

图书在版编目（CIP）数据

中国流动人口问题/蔡昉著．-北京：社会科学文献出版社，2007.1

（中国社会科学院文库·经济研究系列）

ISBN 978-7-80230-390-4

Ⅰ．中…　Ⅱ．蔡…　Ⅲ．流动人口-研究-中国
Ⅳ．C924.24

中国版本图书馆 CIP 数据核字（2006）第 152627 号

《中国社会科学院文库》出版说明

《中国社会科学院文库》（全称为《中国社会科学院重点研究课题成果文库》）是中国社会科学院组织出版的系列学术丛书。组织出版《中国社会科学院文库》，是我院进一步加强课题成果管理和学术成果出版的规范化、制度化建设的重要举措。

建院以来，我院广大科研人员坚持以马克思主义为指导，在中国特色社会主义理论和实践的双重探索中做出了重要贡献，在推进马克思主义理论创新、为建设中国特色社会主义提供智力支持和各学科基础建设方面，推出了大量的研究成果，其中每年完成的专著类成果就有三四百种之多。从现在起，我们经过一定的鉴定、结项、评审程序，逐年从中选出一批通过各类别课题研究工作而完成的具有较高学术水平和一定代表性的著作，编入《中国社会科学院文库》集中出版。我们希望这能够从一个侧面展示我院整体科研状况和学术成就，同时为优秀学术成果的面世创造更好的条件。

《中国社会科学院文库》分设马克思主义研究、文学语言研究、历史考古研究、哲学宗教研究、经济研究、法学社会学研究、国际问题研究七个系列，选收范围包括专著、研究报告集、学术资料、古籍整理、译著、工具书等。

为迎接中国社会科学院建院三十周年，我们将历届院优秀科研成果奖中的部分获奖著作重印出版，作为《中国社会科学院文库》的首批图书向建院三十周年献礼。

中国社会科学院科研局

2006 年 11 月

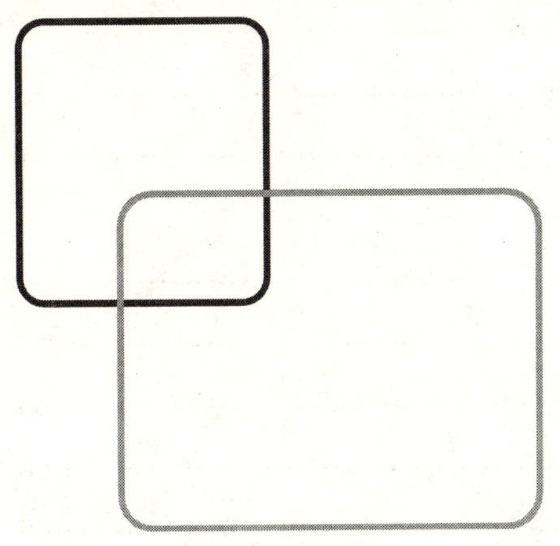

目 录

第一章 “民工潮”引出的话题

人口和劳动力的流动，是20世纪80年代中期以来广为各界关注的社会现象。在这以前，城市和乡村被一系列制度所隔绝，人口迁移由公安系统严格管理和控制，劳动力流动也受到劳动、人事部门的统一计划配置。因而，城市、乡村人民的经济活动和生活方式成为互不相干的两个部分，以致本是同根生的两个社会集团之间“民至老死不相往来”。

因为长期隔绝和缺乏了解、沟通，当农村人口中的一部分为追求更高的收入涌入城市时，城市居民以极大的陌生感看待他们身边的外来客。不尽相同的生活方式，日益拥挤的街区和交通，潜在的就业竞争，甚至似乎提高了的犯罪率，使不少城里人感到不快。

与此同时，城市管理当局也同样缺乏管理外来人口的经验，面对汹涌的“民工潮”而颇感无奈。一旦有所反应，采取的往往是限制、约束甚至排斥性的对策。

学者们通常从比较超脱的角度看待问题。他们没有忘记过去几十年中国农民对城市发展作出的巨大贡献，认为城乡人民理应具有同等权利，分享城市文明之光。所以，我们看到的有趣现象就是，城市人对农村劳动力的不断流入感到不安，城市管理当局纷纷出台限制措施，而一些学者则在舆论上表达对流动劳动力的同情和理解。这种不尽和谐的曲调构成了当前对流动人口的基本态度。

到底今日中国的“民工潮”现象有多么严重呢？让我们首先来概括一

下当前对农村劳动力迁移的有关数量估计、态度取向，并对各界的不同反应做出解释。只有这样，这本小书所做的分析和提出的政策建议，才可能建立在科学认识的坚实基础之上。与此同时，我们还希望通过作者头脑里预先形成的逻辑线索及其表现形式——各章节的安排，让读者从一开始就能随着作者一同思索，以期得出一致的结论。

1.1 潮起潮涌：今日民工流动

进入20世纪90年代的中国，举国上下、朝野内外都以极度热情关注的社会现象，莫过于汹涌澎湃的民工流动。本来，无论讲到人口迁移，还是劳动力流动，它们都是与城市化过程及劳动力市场的正常运作相联系的。在正常的情况下，人口的迁移也好，劳动力的流动也好，始终是人口学、经济学和社会学研究的重要内容。而在今日的中国，这个现象之所以引起如此广泛的关注，是因为这个过程是与两种正在发生的变化联系在一起的。

其一，在过去几十年里，中国的城市化几乎是停滞的。人们在观念上似乎已经忘记，城市化本来是经济增长、社会发展的一个不可避免的过程，好像城里人永远住在城市，农民永远留在乡村，是天经地义的事情。于是，当这个过程伴随着人口流动而重新加速时，人们难以平静对待。

其二，过去，劳动力的安排和布局，完全由政府的计划包揽。当这种劳动力资源的计划配置逐渐为市场调节所替代时，人们表现出应有的惊讶。

特别是，这种人口和劳动力的区域间迁移与流动，表现得过于频繁，以过去几十年未曾有过的规模和速度发展，因而不能不日益引起国人瞩目、洋人震惊，以及研究者和决策者的关注。

读者可能会注意到，谈到农村劳动力从农村向城市转移的过程时，人们有时使用“迁移”这个文绉绉的用语，有时则使用“流动”这个更形象化的概念。两种用语是不是相同的，两者之间到底有没有差别呢？作为一种开宗明义，我们不妨先对这一点做些说明。

迁移与流动两个概念，固然有其特有的语义学上的差别和学术上的不同涵义，这里主要是从中国特有的体制渊源及转变特征出发加以区分的。

在传统的计划经济体制下，人口与劳动力的区域分布及产业配置，也都被纳入集中计划的盘子中。具体而言，人口的区域迁移是由公安部门严格控制的，计划安排之外的农村向城市的迁移几乎不可能；劳动力的产业转移则由劳动、人事部门计划调配，自发的劳动力市场也不存在。控制最严格的当属农村居民向城市居民的身份转变，以及农民向非农民的职业的转变。实现这种控制的制度形式就是城乡分割的户籍管理制度。

在上述体制之下，通过行政和计划部门的批准，而实现了居住地合法转移的人口，在传统的统计口径上被定义为迁移人口。计划的城市化和劳动力调配，都可由这部分人口反映出来。在这种严格控制的迁移之外，一方面仍存在着临时性在区域间、城乡间往返的人口，即正常流动人口；另一方面也存在着不通过计划而进入劳动力黑市或灰市的劳动者及其家属，即过去称的“盲目流动人口”。这两部分即构成传统统计口径上的流动人口。

在纯粹计划体制的意义上，迁移人口和流动人口是容易区别的两组人群，泾渭分明，相互没有交叉，因而也是具有比较明确内涵和外延的两个概念。当时所谓的流动人口，既是数量很少的，也不构成永久性或长期性的居住地变化。所以，在判断城市化水平和地区人口分布时，一般以户籍登记为依据即可。在改革开放以前的很长时间里，城乡人口分布基本没有发生什么实质性变化。例如，按照传统的统计概念，1957 年市镇人口比重为 15.39%，而到了 1978 年，市镇人口比重仍然只有 17.92%，20 余年城市化水平仅仅提高了 2.5 个百分点。

然而，20 世纪 70 年代末城乡开始全面改革，计划经济体制从各个方面被突破，劳动力市场开始发育，人口与劳动力跨区迁移的范围和规模都增大了。这种迁移一部分反映在户籍登记中，因而也反映为统计意义上的迁移，户籍管理之外迁移的一部分，也逐渐以常住人口的形式在统计上被反映出来；而另一部分人口，尽管其中很大一部分已经很明显地表现出与通常描述的迁移无异，但在常规的统计中不能得到反映，被称为流动人口。

所以，研究城市化及劳动力和人口迁移问题，绝不可忽略掉被称做流动人口的这一群人。他们的行为特征与迁移并无本质区别，而其行为后果即是城市化水平的提高和劳动力市场的发育。所以，本书实际上将交叉使用“迁移”和“流动”两个概念，其所指称的内涵根据特定场合的需要而定，当指称不同含义的过程时，自然会做出说明，否则两者将是没有差别的。

正如前面已经谈到的，改革开放以前所发生的人口迁移和流动微乎其微，而随着改革开放程度的加深，人口迁移或流动的规模一天比一天扩大。尽管从传统的统计意义上看人口迁移，这个特点并不明显。例如，根据一项调查表明，在1949～1986年的迁移人口中，50年代迁入城镇的仅占20.7%，60年代占17.0%，70年代占32.9%，1980～1986年占29.4%。在所有这些迁移人口中，只有45.23%为农村到城镇的迁移。[①]

但是，当我们的观察视野扩大到传统的统计口径之外时，变化就是显而易见的了。在20世纪80年代中期，在迁移概念之外的暂住人口约占调查人口的3.6%，据此推算1986年全国城镇共有952万暂住人口。而1992年的另一项包括城镇和农村的调查则表明，无户口外来人口的比例为8.1%，推算当年全国暂住人口大约为9491万人。

1990年全国第四次人口普查所做的迁移人口统计，包括了1985年7月1日至1990年7月1日期间实现了1年以上迁移的人口。按迁入人口计算，这个调查反映出的迁移人口共有3413万。其中农村迁入市镇的人口数为1672万，构成市镇迁入人口的59.24%。[②]

1995年进行的全国1%人口抽样调查，对迁移人口的概念做了一些修正，即剔除了同一城市内的跨区、县迁移人口。因此，与1985～1990年的人口迁移数相比，1990～1995年的迁移数量表面看起来，似乎增加不多，总数为3643万。但是，实际上同一城市内跨区、县的迁移往往是数量众多的。所以，口径的变化使得我们低估了迁移人口的增长幅度。

20世纪80年代中期以来，传统的迁移概念之外的人口流动，在城市化水平提高和地区人口分布调整过程中开始起着越来越大的作用。所以，流动人口的统计和调查的重要性大大提高了。据公安部门的统计，1990年全国流动人口数为3124万，按照其增长率估计，1995年达到8393万人。

---

① 中国社会科学院人口研究所编《中国1986年74城镇人口迁移抽样调查资料》，《中国人口科学》编辑部，1988，第6页。

② 国务院人口普查办公室、国家统计局人口统计司编《中国1990年人口普查资料》第4册，中国统计出版社，1993。

此外，许多有关单位都进行了不同的调查，得出各自的流动人口估计数。

20 世纪 90 年代以来知名度和规模都比较大的调查项目就不在少数。例如，1990 年，由中国农业部政策体改法规司和美国东西方人口研究中心所做的农村劳动力转移与迁移研究，样本总体为沿海 4 省（广东、江苏、浙江和河北）130 个县、130 个村的 650 个农户。1993 年年底，由中国社会科学院农村发展研究所和中国农业银行所做的研究，样本总体为 26 个省、自治区、直辖市的 12673 个农户。1994 年，全国政协经济委员会、国务院发展研究中心和中国农村劳动力开发研究会所做的研究，则是对 15 个省、自治区、直辖市的 28 个县做的全面调查。

流动人口数量的估计虽然略有差异，但能够取得一致认同的幅度，大致在 8000 万到 1.2 亿。例如，团中央的估计数为 8000 万人，① 何菁等人也做出相同的估计，② 中央书记处政策研究室估计 1992 年的总规模为 6000 万 ~7000 万人，③ 按 10% 的年增长率推算，也接近 8000 万；石述思和晓京从不同渠道获得的估计数分别为 9000 万和 8000 万 ~10000 万，④ 中国社会科学院和国务院有关单位的估计更高达 8000 万 ~12000 万。⑤

无论各种对于流动人口数量的估计有多少差异，从这些已有的研究可以看出，人口迁移或劳动力的流动，特别是农村劳动力从农村向城市的转移，已经成为 20 世纪 90 年代中国经济、社会的一种重要现象，其对于城市、农村的经济发展、社会稳定构成了至关重要的影响因素。与此相关的政府对策，不可回避地提上了首要的议事日程。

1.2 情感与理智：孰轻孰重?

对于迅速增长的人口流动规模，以及由此引发的社会、经济后果，不同社会阶层的反应各异，而不同地区政府的态度和对策也不尽相同。

---

① 崔波：《农村外出务工青年是重要的人力资源》，1995 年 4 月 2 日《中国青年报》。

② 何菁、皇黎：《亦喜亦忧“民工潮”》，1994 年 3 月 1 日《四川工人报》。

③ 潘盛洲：《农村劳动力流动问题研究》，《管理世界》1994 年第 3 期。

④ 石述思：《农村寻找出路，城门向农民开多大?》，1995 年 1 月 7 日《工人日报》；晓京：《乡下人进城求发展，城里人须抱平常心》，1995 年 5 月 18 日《中国青年报》。

⑤ Chan, “Migration Controls and Urban Soeiety in Post-Mao China”, *Working Paper*, No. 95 - 2, Settle Population Research Center, University of Washington, Battelle.

无疑，农村劳动力迁移到城市，为城市居民的生活带来了一系列不便，也为有关行政部门的管理出了难题。尽管人们经常援引的现象，从统计方法论的角度来说未必成立，但一些事情毕竟与流动人口的增加有关系。

这方面的事例包括一年一度的铁路春运高潮及持续不断的客运紧张局面，城市公共交通的拥挤，一些外来人口聚居区卫生环境恶劣，流动人口犯罪率上升，甚至外来劳动力与城市劳动力在就业市场上形成了竞争。这些都是城市居民所不习惯的，也对城市管理当局提出了新的要求。作为一级政府，同样感到不习惯。

首当其冲的是像北京、上海这样的大城市。[①] 提到“民工潮”，大城市的居民首先想到的是万头攒动的火车站。北京，作为全国的政治、经济和文化中心，航空、铁路运输和公路运输的能力都居全国之首，但仍然适应不了流动人口不断增长的需要。与20世纪70年代末相比，90年代中期北京的铁路旅客发送增加了一倍半。民航旅客运送量增加了十余倍，仍然不敷使用。每遇节假日和旅游高峰，尽管大量增加车机班次，还是“购票难”。

对城市居民来说，市内交通的拥挤更加使人难以忍受。拿北京市来说，市区每日人口流量高达80万人次，市区与郊区之间人口流量也达20万人次，交通拥挤异常。例如北京地铁，设计运载能力为每天120万人，而每天高峰时间实际客流量常常在160万人左右。上海人更为细心，观察到流动人口平均每人每日出行2.5次，比该市居民出行次数高30%。偏偏这些外地人出行，七成以上是乘坐公交车，市内交通紧张不是他们造成的又是谁？

使城市政府最感头疼的事，莫过于因流动人口增加所造成的财政补贴增加，以及社会治安恶化。如果说北京市政府每年拿出几十亿元修路建桥，不足以全部归咎于外来人口的话，用于农副产品价格的财政补贴，则可以明明白白地分清楚有多少“溢出”到流动人口身上。

据1994年的调查，北京市共有流动人口330万人。按每人每日消费

---

① 邹兰春主编《北京的流动人口》，中国人口出版社，1996；王午鼎主编《90年代上海流动人口》，华东师范大学出版社，1995。

0.5公斤粮食、0.5公斤蔬菜和0.25公斤肉计算，一年为这些人口增加供应60万吨粮食、60万吨蔬菜和30万吨肉类。这不仅加重北京市“米袋子”、“菜篮子”的负担，更使该市一年四五十亿元的财政补贴中，1/4补到了外来人口的身上。

流动人口在城市犯罪，给社会治安造成危害，降低了居民的安全感。拿上海来说，1994年外来人口占全市总人口的22%，而外来人口犯罪占犯罪人口总数的比重则高达57%。尽管这种数字并没有能够把流动人口犯罪和流动犯罪相区分，但烦躁的城里人总是要从外来人口与犯罪率之间找出某种联系。例如，上海人甚至把外地车辆在沪肇事占交通事故的比重高，也与流动人口联系起来。

从不习惯、不方便的感觉出发，形成了对待农村劳动力迁移的一类态度。部分居民通过种种渠道反映其对外来人口的不满。一方面，某些报刊的文章或报道巧言如簧，过分渲染流动人口的消极面，反映了这样一种情绪。另一方面，一些社区管理人员和基层干部忧心忡忡，甚至一些地方人大代表和政协委员，也纷纷对外来人口的消极方面表示忧虑，建议采取限制、阻截的政策措施。

因此，城市管理部门尝试了各种应对措施，其中很大一部分政策旨在规范和限制外来劳动力进城打工，希图使流动人口的规模与城市的现有承载能力相适应。

1994年春节期间，在正月初二至正月十五这不到半个月的时间里，165万民工大军分别通过铁路、公路和水路拥入上海市，造成真正的“民工潮”，使该市政府应接不暇，如临大敌。为了疏散这些不速之客，上海市政府调用警力6000余人，增开民工专列75列，公交专车57辆。这是城市政府面对季节性“民工潮”威胁“集中力量打歼灭战”的一例。

作为常规性的作战部署，城市政府采取了诸如强化户籍管理、关闭或抑制劳动市场、行业性歧视，及其他增大迁移成本的政策措施。这些政策措施，从一个农村外出劳动力为了获得一个就业机会，直接或间接所需缴付费用的种类，可略见一斑（参见表1-1），[①] 这还不算劳动力流动本身

---

① 参见国务院发展研究中心农村部课题组撰写的《农村劳动力流动的组织化特征》，中国农村劳动力流动国际研讨会论文，1996年6月。

要支付的迁移成本，例如路费、寻找职业过程中的生活费、培训费等。

这种种费用，可以对劳动力施加颇高的流动成本。一项调查表明，大多数民工反映，这些收费太高，而且没有统一标准。以务工许可证的办证收费为例，一般收费低者为60元，高者竟达250元。一项费用即昂贵如是，几项费用加起来，远不是一个刚刚进城的外地民工所能承受得起的。当然，从意在抑制劳动力流动规模这样一个目标出发，也许只有这样才能起到控制的作用。

表1－1　对流动劳动力征收的若干费用名目

收费名目	征收对象	征收单位
外出打工许可证办证费	外出务工劳动力	输出地政府
管理服务费	外地务工经商人员	城市政府
外来人员就业证办证费	外地打工人员	城市政府
施工管理费	外地建筑队	城市建委
治安管理费	外来人口	城市公安部门
暂住证办证费	外来人口	城市公安部门
计划生育办证费	外来育龄妇女	城市计生委

另外还有一种不同的态度，即站在同情、理解农村劳动力进城的角度。反映在一些新闻报道和报刊文章中，主要是从以下几个角度为外来人口作辩。

一辩社会身份定位说。他们看到了在传统体制下，为了优先发展重工业，强制从农民那里取得工业化积累，采取了一系列阻碍农民自由转移的制度。在这样的制度安排之下，农民为中国的工业化作出了巨大的贡献和牺牲。

20世纪80年代，一批青年学者曾经对中国农民的贡献做过一个估计。从中华人民共和国成立，到20世纪70年代末，全国农民家庭为自己积累的自有财产，总数还不足800亿元；除去土地资产外，农村集体经济的财产总额也不过2000亿元。然而，通过工农业产品价格剪刀差，农民为国家工业化和城市经济发展贡献的资金总额，却高达8000亿元。①

① 发展研究所综合课题组编著《改革面临制度创新》，上海三联书店，1988。

说穿了，市场导向的经济改革，就是要根本改变旧的积累机制，改变阻止农民变更身份和职业的政策环境，使城乡居民共享经济发展的成果。城市有相当多的行业需要农民工介入，而城市建设和居民生活已经离不开这些外来民工。

20 世纪 30 年代一位学者不无诗意地断言：“都市为智识思想美术文艺及音乐之中心，各时代之有效事业得见于都市之构造、机关、博物馆、会馆及市场之中，时时有世界新闻、有绘画、建筑及艺术之展览，各种之娱乐适合各种之阶级。有种种之职业适应各人之性向技能及趣味，这样与各人的现实底满足，焉有不吸引农民呢?”①

事实上，目前大量在城市谋生的青年农民，主要目的是赚取比农村更高的工资，还谈不上享受城市文明。

对大多数流动民工来说，他们在城里的消费往往是最低限度的，干的是城里人不愿干的工作，如建筑、环卫、修路、餐饮、招待、保姆等，而报酬却远远低于城市职工。一项在农村的调查表明，农民本意并不愿意做一个流动人。在 20 位接受询问的村民中，有 14 位表示，只要种田收入高于企业收入，他们宁愿种田而不到企业打工；有 19 人声称，如果收入水平相当，他们宁愿在本村的企业干活，而不愿意到城镇打工。② 所以，流动劳动力是贡献多于消费的群体。

二辩基础设施无法承受的说法。也就是否定农民大规模流动和进城加重了基础设施压力，妨碍了城市的正常运转的肤浅认识。在市场经济条件下，交通运输以及城市基础设施的发展应该是人口流动的结果，而不应该成为禁止人口流动的理由。

事实上，中国交通运输能力和城市负载力的长期不足，恰恰是城市化水平低的表现和后果。随着价格体制改革的深入，基础产业和城市建设的供给能力将逐渐反映需求状况，因而这些条件必将随着劳动力转移和城市化速度的加快而得到改善。

三辩扰乱秩序说。毋庸否认，在一定时期内，随着人口流动性的提高，社会秩序有所紊乱，犯罪率有上升的趋势，这是世界各国带有普遍性

① 转引自池子华：《中国近代流民》，浙江人民出版社，1996，第 94 页。

② 胡必亮：《中国村落的制度变迁与权力分配》，山西经济出版社，1996，第 159 页。

的现象。但是，我们不应因噎废食。特别是，目前流动人口犯罪率高在很大程度上是由于我们管理跟不上，执法效率低，也和某些政策不配套以及地区文化差异有关系。

作为一种文化传统，中国农民的行为常常是靠社区的认同制约的，而不是靠法规制约的。劳动力转移同时改变了认同的环境，因而遇到文化冲突，有时会因为不懂法或不习惯遵循法律规则而失去行为约束。特别是当城乡分割的户籍政策和不正确的认识将他们从制度上和心理环境上排除在城市新环境之外时，他们就有可能不自愿遵守所不习惯的新规则。

为农民进城而辩护，论证农村劳动力迁移的必然性和合理性，并不意味着对其采取放任自流的态度。政府对人口流动现象采取消极的态度，产生于对于市场经济条件下政府应该做什么认识不清。在市场经济条件下，包括劳动力在内的资源的配置都要通过市场机制来进行，才会是最有效率的。政府的职能范围则是在那些由市场来做效率过低或成本过高的领域。

例如，寻找准确的劳动力市场供求信息对于劳动者个人来说，成本就过于昂贵了，有时甚至不能为收益所补偿；虽然与既定的就业直接相关的技能学习，农民是乐于投资的，但有时对农民来说能找到什么样的就业机会是不确定的，而与提高劳动者的就业适应能力相关的一般素质的培训，个人有时就不愿付出代价。这是因为这种投资具有外部性，即个人的投资效益会有所外溢；至于普法教育和执法，就更是政府的特殊职能了。

更为重要的是，目前仍然存在着阻碍城乡劳动力自由流动的制度障碍，最集中地表现在现行户籍制度上面。这也是造成劳动力转移无序的一个原因。比如由于转移农民不能获得合法的就业、定居身份，愈加不利于鼓励他们在自身素质、市场信息等方面投资，以及主动与新的生存环境在文化上认同。

仅仅从道义出发，争取某些政策倾向的改变是不够的。归根结底，任何一种政府政策倾向，都是政策制定人在权衡了政策的利弊得失之后，两害相较取其轻，两利相较取其重的结果。而政府实行一种政策的利弊，在经济学中就是所谓的政策收益和政策成本。政府，或将其人格化，即政策制定人，其实施一种政策的收益，是指这种政策出台可以得到多大程度的群众支持。而政策成本则是指一旦某种政策出台，可能招致的不满。通常，政府总是倾向于采取那些最大限度地得到支持的政策，而不选择那些遭到最多反对的政策。

根据这个原理，我们就不难理解为什么城市政府和经济发达地区的政府，总是倾向于对农村劳动力迁移实行限制和阻截的政策；农村地区的政府和经济不发达地区的政府，总是倾向于鼓励劳动力流动，并从政策上给予支持；而中央政府的政策总是在上述两种极端之间把握某种程度的平衡。

由于长期以来的城乡分割格局，使得城市居民和城市政府忽视当地以外的经济利益，特别是忽视农村的经济利益，已经成为一种惯常的做法。城市政府要获得本地居民的认同和支持，只需考虑本地居民的利益即可，无须站在外来人口或农村经济发展的角度考虑问题。

而作为劳动力输出地的农村政府和不发达地区的政府，因为劳动力外出可以缓解地区就业压力，增加农民收入从而增加地区平均收入水平，当然要对其采取鼓励政策。

至于中央政府，显然既要考虑城市的经济压力和社会稳定问题，又要顾及农村经济发展和农民收入提高的问题，所以其政策常常居中和摇摆于两个极端之间。

因此，我们看到，凭着某种情绪或求助于道义性劝说，并无助于使相应的政府当局选择正确的、恰当的政策框架。如果要想把政府政策和管理手段建立在各地、各级政府都具有相同激励的基础上，首先需要的是揭示农村劳动力迁移对于农村迁出地、城市迁入地和更宏观层次上的真实政策收益和政策成本。而这就要求对于改革开放以来发生的劳动力流动现象有科学的认识。本书希望能够帮助读者实现一个从责难、同情到科学认识的转变。

1.3 理性假说与共同思维

本书即将采用的分析方法，是经济学的方法。不过，读者千万别以为，以下的阅读过程将要忍受经院式的、论理性的从而枯燥不堪的精神折磨。其实，所谓经济学的方法，重在一种思维方式。这种思维方式，同你我日常惯用的毫无二致。然而，需要做的是，撇开任何冠冕堂皇的外衣，让我们理直气壮地假设：人们的行为是理性的。

这里其实包含两种涵义。

一是指人们在从事经济活动的过程中，面对任何一组可供选择的方案，他总是倾向于选择那种使其目标最大化的方案：要么是收益一定的条件下选择成本最小的，要么是成本既定的条件下选择收益最大的。需要指出的是，所谓的行为理性，并不意味着每一种选择一定是最理想的，而是行为者在特定的约束条件下，通常做出最符合其目标的选择。

二是指所有的行为者都具有经济理性。这里的行为者既包括农民，也包括城市居民，同样也包括各级、各地政府的政策制定者。

读者将会发现，一旦我们从理性行为假说出发，在解释任何遇到的问题时，就可以保持方法论上的一致性。否则，便要时时陷入方法论的飘浮不定、人云亦云的境况之中。

为了让读者对下面的阅读有一个思想准备，这里有必要先对全书做一个概要的预报。本书第二章将从反思传统经济发展战略开始，讨论改革以前阻碍劳动力流动的体制原因。重工业优先发展战略的推行，以及与之配套的统购统销政策、人民公社体制、户籍管理体制，共同形成了对农业劳动力转移的障碍。长期的结果则是积累了巨大的劳动力流动势能，并付出了就业结构转变缓慢的经济代价。

第三章在总结已有的迁移理论和政策传统的基础上，揭示中国20世纪80年代以来发生的劳动力迁移现象的特殊动因。其特殊性在于，这个过程是一个经济发展过程的正常化和以匡正信号为特征的体制改革相结合的过程。

第二、三两章，是在第一章描述了劳动力流动基本状况的基础上，进一步交代这个经济现象的历史和现实原因，主要目的在于，揭示劳动力迁移这一现象是经济发展和结构变化的必然过程。第三章是关于劳动力转移动因的分析，第四章进一步探讨劳动力转移的流向，使用宏观和微观的资料，进一步实证农村劳动力转移的动因——推力、拉力和合力。

第五章和第六章暂时离开对劳动力流动问题本身的直接观察，而是将其放在城市经济发展的背景下，以及劳动力市场发育过程中来考察，揭示劳动力流动对于城市经济的作用，特别是在劳动力市场发育中的重要意义。

在城市新生经济部门与传统经济部门之间的就业竞争中，正是由于农村劳动力的介入，不仅有助于推动传统的就业模式、工资制度的改革，还帮助城市劳动力市场发育过程避免陷入“非帕累托改进”的境地。因此，作为对第二、三、四章的一种补充，劳动力流动又是具有促进劳动力市场发育改革效应的过程。

当我们了解了劳动力流动过程在发展中的地位和改革中的作用之后，第七章和第八章把劳动力流动当做一个人力资本形成和积累的过程，考察其决策过程中的行为理性和若干经济特征。第九章把劳动力流动的效应置于宏观层面进行考察，着重于揭示其对于农业经济发展，以及中国经济比较优势发挥的积极作用上面。

从第五章到第九章，都是在讨论中国目前发生的劳动力流动现象的积极效应，旨在向政策制定人表明，采取一种能够发挥这个过程的积极方面作用的政策，将会提高政策收益。

我们并不打算忽略或掩盖潜在的政策成本。第十章将讨论在面对不可回避的政策成本的情况下，政府可能履行什么样的职能。传统的政策倾向固然要改变，但政策的连续性和适应性是保持社会稳定，使政策成本最小化的有力保障。

第十一章把全书的讨论引向具有结论性的高潮。无论从劳动力流动的最终归宿，还是从政策目标取向来说，把这个过程从一个超常规的阶段引导到一个常规发展的轨道上，都是政府的职责。而引导的方式不是用政府行为代替当事人的理性决策，而是匡正政策信号，实现经济增长方式的转变，使宏观政策目标与微观激励达到协调。

第二章 制度遗产与历史欠债

冰冻三尺，非一日之寒。我们今日看到的“民工潮”并非无源之水，而是特定时期、特定战略造成的历史遗产。中华人民共和国成立后，政府为了推行重工业优先发展战略，逐渐形成了统购统销、人民公社和户籍管理三位一体的制度安排。政策的后果是，减少了工业化过程中对劳动力的吸收，断绝了农村劳动力的职业转移和农村人口的身份变换。

这种制度安排固然有其历史功效，但从阻碍了劳动力流动这一点上来看，造成了经济发展的不良后果——造成经济增长过程中结构转换的滞后，以及结构转变中就业转换的滞后。

如果按照有些人的说法，把一个国家经济结构的转换视为“发展的主题”，[①] 则是在上述制度安排之下造成的结构转换滞后的结果，至少意味着过去几十年，中国经济发展是一个缺乏主题的音符组合，而不是一个主题明确的交响乐。

本章拟从讨论重工业优先发展战略这一历史性选择入手，分析传统体制下阻断劳动力流动的制度障碍，揭示构成今天汹涌流动的人口迁移势能是怎样蓄积起来的，以及这种制度障碍所造成的结果又是如何表现出来的。

---

① 周其仁、杜鹰、邱继成：《发展的主题——中国国民经济结构变革》，四川人民出版社，1987。

2.1 重型结构：理解的逻辑起点

翻开当代城市发展的历史，我们不难看到，在20世纪70年代初，发展中国家城市人口增长中，农村向城市的迁移起着重要的作用。通常，迁移造成的人口机械增长，占城市人口增长的比例大都在1/3～2/3的水平。以致一个引起人们忧心忡忡的问题被不断提出，这就是城市人口的膨胀问题。

然而，在同一时期，中国的城市人口增长基本是停滞的。当然，所谓停滞是指城市人口机械增长部分的停滞，而城市人口自然增长率无疑是正值。

为什么中国经历了一个与众不同的城市化过程，或者说，在中国，人口从农村到城市的迁移为什么受到阻碍，机理是怎样的呢？理解了这样一些问题，就不难理解有关今日人口流动和劳动力转移发生的背景了。而所有答案，都应该以对传统体制的分析作为逻辑起点。

与改革以前形成的人口分布和劳动力配置格局相关的制度安排，可以归纳成一个战略背景下形成的三位一体的制度框架。这个战略背景就是重工业优先发展战略；而三个制度形式分别为农产品统购统销政策、人民公社制度和户籍管理体制。相对于三种制度形式的形成来说，重工业优先发展战略是全部制度安排的逻辑起点。

中华人民共和国建立之后，中国共产党的领导人面临着如何改变贫困落后的国民经济，实现国家强盛、人民富裕、迅速立足于世界民族之林的重大选择。这个选择就是要找到一种能够最快地实现经济增长的发展战略。

站在当时的角度描绘中国贫困落后的图画，我们看到的是一种极端低下的工业化水平和贫困的农村。1949年，国民收入只有358亿元，人均66元。国民收入中工业的比重仅为12.6%。在工业总产值中，重工业产值比重只占26.4%。全国近90%的人口在农村居住，靠农业为生。

所以，改变贫穷落后面貌就意味着要提高工业化水平，迅速发展经济的战略也就是加快工业化进程的战略。观察国际上当时发达工业化国家的情形，工业产值占国内生产总值的比重一般都在50%上下。

例如，联邦德国（1950 年）在 55% 到 60%；美国（1953 年）为 48.4%；加拿大（1951～1955 年）为 49.6%；瑞典（1951～1955 年）为 54% 到 58%。[①] 从苏联这个第一个社会主义国家的经济结构来看，工业产出也占据主导地位，1950 年工业占国民收入的比重达到 42% 左右，工业产值中第一部类（生产生产资料的部门）比重达到 2/3 以上。[②]

从关系国计民生的重要工业产品产量比较来看，1949 年中国钢产量只有 15.8 万吨，而 1950 年美国的钢产量为 8785 万吨，苏联为 2733 万吨，日本为 484 万吨，联邦德国为 1212 万吨，英国为 1655 万吨；1949 年中国能源生产总量（折标准燃料）为 2371 万吨，美国 1950 年为 11.66 亿吨，日本为 6232 万吨，联邦德国为 1.41 亿吨，英国为 2.21 亿吨。[③]

面对这样的国际经济格局及其对比，中国共产党领导的政权，面临的首要任务就是如何尽快地改变落后的经济结构，提高工业化水平，特别是提高重工业在工业结构中的比重。因此，党和政府选择了重工业优先发展作为经济发展战略。选择优先发展重工业的战略目标，与当时中国面临的国际政治、经济环境也是相吻合的。由于以美国为代表的西方国家不满于中国内地的政权更替，实行了一系列政治上孤立、经济上封锁的措施，使中国缺乏良好的外部经济联系，并且随时面临着战争的威胁。这种状况使中国领导人明确地意识到：能否迅速地建立起工业体系，尤其是（包括为军工服务的）重工业体系，是关系到国家和政权生死存亡的头等大事。苏联运用国家计划迅速推进工业化曾经取得的成功，也对中国领导人选择这样的发展战略产生了很大的影响。

经济学家霍夫曼对一些国家的工业结构进行研究的结果十分著名。他通过统计研究揭示出一个规律：工业化的发展水平是与重工业在工业结构中的比例相关的。也就是说，工业化水平越高的国家，其重工业占工业总

① Kuznets, *Economic Growth of Nations: Total Output and Production Structure*, Harvard University Press, 1971, table 21。

② 周荣坤、郭传玲等编《苏联基本数字手册》，时事出版社，1982，第 26、46 页；中国银行总管理处、北京经济学院编《六国经济统计（1950～1973 年）》，中国财政经济出版社，1975，第 9 页。

③ 中国银行总管理处、北京经济学院编《六国经济统计（1950～1973 年）》，中国财政经济出版社，1975，第 20、29～33 页。

产值的比重就越高。[①] 人们习惯于把这种变化规律称为“霍夫曼定律”。

显然，霍夫曼总结出的是一种工业增长的自然结果，绝没有建议从一开始就把提高重工业比重作为工业化手段的意思。但是，当时世界上确实有许多国家都采取了优先发展重工业的战略。例如，苏联、印度等国家都明确宣布，在它们的国家工业化中，把重工业优先发展作为战略目标。无疑，从20世纪50年代初开始，中国也进入到这些国家的行列中。

虽然不是唯一的，但苏联、印度和中国可以算是三个典型的国家，明确推行了重工业优先发展战略。比较一下三个国家选择这种战略之初，政治领导人或经济政策制定人的战略宣言，饶有趣味。

早在1922年，列宁就指出，不挽救重工业，不恢复重工业，我们就不能建成任何一种工业，而没有工业，我们就会灭亡而不会成为独立的国家。斯大林则把从轻工业开始实现工业化，看成是资本主义制度的产物。[②] 可见，重工业发展不是一个简单的策略问题，而真正被提到了一个战略的高度。

几十年以后，印度重工业优先发展战略的倡导者和领导人尼赫鲁指出：“重工业的发展就是工业化的同义语”，“如果要搞工业化，最重要的是要有制造机器的重工业”。印度发展战略的实际设计者马哈拉诺比斯在其设计的印度“二五”计划纲要中阐述道：“工业化的速度以及国民经济的增长，都要依靠煤、电、钢铁、重型机械、重型化工生产的普遍增长……所以，必须竭尽全力尽快地发展重工业。”[③]

在确定了这一战略之后，中国经济领导人也表述了同样的思想。当时的国务院副总理兼国家计委主任李富春指出：“社会主义工业化是我们国家在过渡时期的中心任务，而社会主义工业化的中心环节，则是优先发展重工业。”[④]

推行重工业优先发展战略，意味着形成一个重工业比重偏高的工业经济结构，因而在工业化投资中，也要向重工业倾斜。事实正是如此。我们把各个时期重工业产值的增长率，与轻工业产值的增长率相对比，可以得

---

① W. Hoffmann, *Growth of Industrial Economies*, Manchester University Press, 1958.

② 王梦奎：《两大部类对比关系研究》，中国财政经济出版社，1983。

③ 孙培均主编《中印经济发展比较研究》，北京大学出版社，1991。

④ 《中华人民共和国第一届全国人民代表大会第二次会议文件》，人民出版社，1955。

到一个比值，并称之为重工业增长率的领先系数。1952～1978年，该系数高达2.86，即重工业增长速度比轻工业高近两倍。

产业结构发生偏斜会产生问题，而且会很快地表现出来。事实上，从一开始中国的领导人就注意到了这个问题。然而，尽管毛泽东主席早在20世纪50年代中期就提醒经济工作领导人注意摆正“农—轻—重”三个产业的关系，但基本发展战略目标既定，重工业不可避免地要成为重中之重。

正如陈云所指出的，重工业优先发展，意味着不能平均使用有限的建设财力。从1952年到1978年这个时期，在全国基本建设投资总额中，重工业仍然占用了主要的部分。表2－1揭示了从“一五”开始到改革之前，农业、轻工业、重工业和其他产业的相对投资比重。由此足以证明，重工业优先发展战略不是一个口号，而是实实在在地体现在国家的经济计划和投资行为中了。

表2－1　改革以前的投资结构

单位：%

	农　业	轻工业	重工业	其他产业
“一五”时期	7.1	6.4	36.2	50.3
“二五”时期	11.3	6.4	54.0	28.3
1963～1965年	17.6	3.9	45.9	32.6
“三五”时期	10.7	4.4	51.1	33.8
“四五”时期	9.8	5.8	49.6	34.8
1976～1978年	10.8	5.9	49.6	33.7

资料来源：林毅夫等：《中国的奇迹：发展战略与经济改革》，上海三联书店、上海人民出版社，第62页。

2.2　三驾马车——派生的制度安排

把优先发展重工业作为经济发展的基本战略，对于人口分布和劳动力配置究竟意味着什么呢？我们暂且把这个问题留到下面一节，这里先追寻着上一节的分析逻辑展开，看重工业优先发展战略，需要什么样的制度安排才能实现。

优先发展重工业，或者说形成一个偏于重工业的工业经济结构，从投资的角度讲，意味着需要更多的资金投入。然而，作为一个经济落后的国家，当时最缺乏的不外乎资金。资金稀缺，势必在资金市场上表现为使用资金的成本高昂，重工业部门的企业能否承受得起，不是一个难以回答的问题。政府的战略目标既定，企业又力不从心，非要有某种特别的办法不可。

解铃还需系铃人。这个矛盾的解决，最后是由国家做出了一系列相应的制度安排而达到的。这些制度安排的主旨在于压低重工业发展的成本。人为制定资金利率，把使用资金的成本压低就是做法之一。和我们所要讨论的问题有关的制度安排，可以称为抑制城乡资源流动的三驾马车。

为了压低工业部门职工的工资和生活成本，需要对农产品实行低价格政策。20 世纪 50 年代初，国家商业组织是与私商一道在市场上收购农副产品。当体现重工业优先发展战略的第一个五年计划开始时，国家以低于市场水平的价格收购农副产品，就难以同非国有商业组织相竞争了，于是便出现了粮食收购危机。

政府不能掌握低价的农副产品，以保证工业发展和城市需要，国家工业化的目标就无从达到。因此，从 1953 年起，从粮食、油料的计划收购和计划销售开始，逐渐实行了对主要农副产品的统购统销政策。至此，统购统销政策走出了阻断城乡产品流通渠道的第一步。

然而，此时还不能确保农民能够完全按照政府所要求的品种和数量生产农产品，也不能保证农民将生产资源有效地投入到农业生产中去。因此，就要求有一种更进一步的制度安排，以切断生产要素的外流渠道，并可以直接贯彻国家的计划。

适应这种制度需求，20 世纪 50 年代末在农业合作化的基础上迅速实现了农村人民公社化。人民公社制度迈出了隔断城乡生产要素流动的第二步。

第三步则是对城乡人口、劳动力流动做出进一步的约束，即在全国范围内实行户籍管理体制。这种户籍管理的与众不同之处在于，城乡人口分布和劳动力配置从此凝固化。作为农民，既不能随便变更居住地，也不能自行改变职业。这种做法，一方面是为了保障农业中有足够的劳动力供给，另一方面也是为了把城市里享受低生活费用的人数固定下来。

在中华人民共和国成立之初，人口的城乡流动和自由迁移是不受限制的。1949～1957年市镇人口增加的总量中，70%～80%由农村向城市的迁移构成，与当时发展中国家的一般情形相类似。当制度安排的逻辑推进到这一步时，人口迁移开始受到阻碍。

就在实行统购统销政策的同一年——1953年，中共中央、政务院第一次发出了《关于劝止农民盲目流入城市的指示》。1957年中共中央、国务院再次发出《关于制止农村人口盲目外流的指示》。1958年全国人民代表大会通过了《中华人民共和国户口登记条例》，从此确立了把城乡人口隔绝的户籍管理体制。

这种把城乡产品、资源流动相隔绝，把城乡人口区别对待的制度安排的三驾马车，就形成了几乎延续至今的、阻碍人口迁移和劳动力流动的制度框架。主要农产品的统购统销政策，为农民规定了必须履行的、按照国家制定的价格交、售农副产品的义务和责任。同时，对城市户籍人口实行低价农产品供给的定量配给制，而外来人口则不能享受这种补贴。

不少人可能还记忆犹新。当时的做法是对城市居民发放各种票证：粮票、肉票、油票和购货证。由于居民居住地的分割、产品的匮乏，以及地区之间补贴的排他性，当时不仅每个省、直辖市和自治区有地方粮票，甚至每个更基层的地区，乃至县级市镇都发行了地方粮票。因公外出和因有特殊原因外出的人口，经批准可以用地方粮票换取一定数额的全国通用粮票。

人民公社制度把农村劳动力限制在以农业为主、以粮为纲的农村经济活动中，无法改变职业身份。人民公社制度是一个统称，其实质内涵是公社、大队和生产队三级所有制，以生产队为基本所有制单位。也就是说，当时1亿多农户、近8亿农村人口分别归属于全国481万个生产队，平均每个生产队的36户家庭、166口人和63名劳动力，仅仅有权耕种每个生产队平均拥有的310亩集体耕地。

由于生产队的集体耕作缺乏劳动积极性，各地农业耕地与当地人口和劳动力的比例又是不均等的，偶尔也有农村劳动力外出，但规模和范围都十分有限，而且被视为非法，称作“盲目流动人口”。这种人口流动现象，常常被政府视同于“资本主义尾巴”而不断遭到围追堵截。

户籍管理体制把农业人口和非农业人口的身份固定下来，不能改变，从而农村人口的居住地也只能限制在农村。一个有趣且令人悲哀的规定是，如果一位城市小伙子和一位农村姑娘结婚，所生育的孩子只能随其母亲，户口定位于农村，从而被剥夺了与父亲一起享受城市文明的权利。所以，同为中国人，却由于这种户籍管理体制而被区分为两个等级。

事实上，尽管每一个城里人上溯一代或两代，最终都是农民的后代，但在那个年代（在很大程度上至今仍然如此），城乡人口之间的通婚现象颇为罕见。有多少因与农村青年男女感情相笃而结为伉俪的插队知识青年，一经有机会回城，便因户口问题而银河阻断，只好劳燕分飞。

说到这里，还有一个不合理的事实便是，每当城市就业压力增大，具有影响城市社会安定的潜在威胁时，政府总是用诸如“不在城里吃闲饭”、“接受贫下中农再教育”一类的借口大规模向农村移民，好像人均不到两亩地的农村真是可以大有作为的“广阔天地”。相反，农村的知识青年却惟有通过入伍、提干、考学和招工这几个需要过五关斩六将的狭窄山门，才有机会到城市去大有作为。

除了直接制约农村人口迁移和劳动力转移的这三种基本制度安排之外，还有一系列传统体制都具有排斥这种人口流动发生的效果。举其要来说，与城市全面就业和低工资制相配合，城市住房、医疗、教育和其他生活基础设施都含有排他性的补贴。即作为一个拥有合法户籍身份的城市居民，通常可以得到就业保障，而一旦就业，就可以获得近乎不付租金的住房，公费的医疗，免费的初、中级教育，以及低价享受公共交通等日常生活福利。

既然不能获得合法的城市户籍身份，外来人口自然被排斥在这种福利待遇之外。把三驾马车与所有这些歧视性的制度安排结合起来，在20世纪80年代以前的二十多年时间里，农村人口向城市的迁移，既是不合法的，又是成本高昂的。

2.3 发展的双重主题

在对上述阻碍劳动力流动的制度障碍做出评价之前，我们有必要先来讨论一个相关的问题。问题虽然带有几分学究气，却可以为我们后面的判断提供一个有益的参照系。

让我们先从提出这样一个问题开始，即什么是发展，发展的含义是什么？这个看似简单的问题，曾经引起许许多多学者的关注和讨论。由于经济学归根结底是一门学以致用、经世济民的学问，所以探讨发展的含义尤其为经济学家所津津乐道。

法国学者佩鲁对这个概念性问题的讨论曾经十分引人注目。在1983年出版的《新发展观》一书中，佩鲁把“增长”这个概念与“发展”的概念做了区分。他认为，增长应该是指一个国家或地区人均国民生产总值的提高。而发展则包含更为广泛的内容。其中，他强调的一点就是结构的变革和演进。而结构的这种演进过程，又表现为“各种形式的人力资源都有机遇获得效力和能力”。[①]

实际上，从古典经济学家开始，从来就是把经济结构转变当做发展的一个重要内容，至少是将其与人均收入水平的提高相提并论的，因而可以说经济发展至少是一个遵循双重主题而推进的过程。随着人均收入水平的提高，初级产业的产值份额及就业份额下降，是一个古老的经济规律。几乎所有的社会在从不发达到发达的经济发展过程中，都不可避免地要经历一个相应于这个趋势而进行经济结构调整的过程。

所以，经济学家普遍承认，经济发展的过程，既是人均收入水平提高的过程，也是产业结构发生变革的过程。

早在古典经济学的时代，斯密和配第等就发现了这个结构变化的规律，即资本和劳动力受报酬水平的吸引，将随着经济发展，逐渐由农业转向制造业以及国际贸易等产业。后来是英国经济学家克拉克，从统计的角度证明了资源按照从农业到第二产业再到第三产业这样的顺序转移的结构变化规律。

尽管以后各国发展的经验，以及对于这些经验的总结表明，从第一产业到第二产业再到第三产业的顺序并非必然成立，即有时是从第一产业向第二产业转移，有时则是从第一产业直接转到第三产业，但是这个变化过程发生的必然性，以及整个过程中结构变化的方向都得到了证实。

随着人均收入水平提高而发生的结构变化，包括两个过程：

---

① 佩鲁：《新发展观》，华夏出版社，1987。

第一个过程是各个部门产量或产值份额的此消彼长。在较低的发展阶段，农业等初级产业通常具有庞大的产量或产值份额，而工业和第三产业的份额则相对微小。随着发展水平的提高，农业的产值份额逐渐下降，非农产业产值份额相应提高。

产量或产值的产业分布的变化，必然是资源投入结构变化的结果。由于劳动力是最基本的生产要素之一，因而第二个过程是各个部门就业份额的改变，即随着人均收入水平的提高，在初级产业中就业的劳动力相对减少，而在工业和服务业中就业的劳动力比重提高。

从诺贝尔经济学奖获得者库兹涅茨收集的一些发达国家资料看，在这些国家早期发展过程中，始终伴随着三个产业产值份额和就业份额的消长变化。让我们来观察从19世纪中后叶，到20世纪60年代前后大约100年期间，农业、工业和服务业之间的产值及就业相对份额发生了什么样的变化，以及这个变化的幅度有多大。

以农业的产值和劳动力为基数，也就是说，以农业为1，我们计算了两个时期三个产业（顺序依次为农业、工业、服务业）的相对产值和劳动力的相对指数（参见表2－2）。

表2－2　随时间推移三个产业相对份额的变化*

国家	19世纪中下叶		20世纪中下叶	
	相对产值	相对就业	相对产值	相对就业
德国	1.0∶0.5∶0.7	1.0∶0.5∶0.4	1.0∶9.4∶4.8	1.0∶4.8∶3.0
英国	1.0∶1.9∶2.3	1.0∶2.1∶1.8	1.0∶16.1∶12.4	1.0∶14.9∶11.2
挪威	1.0∶0.9∶1.0	1.0∶0.3∶0.3	1.0∶6.7∶4.3	1.0∶2.5∶1.6
美国	1.0∶0.9∶1.0	1.0∶0.6∶0.4	1.0∶13.4∶15.9	1.0∶6.7∶9.9
意大利	1.0∶0.4∶0.5	1.0∶0.4∶0.3	1.0∶3.6∶3.0	1.0∶1.8∶1.1

注：*以农业为1，依农业、工业、服务业这一次序所揭示的比例关系。

资料来源：根据库兹涅茨《各国的经济增长》中资料计算。

从前一时期来看，就大多数国家而言，如果农业的份额为1的话，则工业和服务业的份额均小于1，意味着无论从产值来说还是从就业来说，农业都是占主导地位的产业。而100年之后，农业的份额大大下降了，仍然以其为1，工业和服务业皆远远超过了1。

以当今世界头号发达国家美国为例。仅仅200年前，每100个美国公民中，就有90个是农民，依靠土地为生。如今，100个美国人里，98个已经离开了土地。由于这种变化普遍发生在西欧、北美的一些发达国家，与亚非拉发展中国家形成鲜明的对比，以致经济学家常常用农业劳动力的比重判断一个国家的发达程度。

尽管这个结构变化发生的迟早不同，变化速度也各异，但变化的总趋势却是相同的，即随着时间的推移（即收入水平的提高），农业产值比重下降，非农产业产值比重上升。与此同时，原先在农业中就业的劳动力转移到非农产业中。正是在这个意义上，我们认为，经济发展过程至少是由人均收入提高和结构变化这样两重主题构成的。

作为库兹涅茨工作的延续和发展，曾经担任过世界银行副行长的美国经济学家钱纳利，首创了揭示收入水平提高与结构变化之间规律的一种统计方法——“典型事实法”。

他利用约100个国家、时间跨度达20年的30个变量，分析和总结了人均收入水平与结构变化之间的统计规律。[①] 他的研究结果表明，经济结构的变化，绝大部分发生在人均国民生产总值100~1000美元（1964年价格）这个区间。也就是说，人均国民生产总值在100美元以下的发展水平，具有典型不发达经济的结构特征；而人均国民生产总值超过1000美元后，即开始向典型的发达经济的结构特征靠拢。

所以，我们可以将这个区间称作“结构快变期”，或者，为了突出钱纳利的贡献，将其称作“钱纳利时区”。表2-3概括了在这个区间中，三大产业的产值份额和劳动力份额所发生的典型变化。

钱纳利的这一研究成果，为我们提供的知识是：首先，人均收入水平与结构变化之间确实因时因地而具有一定的规律性，结构变化在一定发展阶段成为比人均收入水平提高更重要的发展主题。

其次，钱纳利的研究及结论所指出的这种平均的或典型的趋势，虽然对于每一个具体的经济并不直接对应，而且这里引述的结构变化与人均收入水平之间的关系，也只是在他那个年代所做的观察的结果，但是，毕竟我们可以从这种研究中发现一个思路，即根据收入提高与结构变化

---

① 钱纳利、赛尔昆等著《发展的型式，1950~1970》，经济科学出版社，1988。

之间关系的原理，寻找到某种参照系，以之比照中国发展过程中结构变化在多大程度上与常态规律相符，或者毋宁说在多大程度上偏离了常态规律。

表 2-3 "钱纳利时区"的结构变化（1964）

单位：%

产业份额	100 美元	300 美元	500 美元	800 美元	1000 美元
初级产业产值	45	27	20	16	14
工业产值	15	25	29	33	35
服务业产值	40	48	50	51	51
初级产业就业	66	49	40	30	25
工业就业	9	21	26	30	33
服务业就业	25	30	35	40	42

资料来源：钱纳利、赛尔昆等：《发展的型式，1950～1970》，经济科学出版社，1988。

2.4 政策代价：非典型化的经济发展

由于物价和汇率折算的因素，上述钱纳利的典型事实比照方法，并不能直接应用。但是，我们可以按照类似的思路，把中国放在特定的发展水平阶段上，观察结构变化的程度。

首先，我们根据世界银行的收入分组，来看中国在改革开放之初所处的发展阶段，以及结构演进水平。按照世界银行的统计，1982 年中国的人均国民生产总值为 310 美元，尽管位于低收入经济这个组别，但高于不包括中国和印度在内的低收入经济平均水平，高出的幅度达 1/4。

然而，从农村人口占总人口的比重这个与城市化水平相关的指标来看，中国的水平与低收入经济平均水平大致相同。从农业就业人口占全部经济活动人口的比重来看，中国比低收入经济的平均水平略低一些。尽管统计口径不尽相同，某些数字并不一定可靠，但有一点是有把握的，即从人口的城市化和非农化水平来看，中国并不比低收入经济的平均水平有明显的优势（见表 2-4）。

表 2 -4　农业就业与农村人口

地　　区	1982 年人均 GNP（美元）	1982 年农村人口比重（%）	1980 年农业就业比重（%）
中　国	310	79	69
低收入经济（不含中、印）	250	80	73
下中等收入经济	840	66	56
中等收入经济	1520	54	46
上中等收入经济	2490	37	30
高收入经济	11070	22	6

资料来源：The World Bank, *World Development Report 1984*, New York, Oxford University Press, 1984.

其次，我们考察一下 20 世纪 80 年代初中国三个产业的产值份额分布状况。与低收入经济组比较，中国的农业产值份额较低，比低收入经济平均水平低 7 个百分点。而工业产值份额则异乎寻常地高，甚至高于中等收入国家和发达国家的水平。但是，服务业的产值份额又一次处于最低水平（表 2 -5）。

表 2 -5　国内生产总值的产业分布（1982）

单位：%

地　　区	农　业	工　业	服务业
中　国	37	41	22
低收入经济（不含中、印）	44	16	40
下中等收入经济	23	35	42
中等收入经济	15	38	47
上中等收入经济	11	41	48
市场经济工业国家	3	36	61

资料来源：The World Bank, *World Development Report 1984*, New York, Oxford University Press, 1984.

在国内生产总值结构变化过程中，农业份额的下降和工业份额的提高，反映了中国过去几十年倾全力以兴工业的成绩。而服务业份额的偏低，恰恰是城市化水平低的后果。服务业实际上是指所谓的第三产业，通常与城市化、商业化水平密切相关。如表2-5所反映的，20世纪80年代初中国城市化水平较低，同时又偏重于重工业的发展，以致第三产业极其不发达。

再次，我们把经济结构变化中的产值转换与就业转换结合起来考察，以获得两者之间关系的信息。从农业劳动力比重来看，将世界银行统计的126个国家由低往高排，中国居第93位，处于落后地位。而从工业产值比重来看，将世界银行统计的126个国家由高往低排，中国居第15位，处于很高的水平。那么，这种就业结构与产值结构转换的不对称，究竟有什么特殊的意义呢？

一般来讲，在经济结构转变过程中，有几个因素会影响产值结构和就业结构两个转换之间的对称性，或者说会造成就业结构转换滞后于产值结构的转换。

第一个因素是人口增长超常迅速，从而劳动力增长速度过快，以致工业吸收的就业量怎么也无法赶上劳动力供给量。与工业化国家早期发展阶段相比较而言，发展中国家通常受到这一因素的影响要大得多。例如，1950~1970年，发展中国家人口的年平均增长率为2.4%，劳动力供给增长1.7%。而发达国家在类似发展时期的人口和劳动力增长率仅分别为0.8%和0.9%。

第二个因素是工业增长中使用过多的资金，使用较少的劳动力。发展工业在利用资源方面，本来是可以有不同选择的。也就是说，通过选择不同的产业重点，选择不同的技术类型，甚至通过不同的产业布局，分别可以发展劳动力相对密集型的工业，或者资金相对密集型的工业。前者意味着一定量的工业产值，可以由较少的资金投入和较多的劳动力投入来取得。

发展中国家由于处于经济发展后来者的地位，赶超愿望十分强烈，所以与它们的先行者——发达国家相比，通常更倾向于选择资金密集型的工业。例如，重工业优先发展战略，就是一种花费更多的资金而吸收较少的劳动力的工业化战略。

第三个因素是阻止劳动力就业的制度障碍。这种制度障碍可能是直接的，也可能通过某种间接的途径发挥作用。说到直接设置阻碍劳动力就业的制度安排，把城乡人口分布和劳动力配置相分隔的户籍管理体制就是一例。

而间接地影响劳动力按照市场需求原则就业的制度障碍，包含的范围则更广泛。例如，人分高贵和低贱的种姓制度，把人和劳动者按种族分离的种族隔离政策和种族歧视的社会习俗，因宗教或其他文化特质而形成的性别歧视等，都具有抑制劳动力就业参与程度的效果，从而使得就业结构从以农业为主的阶段向以非农产业为主的阶段过渡受到阻碍。

早期发达国家都曾有过这样或那样的制度安排，排斥部分社会群体的就业参与。但随着社会进步和文化融合，歧视性就业政策渐趋式微。而在当今的一些发展中国家中，某些传统的偏见仍然或多或少地在作祟，也是其就业结构转换滞后的原因之一。

遗憾的是，上述几种使就业结构滞后于产值结构转换的因素，在发展中国家都存在，在中国也同样存在。钱纳利通过对大量国家所做的经济结构变化的典型归纳，发现了在农业产值比重、农业劳动力比重和农村人口比重三者之间的变化规律（见图 2－1）。

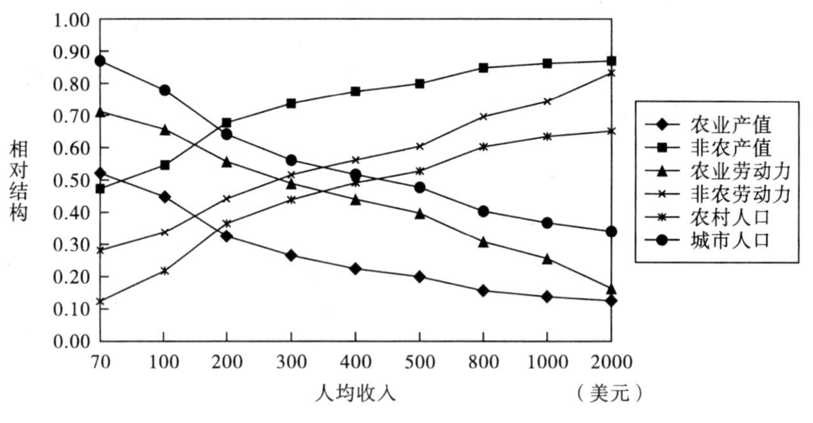

图 2－1　三个结构转换点

在典型的情形下，农业产值和非农产业产值比重在人均收入不到 100 美元（1964 年价格）时就已经达到相等；随后，在人均收入达到 200～300 美元时，即人均收入提高 1～2 倍时，农业劳动力和非农产业劳动力比重达到相等；人均收入进一步提高到 400～500 美元，或者说提高到起始点的 4～5 倍时，农村人口与城市人口比重达到相等。[①] 图 2－1 就显示了这三个重要的转折点。

中国农业在国内生产总值中的份额，早在 1978 年以前就下降到 50%以下了（1978 年为 28%）。而与 1978 年人均国民生产总值 379 元的水平相比，并且按照该年的不变价格计算，1995 年中国人均国民生产总值已经达到 1471 元，大约是 1978 年的 4 倍。然而，农业劳动力比重仍然高于 50%。

由此可见，中国就业结构转换比典型的发展中国家来得更迟一些。这是中国经济结构转变中的第一个非典型化特征。如果说今天的农业劳动力比重已经比较接近于与非农产业劳动力比重相等，则农村人口的比重仍然高达 71%。与典型的经验比较，中国城市化的进程显然大大地滞后了。

2.5 二元结构与流动势能的积累

经济结构变化滞后于经济总量的增长，就业结构转换滞后于产值结构转换，是阻碍劳动力迁移的制度三套车遗留下的遗产。同时，既然结构变化是经济发展的重要主题，这个主题未能展开，也就意味着一种历史负债。

描述这种历史负债的最好笔触，莫过于 1978 年诺贝尔经济学奖获得者刘易斯勋爵的“二元经济模型”了。刘易斯在他 1954 年发表的名著《劳动力无限供给条件下的经济发展》[②] 中，描述了发展中国家存在的几种反差极为强烈的二元现象。

第一幅图景是经济发展水平的反差：少数高度现代化的工业与最原始的技术并列；少数高级商店零星地镶嵌在大量老式商贩组成的拼盘上面；为数不多却高度资本主义化的种植园被小农经济的汪洋大海所包围。

第二幅图景是生活环境的反差：一两个高楼耸立，自来水、交通设施齐全的现代化都市，被几乎是另一个星球上面的老式村镇生活环境所围绕着。

第三幅图景是文化的反差：少数讲着西方的语言、身着西装革履、言

① 钱纳利、赛尔昆等著《发展的型式，1950～1970》，经济科学出版社，1988。
② 刘易斯：《二元经济论》，北京经济学院出版社，1989。

必称西方的城里人，与另一群在完全不同的世界里生活的、土头土脑的乡下人，虽然同在一片蓝天下，思想、行为、生活方式却不啻天壤之别。

这样的图景，在刘易斯的著作中被称为“二元结构”。作为世界级顶尖的经济学家，他最终当然是用经济学的语言来描述和解释这种结构现象的。在刘易斯的模型中，发展中国家的经济被划分为两个部门，一个叫做传统部门，一个叫做现代部门。两个部门是按照完全不同的经济机制运转的。

在新古典经济学的世界里，市场机制决定一切价格的形成。作为一种生产要素价格的工资，也是由市场决定的。通常，工资水平取决于劳动力供给和需求的状况。当雇主认为在某种工资水平上，雇用工人仍然划算，他就会继续增加工人的数量。直到增加一个工人所创造的生产力与这个工人所得到的工资相等，雇主就停止增加工人。因为这以后增加的工人不再给雇主带来剩余。

这最后一个工人的生产力，在经济学中叫做劳动的边际生产力。所以，在市场机制下，工人的工资等于劳动的边际生产力。刘易斯认为，在发展中国家的现代部门，工资决定仍然可以被看做是这样决定的。

传统部门则不是遵循同一机制。传统部门以汪洋大海般的小农经济为代表，终日“汗滴禾下土”，却生计艰难。由于人口增长过快，劳动力供给超过了土地等生产资料所能容纳的水平，如果按照劳动的边际生产力决定工资水平，就会有相当大量的劳动力被排除在经济活动之外，从而丧失生计。结果，在这个维持生计的部门里，就业机会是大家分享的，生活资料也是大家分享的。也就是说，在这里，劳动者的工资不是由劳动的边际生产力决定，而是由劳动的平均生产力决定，即无论生产出多少可供消费的东西，都是由全部社区人口来分享的。

我们很容易跳出刘易斯的逻辑。既然城市现代部门的工资是由劳动的边际生产力决定的，要比农村传统部门由劳动的平均生产力决定的工资水平要高，则农村劳动力向城市迁移，既可以减少农村的劳动力供给，增加维持生计农民的收入，又可以压低现代部门的工资水平，降低城市工业发展的成本。一旦这个过程不断进行，则最终会消除二元结构的对立，整个经济成为一个一体化的过程。实际上，刘易斯设想的“劳动力无限供给条件下的经济发展”，就是这样的一个城市部门不断以低廉的价格吸收农村劳动力，从而扩大工业化积累的过程。

问题恰恰在于，发展中国家存在着我们前面列举出的若干种阻止劳动力就业的制度障碍，从而劳动力的转移不能以一个均衡的过程实现。只要这些制度障碍所起到的排斥就业的效果足以造成两个部门的运转机制不能一体化，就存在着二元结构。

中国的传统发展战略，以及相应的制度安排所造成的历史负债，就是形成了一个相对发达的工业经济与极度落后的农村经济并存的二元结构。这个二元结构的含义是，占全国劳动力较大比重的农村劳动力，仅创造全部国民收入的一个较小的比重；而较小比重的城市劳动力，却创造了较大的一个国民收入份额。

根据这个概念，我们计算了若干年份的一个反映二元结构状况的指标——结构反差指数，实际上即是观察第一产业、第二产业和第三产业的就业份额和产值份额之间的不对称程度。[①] 从定义可知，该指数值越大，表示二元结构的反差程度越高。从 1952～1980 年的这个指标来看，经济改革开始之前，二元结构反差不仅没有随着人均国民收入水平的提高而缩小，反而是扩大的趋势。直到改革开始以后，这个指数才开始降低（表 2－6）。

表 2－6　改革以前的二元结构反差

年　　份	1952	1957	1962	1965	1970	1975	1978	1980
人均国民收入（元）	104	142	139	194	235	273	315	376
结构反差指数	0.051	0.094	0.100	0.114	0.144	0.147	0.137	0.118

资料来源：国家统计局：《中国统计年鉴—1994》。

这个巨大的结构反差，含义是农村大量劳动力就业不充分，收入水平更得不到提高。1978 年农村居民家庭人均纯收入仅为城镇居民家庭人均生活费收入的 42%，全国农村有大约 2.5 亿人口处于极度贫困状态。对于 20 世纪 80 年代中期以后发生的大规模劳动力流动，这些事实就是一种巨大的势能积累。蓄之既久，其发必速。追本溯源，皆在于此。

① 计算公式及其含义，请参见蔡昉：《中国的二元经济与劳动力转移》，中国人民大学出版社，1990。

第三章 推力、拉力与合力

“天下熙熙，皆为利来；天下攘攘，皆为利往。”太史公在《史记·货殖列传》中形容追逐着利益而往来天下的商人贾客的这句名言，用来说明处于流动状态中的劳动力，也并非不适当。按照上一章的逻辑，既然产业结构变化是经济发展的题中应有之义，作为经济资源中最为活跃的劳动者，自然也要随着变化了的产业结构而转换职业身份。

迄今为止，一定的产业或部门，总还是具有其相应的地域分布特点。也就是说，农业总还是以土地为不可或缺的基本生产要素，所以还要分布在农村这个广阔的天地。而工业则对规模经济、聚集效应情有独钟，这种集中化的要求，就表现为对城市形成的需求。零售业、生活性服务业等传统第三产业，则总是伴随着最大限度的人口居住密度而繁荣兴旺，信息产业、金融业等具有后工业化特征的新兴第三产业，更是离不开人们经济、文化活动的高度活跃和密集程度。于是，人们转换职业的行为，通常就表现为他们在地域空间上的移动。

蜜蜂采蜜、候鸟迁移，都有其目的性。劳动力为什么流动，流向哪里，也是遵循一定的信号，有目的、合规律的选择行为。归根结底，吸引劳动力流动的诱因是地区之间的利益差别。本章将从回顾前人关于人口迁移或劳动力流动的原因开始，概述著名的托达罗迁移模型。接下来，从上一章描述的背景出发，重点放在揭示中国 20 世纪 80 年代以来大规模劳动力流动的特殊诱因。

3.1 前人怎样解释迁移?

历史上有文字记载的人口迁移，最著名的恐怕要数大约公元前1250年古代希伯来人的迁移了。这次大规模举迁，从埃及到巴勒斯坦，途经红海和西奈沙漠，艰苦卓绝，长途跋涉数十年。《圣经·旧约书》有专门的篇章《出埃及记》记述这一事件。

根据《圣经》的记录，这次古希伯来人的迁移，是由以色列的后代摩西直接组织和引导的。在整个迁移过程中，历经了埃及法老王的重重阻挠、路途中餐风露宿和征战险阻，而迁移的目的和信念只有一个，就是去往那上帝耶和华承诺的“流淌着奶汁和蜜糖的土地”。

发生在现代的人口迁移或劳动力流动，与犹太人祖先的逃离埃及，在几方面具有共同性。

其一，迁移者头脑里或信念中，都有一片向往着的土地，这种对彼地的信念构成迁移的拉力。

其二，迁移者所向往的地方，生活理应比原来的居住地要好，意味着原来的居住地有着足够大的排斥力，或者说推力。

其三，迁移过程并非一帆风顺，总要付出这样那样、或大或小的代价。但归根结底，与那“向往之乡”的诱惑力相比，这些代价却是值得付出的。

所以，实际上《出埃及记》中已经包含了人们迁移的目的和行为动机。后来的经济学家、社会学家或者人口学家，无非是把这些行为的描述更加学理化，从而更加枯燥化了。不过，学者们的探讨，总是能够帮助我们更加理性地理解迁移现象。所以，我们不妨回顾一下前人的评说。

在刘易斯描述的二元结构的世界，既然居住在摩天大厦里、挣取丰厚的工资、享用着自来水和现代交通手段，比之住在茅草棚里、分享平均的劳动生产力、在饥寒困病中艰难度日，不啻天壤之别，那么，从后面的景况中逃离出来，流动到前面形容的那种“流淌着奶汁和蜜糖的土地”上去，当然是明智的选择。

诚然，实际上刘易斯并没有承诺，农村劳动力迁移真的会享受到向往中的“城市之光”，而是把源源不断的劳动力转移看做资本家使用廉价劳动力，生产出更多的剩余，从而不断扩大现代部门的手段。在他的眼里，农村向城市的不断迁移，构成了二元结构下经济发展的关键过程。而直接吸引劳动力流动的诱因，则是城市中比农村高的工资水平。换句话说，是城市与农村收入水平之间的差别，吸引着劳动力从农村流向城市。

另一位美国经济学家托达罗则看到，不仅由于劳动力过剩而在农村存在着就业不足的现象，而且发展中国家的城市中也存在着普遍的失业现象。城市失业的存在，意味着没有人能够承诺来自农村的迁移者能够得到他向往的工作，更不必说得到他心目中的高工资了。

那么，为什么还会发生劳动力从农村向城市的迁移呢？农村迁移者心中的“向往之乡”是以什么东西吸引着他们呢？托达罗的回答很直截了当：吸引劳动力从农村向城市流动的诱因，不是城市实际工资与农村实际工资之间的差别，而是两地之间“预期收入”的差别。

托达罗的预期收入概念最为重要，含义也十分丰富，比他的前人能够更好地解释劳动力从就业不足的农村，向同样存在失业现象的城市迁移的原因。按照托达罗的解释，农村劳动力向城市迁移的数量，是由城乡两地预期收入之间的对比程度所决定的。

但是，如何确定城乡两地的预期收入呢？就一个农村劳动者来说，对于在家乡能够得到的工作及其报酬，他是了然于胸的。这种工作未来的前景如何，报酬会发生什么样的变化，根据经验也不难预见。对于城市收入状况，特别是他这种体力和技术能力的劳动者在城市能够挣多少钱，他从亲戚、朋友那里也多少听到一些。如果他可以读报，他还能够知道城市有多高的失业率，从而了解到他这样的人到了城里，有多大的机会找到所适合的工作。

按照托达罗的说法，城市里一份像样的工作所具有的工资水平，对于想要迁移到城里去的劳动力来说，还是不够的，还需要以一个劳动力在城市里所能找到这样的工作的概率（也就是 1 - 失业率），对这个收入水平打一个折扣。折扣之后的城市收入水平，就是所谓的预期收入。以其减去农村的工资水平，就是城乡预期收入之差。

当然，仅仅看到这个两地预期收入之差还是不够的。劳动力转移是有成本的。无论在非洲大陆、南亚次大陆还是拉丁美洲，一个青年农民背井离乡，从偏僻的乡村跑到内罗毕、加尔各答或圣保罗这样的大城市，不仅要花钱买车票、住旅馆，还要支付日常生活开销。不管这个青年人找到还是没有找到他向往的工作，挣到还是没有挣到他预期的工资，这些花销都是必不可少的。

此外，在一个迁移者寻找就业的时间里，他事实上是牺牲了本来可以在乡下挣虽然较低却实实在在的工资的机会。所以，城乡两地预期收入之差作为吸引劳动力从农村到城市的诱因，还得减去转移过程中的成本。这些成本既包括有形的，也包括无形的。后者是指迁移者失去的挣取农村工资的机会，在经济学里我们称之为机会成本。

于是，我们可以看到，当农村劳动力做出迁移还是不迁移的决定时，他所要考虑的因素不仅来自城市方面，还与迁移者在农村的景况有关，也受到转移过程的影响。我们把这些因素加以概括，不外乎推力和拉力。而推力不仅来自迁出地，拉力也不仅在于迁入地。各种力量之和，决定了最终是否值得迁移。

3000 年前逃离埃及的以色列人，原始推动力固然是埃及法老的欺压、盘剥，强烈的拉力固然来自上帝和摩西许诺的“流淌着奶汁和蜜糖的”迦南福地，但不迁移可以避免风险，这是埃及的回拉力，路途中埃及士兵的围追堵截、餐风露宿和跨越红海，都是迁移的代价，而迦南福地等待着他们的为定居下来而不可避免的征战，也是巨大的反推力。

当今发展中国家农村劳动力在迁移过程中，面临着同样的推力、拉力。托达罗式的迁移选择，正是取决于最终的合力是否鼓励做出迁移的决定。

3.2 联产承包制：第一推动力

20 世纪 70 年代末 80 年代初，中国农村发生了一场翻天覆地的变化，那就是废除人民公社制度，实行了家庭联产承包制。人民公社制度作为阻断城乡劳动力流动的制度障碍三驾马车的重要组成部分，其最基本的职能就是把包括劳动力在内的农村生产要素牢牢地固定在社区范围内，不许流动。随着经济结构的变化，劳动力有了从农业向非农产业转移的客观需要时，人民公社是怎样做出反应的呢?

首先，人民公社的劳动激励机制，极大地压抑了农民的劳动积极性，把转移出来的压力最大限度地消弭于低效率的集体劳动中。在传统体制下，生产队的典型劳动方式是，所有劳动力都按照生产队长的统一调遣，“出工一窝蜂，干活大呼隆”。即使从人民公社建立到20世纪70年代末，农业机械化水平没有什么提高，人均不到2亩耕地的劳动对象，也足以产生对数量不断增加的劳动力的排斥，使农业劳动力出现剩余。何况，1957～1978年，每个农业劳动力平均拥有的农业机械总马力数，足足提高了63倍。

我们知道，机械作为人的体力和技能的一种延伸，无论在工业还是在农业生产过程中，天生是作为劳动者的替代物出现的。而在人均拥有机械力大为提高的同时，农村人口占全国人口的比重没有什么下降，农业劳动力占农村人口的比重也没有什么下降。我们不禁要问，农业机械所代替的人力哪里去了？唯一的解释就是，劳动力出工不出力，劳动效率随着机械化程度的提高而降低了。

不幸的是，这种解释恰恰是符合事实的。在人民公社体制下，全国481万个生产队平均有63名劳动力，耕种着310亩集体耕地。这63名劳动力到底在集体劳动中如何表现呢？

毋庸讳言，他们作为劳动力的素质首先是参差不齐的，劳动能力各异。不过，他们的劳动能力差别，显然还不难判断，难以辨别的是他们在劳动过程中实际付出的劳动力。也就是说，具有较强的劳动能力的人未必肯付出较大的劳动努力，劳动能力弱一些的人也可能工作很努力。

但是，这些劳动者一旦被分派到散布在各处的300多亩土地上后，要准确地监督和计量他们的实际劳动努力，则是一个管理难题。特别是，谁来承担监督他人劳动的职责，也是个问题。因为，这个监督者如果没有足够的激励，监督就是无效的。但如果保证给他足够的鼓励，监督的成本就会过高，以致得不偿失。

事实则是，生产队长没有监督的动力，因为既然全部生产剩余都被国家统购统销掉了，他付出了精力，得罪了乡亲而加强对劳动者的监督，并不能得到任何好处。结果，可行的办法就是创造出一种记“大概工”的形式。即按照每个劳动者可以观察到的潜在劳动能力，为其定出劳动力等级，根据其实际出工天数统计每个人的“工分”。到年底根据生产队可供分配的总价值量，计算每个人的劳动报酬。于是，劳动者在劳动过程中实际付出多大的努力，就在劳动报酬制度中被忽略掉了。

在这样的劳动报酬制度下，如果最初还有人任劳任怨，最终他会发现这是不理智的。假设某个人比别人付出了更多的劳动，一年下来为生产队增加了譬如说63元的收益，但是，由于他一年所挣得的工分却和其他人一样多，结果他从这增加的63元收益中，只分得平均的一份。即用这个增加额除以生产队的全体劳动力数，他只能得到1元钱的额外收入，而那些劳动努力程度远不如他的人，也同样得到1元的增加收益。

相反，另一个人在劳动过程中尽可能避重就轻，还时不时地偷懒。他可以估计到，自己一年的表现足以使生产队减少63元的收益。但年底分配时，这个损失额同样被63个劳动力分担了，他本人只减少了1元的收入。

可以断定，在一种典型的理性假设下，人们在生产队里倾向于选择后一种行为，而把前一种行为视为愚蠢。人民公社的劳动报酬制度，天然地具有奖懒罚勤的特点。由此则不难理解为什么改革以前的农业劳动效率如此低下。同样的，也没有人真正愿意如此。因此，当具备了改革的条件时，农民最终还是选择了以“包干到户”为典型形式的家庭联产承包制。

包干到户的基本做法是：按人口或一定的人口与劳动力比例将土地发包给农户经营；农户按合同完成国家税收、收购任务，并向生产队上缴一定数量的提留，余下的产品全部归农户所有，并有权自由支配。这种形式抛弃了生产队的统一分配，即采取所谓“交够国家的，留足集体的，剩下全是自己的”这样一种直截了当的分配方式。于是，历史宣告了人民公社制度的寿终正寝，而为其挖掘了坟墓的，正是联产承包制。

劳动效率从此大幅度提高。后果之一便是从农业中释放出大量的剩余劳动。20世纪80年代初，如果你到农村去和任何一个农民交谈，他都会告诉你同样的话：过去集体劳动时，终日泡在田里，产量年年上不去；如今田里的活儿，一早一晚就干完了，产量却一年上一个台阶。

表3－1显示了中华人民共和国建立以来各个时期的农业经济绩效，同时揭示了农业劳动力利用效率的变化。仅以粮食生产的劳动生产率提高为例，实行家庭联产承包制之前的1978年，到全国普遍推行了这种改革形式的1984年，每个农业劳动力生产的粮食产量提高了近20%。假设农业机械和其他投入水平不变，则应该有20%的农业劳动力被粮食生产过程释放出来。

表 3－1　联产承包制前后生产、收入和人口年平均增长率

单位：%

项目 年份	农业总产值	种植业产值	粮食产量	农民纯收入	人口
1952～1971	3.1	2.4	2.1	3.6*	2.1
1971～1977	2.1	1.7	2.4	0.7**	1.8
1980～1984	9.4	8.6	6.2	14.5	1.2
1984～1994	5.3	3.4	0.9	3.3	1.4

注：＊1954～1965 年；＊＊1965～1977 年。

资料来源：国家统计局：《中国统计年鉴》相应年度资料。

除了激励机制的改变调动了农业劳动力的积极性，从而从生产中释放出剩余劳动力之外，制度约束的松动，也起着至关重要的作用。人民公社制度的废除，本身就具有解放包括劳动力在内的农业生产要素的效果。而与联产承包制的实行相联系，统购统销政策也开始松动。

第一步是提高农产品收购价格。1979 年，国家制定的农产品收购价格平均提高了 22.1%。与此同时，从 1983 年起，农产品统派购政策得到松动。也就是说，当农户完成了征、超购任务以后，其剩余产品可以通过各种渠道自行出售。从那以后，一方面统派购品种进一步减少，另一方面相应放开价格。在 20 世纪 80 年代初期的市场化改革过程中，农产品价格随着市场调节份额的扩大而不断上涨。与此相应，城市里农产品供给体制也逐渐改革。

如果说家庭联产承包制对于 1978～1984 年农产品产量增长的实际效果占到 42% 的话，农产品收购价格的提高，则通过刺激农民增加投入、提高复种指数和改进生产结构，对总产出增长作出了约 16% 的贡献。① 总之，家庭联产承包制，为农村劳动力从农业生产中转移出来，提供了最初的也是最基本的推动力。

① 林毅夫：《制度、技术与中国农业发展》，上海三联书店，1992，第 94～96 页。

3.3 患寡，也患不均：区域发展不平衡

当托达罗用预期收入之差解释劳动力迁移的动因时，也就是从不同地区存在收入水平的差别出发，因而实际上他已经涉及了地区之间发展的不平衡问题。

在任何一个国家，在任何一个时期，地区之间毕竟存在着自然条件的差异，资源禀赋的差异从而发展水平总会存在差别，导致人均收入水平也是不平衡的。发展中国家如此，发达国家也概莫能外。但是，根据预期收入原理，区域间的不平衡程度越高，地区间收入差别也就越大，从而地区间预期收入之差也就越大，因而迁移动力相应越大。

地区间的差别，在中国从来就是存在的。有意思的是，这种区域不平衡并不是由自然资源分布的不平衡造成的。就中国来说，资源的分布与人口的分布确实是不平衡的。当我们观察一张全国地图，从黑龙江的黑河至云南的腾冲画一条线，大约90%的人口居住在这条线以东地区，而大部分自然资源，特别是矿产资源则分布在这条线以西地区。

然而，这种东西划分所反映出的经济发展水平差异，却与自然资源优势完全相反。经济发达省份主要集中在东南沿海地区，而贫困地区主要集中在西部。也就是说，中国经济发展的中心，不是在资源分布的中心，而是在人口分布的中心。因此，中国地区之间经济发展水平的不平衡，表现为从东至西，经济发展水平呈梯度式递减趋势。

1995年东部地区居住了全国人口中的41.24%，而国内生产总值的58.33%集中在这个地区；中部地区人口占全国人口的35.75%，国内生产总值占全国的27.53%；西部地区人口占全国的23.01%，国内生产总值只占全国的14.14%。

事实上，早在改革开放以前，中国地区间的发展差距就有扩大的趋势。这为近年来一些学者的研究结论所证实。经济学家习惯于使用一个表示收入分配不均等的指标——基尼系数来观察家庭之间、个人之间以及地区之间的收入差距。按照基尼系数的定义，其取值在0~1，数值越大，表示收入分配的不均等程度越高。

例如，使用全国各省、直辖市和自治区的人均国民收入这个发展水平

指标计算地区之间的基尼系数，表明1952年地区人均国民收入的基尼系数为0.208，而到1978年，这个系数提高到0.294。根据同一研究成果，其他常用来衡量收入差距的指标也反映出同样的提高趋势。①

这种区域发展不平衡的趋势，在20世纪80年代以来经济高速增长的同时，没有明显的改变，而且在80年代中期以后有所加剧。

在家庭联产承包制提供了最初的迁移推动力之后，地区间发展不平衡和收入水平差距扩大的趋势，为这种潜在的迁移提供了追加的动力。后面一种效果，更加强烈地表现为，20世纪80年代中期以后，劳动力大规模流动开始时，发达地区对落后地区、城市对农村的强大拉动力。

过去17年的经济改革具有区域间的差异性。在20世纪70年代末改革伊始，中部地区扮演了主要的角色。例如，农村家庭联产承包制就是发端于地处内陆的四川和安徽两省，而国有企业最初的放权试验也是从四川省开始的。

随后，当经济改革进入到价格、财政等较宏观层次的时候，东部地区开始得风气之先。最初的对外开放特区、开发区也都建立在东部地区。特别是20世纪80年代中期以后，在东部地区具有较好基础的乡镇企业在经济发展中占据了重要的地位，沿海地区发展战略的实施又给予了东部地区诸多特殊政策，使得改革和发展的重心都集中到了东部，同时，中部和西部地区在经济改革的进程上，则相对落在了后面。

这种改革和发展的区域梯度性，导致了地区间经济发展水平和人均收入水平的不平衡。而且，这种不平衡突出地表现在各地农村经济发展和收入水平的不平衡，以及城乡收入差距扩大两个方面。下面，我们将从几个角度来观察区域不平衡，特别是农村经济发展地区性不平衡的表现。

我们先来看东部、中部和西部三类地区在农村经济发展总量上面的差距。我们分别计算了三类地区的人均农业增加值和人均乡镇企业（非农产业）增加值，并把结果列于图3－1。从中可以观察到两点。

① Kai Yuen Tsui，"China's Regional Inequality，1952～1985"，*Journal of Comparative Economics*，No.15，1991.

其一，三类地区按照东、中、西的顺序，农村经济发展水平依次降低，差距巨大。

其二，农村经济发展水平越高，乡镇企业的产值比重越高，农村非农产业化的程度越高。从1994年人均农业增加值来看，以西部地区为1，其与中部和东部地区的比值为1∶1.25∶1.45。而1995年人均乡镇企业增加值的相应比值为1∶1.92∶3.14。

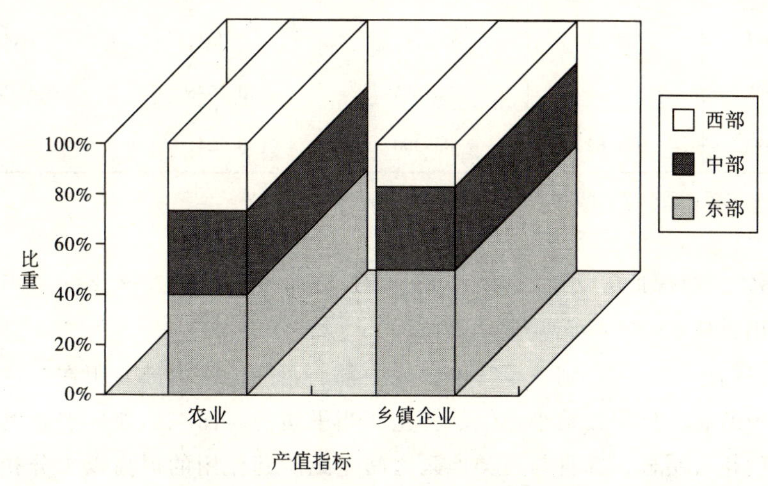

图3-1 三类地区人均农村产值比较

资料来源：《中国统计年鉴—1996》。

上述结果并不是静态的，而是过去十几年地区发展速度不平衡的结果。也就是说，这种差距并非历史遗留的产物，而是在不断的扩大之中。20世纪80年代以来，在农民收入水平持续提高的同时，地区之间的人均农村产值、人均收入分配状况变得越来越不均等，农户之间的收入分配状况也恶化了（表3-2）。

在进一步观察全国地区间发展程度和收入水平不平衡趋势时，我们发现了几个重要的特征。

第一，改革以后，东部、中部和西部地区内部的差异实际上呈缩小的趋势，而造成整体不平衡趋势的，是东、中、西三类地区之间的差距扩大。在决定省际人均国内生产总值差异的因素中，东部地区内部的差异从1978年的26.84%下降为1995年的22.86%，中部地区从13.06%下降为

表 3－2　农村收入分配和发展差别趋势

年　份	人均收入（元）	户际收入基尼	区际收入基尼	区际产值基尼
1980	191.33	0.2366	0.1370	0.2462
1985	397.60	0.2635	0.1501	0.3128
1988	544.94	0.3014	0.1942	0.3822
1990	629.79	0.3099	0.1863	0.3915
1991	708.55	0.3072	0.2041	0.4100
1992	783.99	0.3135	0.2086	0.4473
1993	921.62	0.3300	0.2241	—

资料来源：蔡昉等：《转轨时期民工流动研究》。

12.53%，西部地区从 13.15% 下降到 12.88%，而三类地区之间差距所起的作用，从 46.95% 提高到 51.72%。

我们还可以注意到，尽管可以说中部、西部地区内部差距在决定总体差距中所起的作用在缩小，但趋势是相当平缓的。而东部地区差距的作用变化就相对明显，并且与三类地区之间差距所起作用的提高以十分相似的幅度按相反的方向运动，说明东部地区内部差距缩小的同时又有较大的总体增长。换句话说，过去 17 年东部地区的经济增长是以地区之间相对平衡的方式实现的。

第二，在人均收入的地区差距中，东部、中部和西部地区之间差距的作用最重要，接近于 50%，东部地区内部次之，占 20% 略多，中部和西部地区内部差距对总体地区收入差距的影响大致相同，均接近于 15%。从变动情况看，东部地区内部差距和中部地区内部差距所起的作用略有下降，但并不显著，西部地区内部差距的作用略有提高，因而三类地区之间差距所起的作用虽有所增强，其幅度却不如在人均国内生产总值中那样大，从 1978 年的 48.95% 提高到 50.15%。但无论如何，东部、中部和西部地区之间的差距，在总体地区差距的决定中始终起主要的作用。

第三，观察农村内部、城镇内部和城乡之间的人均收入差距对于总体地区收入差距所起的作用，可以看到，城乡之间差距在总体差距的构成中起的作用最大，始终保持在一半左右，农村和城镇内部差距的作用占另外一半，其中农村内部差距的作用更重要一些。

从变化情况看，农村内部的差距在总体收入差距中的贡献份额上升最快，从 1978 年的 23.82% 提高到 1995 年的 27.02%，城镇内部差距的贡献率也有所提高，但不如农村那样明显，从 22.82% 提高到 23.47%。城乡之间收入差距对总体地区收入差距的贡献虽然有所降低，但丝毫没有改变其重要的地位。

从地区差距所具有的这种特征，并结合托达罗模型的理论预期，人们不难推测出劳动力流动的动因，以及一旦这种流动过程被发动起来的话，它将沿着什么样的方向进行。

农村经济发展水平在地区间的不平衡，并不仅仅导致所谓相对收入差别扩大，还形成了农村的贫困现象。在 1978 年农村经济改革开始以前，农民人均收入十分低下，当时并没有官方的“贫困线”，但普遍认为贫困广泛存在。

根据国家统计局的数字，1978 年有 2.5 亿农村人口生活在贫困之中，占全部农村人口的 30.7%。世界银行的一项研究，得出了与这个数字十分接近的估计，即当时生活在贫困中的农村人口为 2.6 亿。

20 世纪 80 年代初以实行家庭联产承包制为主要内容的农村经济改革，取得了减少普遍贫困现象的巨大成绩。1985 年，生活在 200 元（1985 年价格）贫困线以下的农村人口数量下降到 1.25 亿，占农村人口总数的比重下降为 14.8%，意味着在 1978～1985 年，平均每年减少 1800 万。如果按照世界银行的估计，这一时期的减贫效果更为显著，即 1984 年农村贫困人口已经下降到 8900 万，每年减贫 2800 万。

这个阶段农村贫困人口的脱贫，主要得益于整体农村经济的发展。然而，根据许多经济学家的分析，这一阶段的农村经济发展，主要是体制变革所引发的。例如，一项有代表性的研究表明，对于 1978～1984 年农产品产量的增长，家庭联产承包制的效果占到 42%，另外，农产品收购价格的提高，则通过刺激农民增加投入、提高复种指数和改进生产结构，对总产出增长作出了约 16% 的贡献。①

---

① 林毅夫：《制度、技术与中国农业发展》，上海三联书店，1992，第 94～96 页。

随着农村改革一次性效应的结束，农业的增长速度减慢了，相应的，农民收入的增长速度也减慢了。1980～1984年，农业总产值年平均增长率为9.4%，农民收入增长14.5%。而1984～1994年，农业总产值和农民收入的年平均增长率分别只有5.3%和3.3%。

相应的，贫困人口的脱贫速度也减慢了。尽管1986年国务院成立了贫困地区经济开发领导小组，并在省、地（市）、县三级设立了相应的机构，扶贫战略被列入“八五”计划中，政府实施了有组织、有计划、大规模的扶贫战略，扶贫效果仍然未能达到20世纪80年代前期的水平。1990年贫困人口为8500万，意味着1985～1990年每年减贫800万人，1990～1995年每年减贫400万人，特别是在1991年和1992年，每年贫困人口减少的数量仅为250万。

世界银行所做的估计略有不同。根据这个估计，1984年以前贫困人口的下降幅度更大，但在20世纪80年代后半期，贫困人口数量则处于徘徊状态，甚至在80年代末略有上升。两种估计尽管不同，但都揭示了相同的迹象——近年来农村贫困降低的速度减缓了。到1996年年底，中国仍有农村贫困人口5800万。

随着农村经济发展，贫困的成因和类型也发生了变化，即贫困人口越来越集中到生活条件、生产条件恶劣，在自然资源、财力资源和人力资源等方面受到严峻制约的地区。国家级贫困县的分布可以清晰地反映这个特点。

国家第一次确定贫困县是在1986年。当时以1985年为基数，全县平均人均收入低于150元即为一般贫困县标准。对少数民族地区和一些老区的县放宽标准，分别确定为200元和300元。按此标准，当时确定的国家级贫困县为331个。

1994年按照人均收入低于400元（1993年价格）的标准，① 全国共有592个贫困县。其中，有105个贫困县即总数的17.7%位于东部地区，307个即占总数的51.9%位于西部地区，180个县即30.4%地处中部地区。这就是说，国家级贫困县的80%以上分布在中西部地区。1994年的贫困发生

① 实际上，这一调整是在1992年做的，当时将贫困县中年平均收入超过700元的，作为脱贫处理，同时把原来贫困县范围外年平均收入对于400元的，列入贫困县范围。

率，东部地区为9.2%，中部地区为11.5%，西部地区为20.7%。[①] 如果考虑到东部地区的贫困县主要集中在河北省和广西壮族自治区这种情形，单单看东部地区其他省份，则只有38个贫困县，占6.4%。同样，贫困发生率也会相应发生变化。

由于贫困的成因与性质发生了变化，贫困的多元性特征特别突出出来。也就是说，除了人均收入水平外，可用来刻画贫困特征的还有一系列其他社会指标。

例如，从生活质量从而影响人力资本形成的因素来看，贫困人口通常具有教育水平低下、健康状况差、营养不良、卫生条件恶劣、饮用水缺乏及死亡率高等特征；从生产条件和生态环境从而影响物质资本形成的因素来看，贫困地区往往具有耕地、水源、空气和其他自然资源质量低劣、流失或退化，以及地理上与外界处于隔绝状态等特征。这些特征往往造成贫困问题发生的恶性循环，加大了扶贫难度。

由于现在的贫困人口很大一部分分布在西南、西北的深山区、石山区、荒漠区、高寒山区、黄土高原区、边疆地区、地方病高发区以及库区，地域偏远，交通不便，教育落后，生态环境恶化，一些地区甚至缺乏基本的生活、生产条件，因此，搬迁移民、异地开发是一种必要的扶贫方式。三西地区就是一例。难点在于，异地开发需要资金规模较大，政府完全包下来，负担过重。而贫困人口本身又没有力量承担这笔费用。

根据全国各地的扶贫经验，帮助一个贫困人口脱贫，平均需要1500元的投入。按此标准计算，目前尚存的5800万贫困人口，总共需要870亿元货币投入。那么，资金的供给和需求到底有多大的缺口呢？

简单算账的话，按照1997年国家财政和信贷扶贫资金150亿元，并假设1997年比1996年增加42.9%的幅度继续下去，到2000年，中央政府投入的扶贫资金可达438亿元。与此同时，中央对地方政府提出严格的配套资金要求。即对中部地区省份，要求省一级配套资金达到中央扶贫资金总额的40%～50%；对西部地区的省、自治区、直辖市，要求配套资金达到中央扶贫资金总额的30%～40%。加上配套资金，2000年可望达到600多

① 张茂林：《我国贫困人口的资源生态空间特征与开发性扶贫移民》，《人口与经济》1996年第4期。

亿元的政府扶贫资金。

如果仅此而已，考虑到社会各界的广泛扶贫行动，以及国际组织的支持，还可以增加一部分扶贫投入。大致来看，资金缺口并不大。然而，如我们所指出的，有一部分贫困人口需要异地脱贫。而经验表明，对于这部分贫困人口来说，帮助一个人脱贫，其资金需求量则是一般脱贫所需资金数额的3~4倍。与此同时，每年还有一部分农民返贫。根据经验，返贫率一般在8%~12%的水平，遇到自然灾害，返贫率可能达到70%。所以，单纯依靠中央政府和贫困地区政府预算内的扶贫资金是远远不够的。所以，农民自发形成的迁移浪潮，本身就是一种自我脱贫的重要形式。

3.4 乡镇企业趋向成熟：福兮，祸兮？

在历史上，中国农村就有发展非农产业的传统。不过，我们所说的并非指那种“男耕女织”式的家庭内部自然经济，而是在社区内部有所分工的农耕经济和小型工副业。虽然全国各地都或多或少发展了一些纺织业和农产品加工业，但某些特定地区则更具特色。例如，河北省的高阳以纺织工业著称，苏南和浙东因丝绸织造而闻名于世。此外，两广的糖果加工、江苏宜兴和江西景德镇的陶瓷，以及四川的井盐等，都曾经是驰名中外的农村非农产业典型。

与我们所关心的乡镇企业有所关联的农村非农产业的出现，可以追溯到20世纪50年代。当时农村社区就出现了小型非农集体企业，然而十分不成气候。真正为今日乡镇企业打下早期基础的，是20世纪70年代开始初见端倪的农村工业。由于这些工业企业是由公社或生产大队兴办的，所以当时被称为“社队企业”。

为什么社队企业在20世纪70年代有了较大的发展？我们可以总结几点原因。首先要回答：原始推动力来自何方？归根结底，劳动生产率的提高是农业生产以外的农村产业得以出现的前提。虽然在人民公社制度下，农民的劳动积极性受到挫伤，“出工不出力”是普遍现象，但农业机械化水平的提高，还是使农业生产中的劳动力相对地逐年有所剩余。

1957年，全国农业机械总动力只有165万马力，1965年达到1494万马力，增加了8倍。5年之后又翻了一番，于1970年达到2944万马力。

以后的又一个5年，农业机械总动力达到10168万马力，增加了两倍半。假设农业劳动力的劳动积极性没有任何提高，20年间农业机械化水平数十倍的提高，也足以富余出大量的劳动力，特别是在土地没有什么增加，农产品产量增加幅度远远比不上农业机械增长水平的情况下，更是如此。

其次要回答：谁有动力？最为重要的一点是，社队干部在传统体制下尚有热情发展社队企业。正如一旦传统体制的三驾马车形成后，农民作为生产队农业劳动者的身份就很难改变一样，公社一级以下的农村干部，也是不能改变其身份的。虽然昔阳县出了像陈永贵这样官至极品的农村干部，但这个榜样毕竟不可能成为其他社队干部的正常预期目标。所以，干好干坏对于社队干部的升迁是无关紧要的。这就足以回答我们曾经谈到的生产队干部为什么没有对社员的劳动过程进行有效监督激励的原因。

然而，正如一位经济学家指出的，社队干部对于兴办社区的非农产业，却可以投入十倍于对于农业生产的热情。① 这是因为，一方面国家对于这些非农产业产品没有统购统销的垄断要求，另一方面国家对于由此产生的剩余也较少控制，所以，社区多多少少可以从中获益。而更重要的是，社队干部从对这部分经济活动中可以享受到支配权和成就感，从而提高其在社区的威信和权威。

最后要回答：能否得到允许？应该说，国家在一定限度内是鼓励社队企业发展的。人民公社本意固然是要限制农业生产要素的自由流动，但也从来没有把公社内部发展非农产业排除在其职能之外。例如，1958年毛泽东在被山东省最早建立的人民公社所振奋之余，就肯定了公社这种形式的好处是把工、农、商、学、兵合在一起。所以，人民公社固然有其三驾马车中的特殊职能，但一专多能、“大而全”、“小而全”的产品经济特征，也是其天生的胎记。人们经常听到的大砍“资本主义尾巴”，其实主要是针对农民家庭副业，或者是农业生产遇到困难，需要集中资源投入的时候。

实际上，农民收入的增加，以及农业生产条件的改善，在很大程度上无法靠农业生产自身解决。1962~1976年人民公社的典型发展期间，农户人均年收入仅仅增加了不到18元。从1957年农民平均消费水平仅为城市

① 周其仁：《中国农村改革：国家和所有权关系》，《中国社会科学季刊》1994年夏季卷。

居民38.5%的起点出发，到1978年的20年中，农民消费水平的增长速度只是城市居民的一半。即使在苏南这样的农业生产水平较高的地区，产量增长的潜力也已经耗竭，加上农产品价格低下，出现了“增产不增收”的现象。于是，国家开个口子，允许农村工业一定限度的发展，以增加农民收入，并用来以工补农。

然而，以往的社队企业，后来的所谓乡镇企业，只是在农村经济改革以后，才取得实质性的增长，从而对于农村经济发展和农村劳动力转移起到了重要的促进作用。从图3－2我们可以观察到，在乡镇企业发展的几个阶段上，其对于农村劳动力的吸收，具有不同的效果。

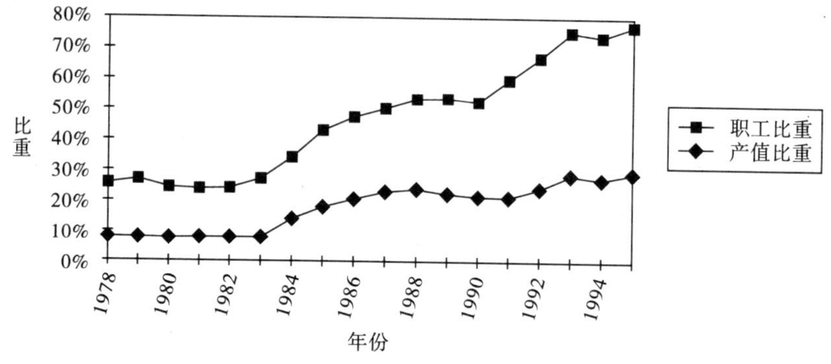

图3－2　乡镇企业重要性变化

资料来源：农牧渔业部计划司：《农业经济资料（1949～1983）》，《中国统计年鉴》相应年度。

第一，实际上，在1984年以前，乡镇企业在吸收农村劳动力方面的作用并不显著。在这个发展阶段，乡镇企业产值占农村经济总产值的比重徘徊在不到30%的水平上，而乡镇企业雇用的职工人数，仅仅占农村劳动力总数的9%多一点儿。显然，乡镇企业吸收农村剩余劳动力的潜力尚未发挥出来。

第二，1984～1988年这个时期，乡镇企业取得了长足的发展，无论是产值比重还是就业比重，都翻了一番。由此可以看出，20世纪70年代起步的乡镇企业，在吸收农村剩余劳动力方面的作用，在这个时期得到了淋漓尽致的发挥。当时国家和一部分学者所热衷倡导的农村劳动力转移“离土不离乡”模式，在这个时期由乡镇企业得以支撑。

第三，在1989年由于国家宏观调控而暂时处于发展低潮之后，20世纪90年代特别是1992年邓小平发表著名的视察南方的讲话之后，乡镇企业如“离离原上草”一般逢春风而再次蓬勃兴起，而且取得了空前的增长。然而，这一次乡镇企业就业增长却不再与产值增长同步而行，步履大大放慢。这种情形意味着，乡镇企业吸收农村剩余劳动力的功能开始减弱了。

其实，乡镇企业就业增长趋于减缓这种情形，并不难理解。20世纪80年代乡镇企业得以迅速增长的条件主要有三个。

首先，对于乡镇企业的原始积累来说，具有廉价的生产要素供给。例如，乡镇企业起步时的资金主要来自集体经济的积累，以及从银行、信用社贷款。而在中国这样一个人口众多的国家，并在长期的产业结构和制度抑制了农业剩余劳动力的转移，使农村过剩劳动力大量存在的条件下，廉价劳动力成为乡镇企业发展的主要优势。至于土地，农村土地归集体所有，无论是实行家庭联产承包制以前还是以后，乡镇集体或自治组织都具有在社区内安排土地用途的权力。乡镇企业作为社区集体所有的事业，使用土地根本不必支付代价，且具有近于无限的潜在供给。

其次，乡镇企业一经起步，就具有相对丰富的市场机会。从第一个五年计划开始，国有企业的发展一直是为国家优先发展重工业的战略服务的。以国有企业为主的传统产业结构严重地向重工业偏斜。在1978以前，基本建设总投资的近一半都被使用于重工业的建设，而用于轻工业的不到6个百分点。这就造成了轻工业产品在市场上的严重短缺。乡镇企业以其劳动力丰富的优势，利用市场的空缺，进入到长期受到压抑的产业部门，因而迅速取得利润，进而扩大积累。

由于乡镇企业迅速起步的阶段，恰好是城乡居民收入迅速增加，而消费档次尚未升级的时期，乡镇企业的低质廉价产品符合市场的需要。从这一点来看，如果说，20世纪80年代的乡镇企业还处于孱弱不禁风雨的幼稚阶段的话，国有企业改革起步相对较晚，恰恰给乡镇企业成长提供了一个足以适应的襁褓期。

再次，也是最重要的，乡镇企业从其起步之初就面对着市场竞争。由于乡镇企业不是国家计划的产物，也始终没有被纳入资源配置计划盘子中去。因此，其能源、原材料的供给主要得从计划分配范围以外取得，其生产的产品也要在计划渠道以外销售。20世纪80年代初伴随着国有企业微观环节放权让利的改革，资源配置和价格的双轨制开始出现，且其中的市场轨日益扩大。这为乡镇企业提供了进入与发展的条件。而这种情形也使得乡镇企业的竞争压力大于国有企业，企业的预算约束相对硬化，使其对市场机制具有天生的适应性。

但是，从20世纪80年代后期开始，特别是进入90年代以来，城市经济的改革或多或少地提高了国有企业的生产率，与其他非国有经济的扩张和壮大一道，对乡镇企业提出了强有力的挑战。乡镇企业诞生以来第一次遇到了实质性的竞争，也就是说，它不再能够单单依靠寻找市场的缝隙，靠生产低价、劣质产品获得市场份额，或者说靠与国有企业打“你进我退”的游击战取胜，而必须通过提高生产率获得竞争力。

事实恰是如此。乡镇企业面临的竞争环境，要求其加快技术进步。而且，不仅由于乡镇企业灵活的经营机制，而且由于其技术起点相对低，它比国有企业技术进步的速度快得多。综合一系列经济学家的估算，20世纪80年代乡镇企业技术进步率提高的速度，比其竞争对手国有企业高1~6倍。[①] 而技术进步的代价就是资本投入相对增加，吸收劳动力的速度放慢。

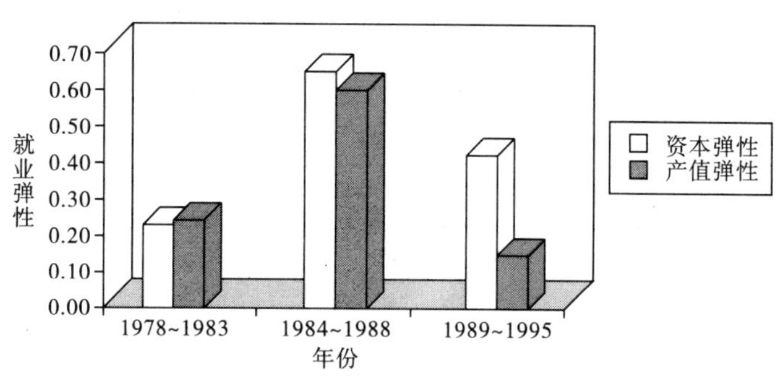

图3-3　乡镇企业就业弹性

资料来源：《中国统计年鉴—1996》。

我们把乡镇企业按1978~1983年、1984~1988年、1989~1995年三个时期划分，用图3-3揭示了乡镇企业就业吸纳能力先上升然后下降的趋

---

① 科林·卡特、钟甫宁、蔡昉：《经济改革进程中的中国农业》中的有关综述，中国财政经济出版社，1997。

势。图中，我们用三个时期乡镇企业固定资产原值、乡镇企业产值的增长率,[①] 分别与乡镇企业职工人数的增长率相比，得出了乡镇企业相应时期的固定资产就业弹性和产值就业弹性。

结果表明，20 世纪 80 年代中期以前，乡镇企业的就业吸纳能力尚未得到发挥。这种就业吸纳能力在 80 年代中后期达到高峰。而进入 90 年代以后，乡镇企业就业吸纳再次降到较低的水平。显然，“离土不离乡”的农村劳动力转移模式受到挑战。

3.5 最后的防线：福利体制改革

我们已经指出，在阻碍农村劳动力转移的制度性约束中，有一个很重要的方面就是城乡区别对待的福利体制。在城市人口被户籍管理体制限定了数量的情形下，一系列仅为城里人所享用的福利补贴，也为农村人口向城市的迁移设置了障碍。这些补贴性福利包括低价分配住房、公费医疗、免费教育、低价配给式的农副产品分配，以及所有低价或免费提供的城市生活服务设施。让我们以住房为例，用图 3－4 来进行说明。

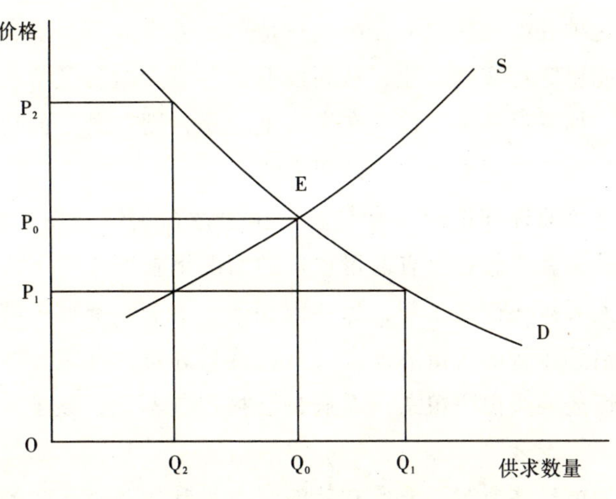

图 3－4　福利体制的效应

---

① 使用零售物价总指数分别把固定资产原值和产值增长缩减为可比水平。资料来源分别见《中国统计年鉴》、《中国乡镇企业统计摘要》相应各期。

图3－4中，横轴表示城市的生活性住房供给及需求数量，纵轴表示房租水平或住房的“价格”。图中的两条曲线，分别为住房供给曲线和需求曲线。从两条曲线的形状可以看出，房租越高，对住房的需求量就越小，供给量却越大；而房租越低，对住房的需求量就越大，住房的供给量却越小。

这不难理解。因为房租高，消费者支付能力就降低，而建筑房屋的生产者得到的报酬则高，因而有积极性建造更多的房屋。房租低时情况恰恰相反，消费者有能力支付，希望得到尽可能多的住房面积。而建造者则不能充分补偿其成本，或赢利甚微，所以供给不足。在市场决定房租或房价水平的条件下，房租水平恰好处于住房供给量与需求量相等的那一点（均衡水平），即图中的E点。此时房租水平为P_0，供给量和需求量为Q_0。

改革以前的情形是，城市住房是由各个单位统一建造，房租得到高额补贴，房租水平低到甚至不够修缮费用。这种低房租表现为图中P_1，此时的房屋需求量（Q_1）大于均衡水平，供给量（Q_2）少于均衡水平，形成住房的长期供求缺口Q_2Q_1。尽管住房问题在城市里始终未能很好地解决，但单位包揽并实行低房租制，是确定无疑的。

然而，这种补贴性住房的分配是排他的，外来人口只要没有取得本地户口，就不能稳定地实现就业，从而没有权利享受这种低价住房。假设存在房屋黑市，如果有外来人口要在黑市上租房，则在既定的房屋供给条件下，他需要付极高的黑市房租，即图中的P_2。

我们把这个原理推论到所有与城市排他性福利体制相关的事物上去，足以看到，外来者要想在没有取得户口的情况下在城市待下去，是难而又难的。许多人大概还记忆犹新，那些因探亲、治病和类似的特殊原因，要在城市作哪怕是短暂的居留的外来人口，就只好寄住在亲友本来就狭小的住房里，吃饭还要买黑市粮票，看病自己掏腰包不说，孩子入托、入学都大成问题。

伴随着城市经济改革，上述有关的城市福利体制也逐步被改变。迄今为止，农副产品的定量配给制被废除了，粮票、肉票、工业券成为了历史；医疗体制也正在改革之中，社会化的医疗保险服务已经出现；住房商品化改革的进程虽然举步维艰，但还是取得了巨大的进展。

这也就是说，过去那些作为福利分配内容的商品和服务的提供，越来越倾向于由相应的市场机制完成，其价格也越来越倾向于由供求关系决定。这个趋势反映在图 3 - 4 中就是，相应商品或服务的价格逐渐接近于 P_0，而不管消费者是本地城市居民，还是外来者。

日渐明朗的是，流动人口进城，不再需要为其基本生活支付黑市价格，因而迁移成本大大降低，或者毋宁说迁移的预期收益提高，继而加剧了劳动力和人口的流动。在农村劳动力流动的障碍大大减小的同时，地区间经济机会分布的不平衡和收入差别的存在，使不迁移的机会成本大大提高。作为这一切的结果，人口和劳动力迁移呈现出强劲的势头。

第四章 离土又离乡：劳动力转移新模式

极大地调动广大农民劳动积极性的家庭联产承包制，形成了对农村劳动力转移的强大推力；乡镇企业臻于成熟的发展趋势，降低了其吸纳就业的能力，形成对农村劳动力转移的第二级推动力；而区域发展不平衡趋势和城乡收入差距的扩大，形成了利益动机方面的拉力。

蜿蜒百川，终归大海。20 世纪 90 年代中国经济发展的所有驱动力之和，都是把农村剩余劳动力向经济增长中心牵引。

既然在经济发展过程中，中国经济结构转变大大滞后了，并且在结构转变中就业结构转换更为滞后，矫正这种扭曲的过程就是大势所趋。现实的驱动力与历史潮流恰好在这个时期汇合，蓄之既久，其发愈速。所以，矫枉过正也是不可避免的。

那么，90 年代的经济增长中心又在哪里呢？本章将进一步考察劳动力流动的驱动力，并将其与经济增长中心的探究联系起来，揭示出劳动力转移的实际过程是怎样的。

4.1 沿海之风与城市之光

虽然以国有企业改革和财政体制改革为内容的城市经济改革，几乎是与农村经济改革同时起步的，但由于当时城市经济改革的效应，远远不像农村经济改革那样涉及面广，以致 20 世纪 80 年代中期以前的中国经济改革，被农业和农村占尽风头。

不过，城市经济改革过程还是足以用稳扎稳打、步步为营这样的语言来描述的。如果说中国经济各个领域的改革，分别有“大爆炸式的”和“进化式的”，农村家庭联产承包制的实行，便更接近是按前一种方式进行的。而城市经济改革的许多方面，更接近于按后一种方式进行——问题不断出现，改革不断深入。

如果我们相信农村经济改革与城市经济改革，就各自的改革方式来说具有不同的特点，则两者在改革效应上面势必产生差异。让我们首先把农村经济等同于农业经济，即暂时不考虑乡镇企业发展，比较一下城乡经济发展的不同态势。

国内外相当多的研究者在解释20世纪80年代初农业经济的高速增长时，都给予家庭联产承包制的改革效果以特别的关注。我们在上一章曾经引用过林毅夫的一个研究结论，即家庭联产承包制对于1978～1984年农产品产量增长的贡献份额，约为全部增长的42%。而这种改革本身确实是一次性的，所以，其效果也是一次性释放殆尽。当然，不应忘记的是，农产品收购价格的提高，也对总产出增长作出了约16%的贡献。而这方面的改革，在实行了联产承包制以后，仍然不断地深入。但效果显然不如那种一次性改革来得惊人。

与此相比，城市经济改革从来没有过类似联产承包制一样的惊天动地之举，所以城市经济增长也没有经历过超常规的时期。但是，从国有企业放权让利式改革开始，财政体制、价格、金融等方面改革的“小步快走”，也使整个经济环境不断趋向于市场化，而每一步非爆炸性的改革都是从解决当时紧迫而棘手的问题出发，所以，每一次改革都或多或少地有所收益。

而当农业增长从超常规转入常规增长以后，相对而言，城市经济增长速度就趋于领先了。进入20世纪90年代后，中国经济增长的又一次高潮，来自邓小平“视察南方的谈话”的推动。其效果对于城市经济来说，比对农村经济要显著得多。

我们按农业和工业两个部门划分，来区分城乡经济，可以观察到1985年以前与1986～1995年，农业增长率与工业增长率之间的差异。这里，我们只是用一种相对的口吻来描述。在前一时期，农业增长率较高，年度之间的波动（我们采用年平均增长率的变异系数来表示）也较大。同期，工业增长率较低，年度之间波动较小。

而在1986～1995年这个阶段，农业增长率降低了，波动性也小了；而工业增长率提高了，年度波动加大了（参见表4－1）。从这个意义上说，以20世纪80年代中期为转折点，中国经济增长的中心从农业转向工业。或者也可以在一定程度上说，经济增长中心从农村转向了城市。

表4－1　农业与工业增长率特点的分时期比较

年　　份	农　业		工　业	
	平均增长率	变异系数	平均增长率	变异系数
1978～1985	5.7%	0.048	8.2%	0.023
1986～1995	3.8%	0.013	12.0%	0.051

资料来源：《中国统计年鉴—1996》。

以上的讨论，因为忽略掉了乡镇企业，所以是不完全的。事实上，20世纪80年代中期以来，乡镇企业的发展势头十分迅猛。从产值增长速度来看，乡镇企业的发展比之城市工业有过之而无不及。详细的比较，我们留待以后的章节。这里的问题在于，乡镇企业目前的高速增长尚不足以吸纳农村剩余劳动力，也还不能改变农民收入增长赶不上城市居民收入增长的格局。

我们仍然以20世纪80年代中期为界，来看城乡居民收入差距的变化。以1978年为基准年份，农村居民家庭人均收入到1995年，提高了2.75倍，而城镇居民家庭人均生活费收入只提高了1.87倍。然而，如果以1985年为基准，到1995年农民人均收入提高了43.7%，而城镇居民人均收入提高了77.7%。城乡居民的生活消费水平也呈现类似的变化轨迹。以农民消费水平为1，1978年城乡居民消费水平之比为1:2.9，1985年差距缩小到1:2.3，而1995年又一次扩大到1:3.4。

需要解释的是，为什么乡镇企业的快速增长不能相应地加快农民收入的提高？其实，道理也很简单，那就是乡镇企业的相对规模毕竟仍然较小。为什么说相对规模呢？从绝对规模来看，1995年乡镇企业工业产值为51259亿元，城市工业产值为40635亿元，两者总规模之比为1:0.73。但

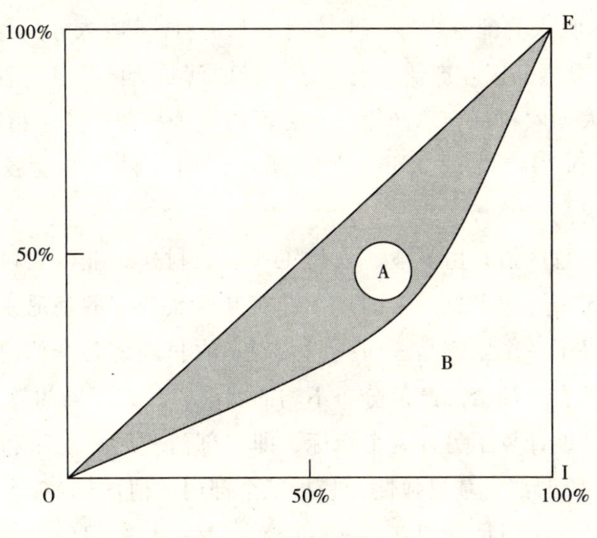

图 4－1 基尼系数示意

是，分享乡镇企业产值的人口与分享城市工业产值的人口之比（即乡村人口与市镇人口之比）为 1∶0.41。也就是说，相对于农村人口的庞大比重来说，乡镇企业的产值还是太少了。更何况，乡镇企业发展在地区间的分布还有巨大的不平衡性。

首先让我们了解一下基尼系数的含义。在图 4－1 中，横轴代表参加收入分配的单位百分比，例如从 O 点开始，10%，20%，…，100%，分别表示参加分配的全国各省份。纵轴代表分配物的百分比，如从 O 点开始，10%，20%，…，100%，分别表示所要进行分配的人均农村社会总产值。

图中，OE 这条直线是分配绝对均等线，即任何一个百分比的省份，可以分配到同等百分比的人均农村社会总产值。而正方形的底边和右边组成的 OIE 线，则为绝对不均等线，即直到最后一个百分比的省份获得了全部收入之前，绝大多数省份没有得到任何分配。

很显然，现实的分配状况既不会是绝对均等的，也不会是绝对不均等的，而处于两者之间。在图上面表示，就是 O 点到 E 点之间的一条曲线。这条曲线通常被称为“洛伦斯曲线”，其与直线 OE 组成的面积（图中用 A 表示），与 OIE 三角形的面积（即 A＋B）之比，就是所谓的“基尼系数”。

根据这个原理，我们可以知道，基尼系数取值在0～1。基尼系数越接近于0，表示收入分配越均等；越接近于1，意味着收入分配越不均等。上一章表3－2提供的区际产值基尼系数，指的就是全国各省、直辖市、自治区之间，在人均农村社会总产值分布方面的均等程度。这个指标从1980年的0.25提高到1992年的0.45，就表明地区间农村经济发展水平上的差异，呈逐年提高的趋势。

农村社会总产值是由农业、农村工业、农村建筑业、农村运输业和农村服务业这5个行业汇总而来的。在计算其区域分配的基尼系数时，我们还意外地获得了一个副产品。即我们发现了农村经济各个部门，对于造成各个地区人均农村社会总产值分布不均的状况，具有不同的效果。

我们顺带地计算了另外两个指标，即“部门基尼弹性”和“部门基尼贡献份额”。所谓部门基尼弹性，是指某个部门产值增长1%所导致基尼系数提高的百分比。所谓部门基尼贡献份额，是指某个部门对于总基尼系数水平的影响程度。两个指标都更加细分地刻画了不同部门对于分配不均等程度所造成的特殊效果。

在实际中，农村建筑业、运输业和服务业的产值比重都较小，对于总体的农村产值区域分配影响效果也微不足道。所以，我们将其效果忽略不计，而专心关注于农业和农村工业这两个部门。

表4－2　农业与工业对农村产值区域分布的影响

年份	农业		工业	
	基尼弹性	基尼贡献	基尼弹性	基尼贡献
1980	－0.264	39.2%	0.254	48.1%
1985	－0.291	23.5%	0.289	61.2%
1987	－0.265	20.4%	0.255	63.2%
1990	－0.255	17.3%	0.257	70.0%
1992	－0.216	11.4%	0.230	76.6%

资料来源：李周、蔡昉：《收入差距拉大：农村发展不平衡的实证分析与战略思考》。

表4－2表明，1980～1992年，农业的部门基尼弹性始终为负数。也就是说，1980年和1992年，农业产值每增加1%，可以使农村社会总产值

的区域分配基尼系数分别降低 0.26% 和 0.22%。而农村工业的部门基尼弹性则为绝对值较大的正数，1980 年和 1992 年，农村工业产值每增加 1%，分别会提高农村社会总产值的基尼系数 0.25% 和 0.23%。

部门基尼弹性这个指标，只表明各个产业部门对于分配均等程度的潜在效应，实际发生的情形如何，还要看各个部门在农村经济中的相对地位。

1980 年以来，农村经济发展过程中的部门消长，主要表现为农业份额下降和工业份额上升，即农村工业增长率大约为农业的 3～4 倍。由此，农业产值份额从 1980 年的 65.6%，下降到 1992 年的 33.0%；同期，农村工业产值份额从 22.7% 提高到 53.6%。在两个部门的基尼弹性变化较小的情况下，各自对于农村社会总产值分配的贡献率就产生了较大的差别。即农业对基尼系数的贡献率从 39.2% 下降为 11.4%，工业则从 48.1% 提高到 76.6%。

这些多少令人枯燥的数字变化，反映出的结论十分简单，即区域间农村经济发展水平的不平衡，主要是各个地区农村工业发展的差别造成的。具体来讲，20 世纪 80 年代以来中国乡镇企业高速增长的势头，主要表现在东南沿海地区。相对而言，中西部地区的增长却是大大滞后的。

进一步扩大东部地区与中西部地区发展差距的因素，来自于中央政府的特区政策和相关的沿海地区发展战略。

1979 年经邓小平倡议，中共中央决定在深圳、珠海、汕头和厦门分别划出地方试办特区。以优惠政策，吸引侨资、港澳投资和外资，允许其直接投资或合资办厂。1980 年 8 月人大常委会通过的《广东省经济特区条例》正式确定了中央的特区政策。这些特区的面积随后多次扩大。1988 年又决定将海南岛开放为又一个特区。由于海南岛面积为 3.4 万平方公里，这一举措使经济特区总范围大大扩大。

1984 年《国务院关于经济特区和沿海 14 个港口城市减征、免征企业所得税和工商统一税的暂行规定》为经济特区、14 个港口城市的经济技术开发区和老市区制定了特殊政策，并将开放政策扩大到大连、秦皇岛、天津、烟台（含威海）、青岛、连云港、南通、上海、宁波、温州、福州、广州、湛江、北海等 14 个沿海城市。

1988 年初，当时中央最高决策层决定实施沿海地区经济发展战略，扩大特殊政策及其辐射范围。由此把长江三角洲、珠江三角洲和闽南三角地区扩大为一个对外开放“大三角”，并将辽东半岛、胶东半岛和河北省环渤海湾的地区和广西靠近北部湾的一些城市列为沿海开放区。20世纪90年代这一战略继续实施，相继批准上海浦东新区的开发、开放，增设浦东外高桥、天津港、深圳沙头角和福田等保税区，并在深圳特区建立保税生产资料市场。

由此，我们可以继前面得出的结论，即20世纪80年代中期以后中国经济增长中心越来越趋向于发生在城市之后，得出另一个结论，经济增长的中心主要发生在沿海地区，所以，当农业中不能容纳足够的劳动力就业，而本地乡镇企业的吸纳就业能力有所下降时，经济更加活跃、就业机会更多的城市和沿海地区，就自然而然地成为劳动力迁移的选择取向。

4.2 迁移流向：追逐增长中心

我们观察1990年全国人口普查的迁移资料，可以发现，尽管当时还未形成今日这样庞大的劳动力流动规模，但追逐经济增长中心的流动取向已经初见端倪。例如，1985~1990年实现了1年以上迁移的人口中，59%以上为从农村迁移到市镇的人口。

至于迁移流向的地区性，就更加明朗了。在图4-2中，我们把1990年第四次人口普查中的迁移状况，与1995年1%人口抽样调查中的迁移状况相对比，两者都显示出，东部地区是迁移人口的接收地，而中西部地区则是迁移人口的出发地。这足以见得中国人口迁移和劳动力流动，在很大的程度上是一种发展现象。而且，这种看似盲目的流动“潮”，其实是颇具规律性的。

从迁出人口占总人口的比重即迁出率来看，西部地区也大于中部地区。西部地区和中部地区的迁出率分别为0.4%和0.2%。有趣的是，东部、中部和西部三类地区的省内迁移率没有很大的差异，分别为2%、2%和2.1%。我们把省内迁移和省外迁入合在一起，作为总迁入，三类地区总迁入占人口的比率分别为3.4%、2.8%和2.8%，仍然表明东部地区是迁移人口的接收地，中西部则是输出地。

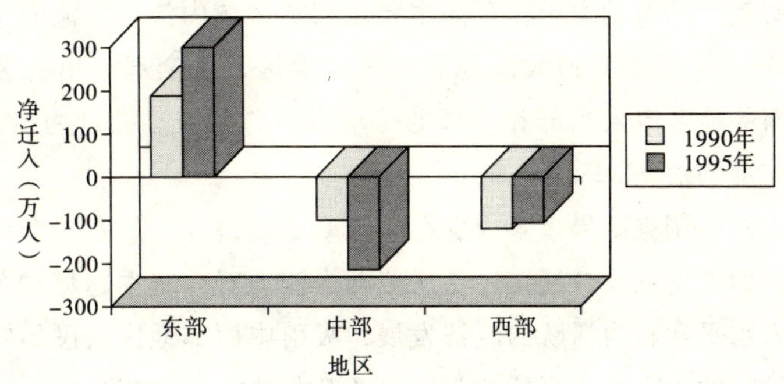

图 4-2 三类地区净迁人口

资料来源：《中国 1990 年人口普查资料》。杨建春：《我国人口迁移的规模、流向与结构》。

以上所考察的实际上是比较稳定和长期的迁移情况，比较接近于传统意义上的迁移概念，其中许多是伴随着户口迁移的。下面，我们再来观察一下完全不含户口转移的情形，也就是从流入地的角度观察外来人口。①

1990 年，在流入地至少居住 3 个月以上的外来人口，全国共有 3124 万人。其中 52% 分布在东部地区，32% 分布在中部地区，不到 16% 分布在西部地区，分别占三类地区人口总数的 3.5%、2.5% 和 1.9%。

据推算，1995 年这种流动人口或外来人口增加到 8393 万人，5 年中增加了 169%。其分布为：58% 在东部地区，占该地区人口总数的 10%；30% 在中部地区，占人口总数的 5.8%；12% 在西部地区，占其总人口的 3.5%。可见，使用更接近于流动劳动力的流动人口概念考察这个过程的流向时，其追逐经济增长中心的倾向也十分明显。而随着流动人口规模越来越庞大，这个特征也愈益突出。

此外，近年来还有一系列直接针对农村劳动力流动的调查，可以帮助我们更好地观察上述特征。根据一项调查，中部农村劳动力的流动率（外出劳动力占乡村劳动力的比重）最高，为 15.9%；西部次之，为 13.5%；东部为 8.5%。东部劳动力跨省流动比率较高，为 33.7%；中部为 26.4%；西部较低，为 23.6%。

① Chan, *Internal Migration and Policy Issues in the PRC: A Report for the Asian Development Bank*, University of Washington, Seattle, USA, 1996.

在跨省流动的劳动力中，东部主要是在本区域内流动，流向中西部地区的只占43.7%；中部则大部分流向东部地区，占全部流出省劳动力的71.8%；西部地区流入东部和中部的劳动力占跨省流动劳动力的61.6%，其中流入东部的占52.2%。①

尽管不同的调查结果多多少少存在着一定的差异，但有一个结论是确定无疑的，即无论从人口迁移还是从劳动力流动看，基本趋势是东部地区较高的收入水平和较为活跃的经济发展，吸引中西部地区居民的转移，以及城市以较高的收入和较多的就业机会吸引农村居民的转移。

在人口普查与农村外出劳动力调查中，有一点差异是需要解释的。这就是，在人口普查中，西部地区的向外迁移比率最高，而在流动人口调查和农村外出劳动力调查中，中部地区的向外流动率更高一些。既然后面这类调查更接近于揭示经济活动的流向，我们倾向于认为，中部地区的农村劳动力转移比西部地区来得更加积极、更加活跃一些。

这个结论似乎与托达罗关于预期收入差别是吸引劳动力迁移的最基本动力的说法有所矛盾。为了把这种实际现象与理论预期相吻合，这里引进一个在托达罗模型基础上更进一步的理论说明。

时任世界银行副行长兼首席经济学家的斯蒂格利茨与托达罗不同，他不是用预期收入差别解释地区间劳动力流动，而是用预期效用差别解释地区间劳动力流动。

在斯蒂格利茨看来，观察劳动者的效用比单单观察劳动者的收入，要更全面一些。劳动者的效用考虑中，既包括他的收入，也包括他付出的工作努力。由于人们总是追求更好的生活、更高的消费，所以劳动者的收入水平与他的效用成正比；而由于人们天生具有对于闲暇的偏好，他们工作挣钱实际上是在闲暇与收入之间做一种选择，所以他付出的劳动努力与他的效用成反比。

由此可以认为，劳动力在决定是否要从农村迁移到城市的时候，他不仅要比较农村与城市的预期收入差别，还要比较两地或两部门的劳动强度。假设一个人对于闲暇的偏好不太强，那么他就会在更高的预期收入吸

① 李尪、韩晓耘：《外出打工人员的年龄结构及文化构成》，《中国农村经济》1994年第8期。

引下，做出迁移的决定。而对于另一个人，如果他具有较强的闲暇偏好，则需要有更大的预期收入差别才能吸引他迁移。

实际上，托达罗模型中也给予迁移成本以足够的关注。把收入、工作努力和迁移成本考虑到一起，同样是一个斯蒂格利茨式的效用模型。一般来说，迁移的规模和范围与收入增加带来的效用变化成正比，与迁移成本和闲暇的减少所带来的效用变化成反比。

对于西部地区而言，因距离经济发达、活跃的东部地区较遥远，因而迁移成本高；又由于其长期以来农业劳动力隐蔽失业较高，形成对闲暇的较强偏好，加上乡镇企业不发达，使其缺乏非农产业就业的经验，对于能否找到合适的工作，个人能否适应这种工作都没有足够的信息，因而迁移所造成的效用较多地抵消了收入提高所增加的效用。由此可以解释为什么中部而不是西部地区成为目前人口迁移和劳动力流动最活跃且发生频率最高的地区。

所以，中部地区与西部地区在迁移规模和范围上的差异，并不否定劳动力流动是追逐经济增长中心这一论断。经济理论的得出，通常就是这样一种从高度抽象的一般结论，逐步深入到更具体、更能与实际现象相吻合的过程。本章及以后的章节，将继续对这一问题进行阐述。

归根结底，劳动力跨地区流动，与20世纪80年代以来地区间经济发展不平衡从而地区之间收入差距过大这种现象，正如一块硬币的两面相伴而生。下面，我们将结合经济改革的进展情况，讨论一下目前市场化改革的状况，对于区域之间差别以及劳动力地区流动的影响。

一般来说，除了国家采取一定的再分配政策之外，市场机制本身也具有使区域发展和收入水平趋于均衡的功能。通常，这种功能是通过两种机制发挥作用的。

先来看第一种机制，即通过形成统一的国内产品市场，发挥缩小区域差别的作用。当我们说到地区经济发展水平存在差异时，实际上是讲不同地区生产要素的相对拥有量不同。也就是说，有的地区劳动力丰富，有的地区资金丰富，而有的地区则土地或自然资源丰富。由于资金拥有水平实际上是经济发展的结果，所以一般来说，那些资金丰富的地区，就是经济发展水平较高的地区。或者说，资金是否丰富是发达和不发达的试金石。

不过，虽然通常我们以人均拥有资本量作为判定经济发展水平的标准，但那些资本积累水平较低的地区，可以具有较为丰富的自然资源或劳动力禀赋。也就是说，尽管存在发展水平的高低，但每个地区存在着各自的资源比较优势，从而并非命中注定永远屈居人后。

如果一个地区尽管资金缺乏，技术水平低下，却能够通过专业化生产，使自己具有比较优势的生产要素，如劳动力、矿产资源等密集地凝结在产品中，然后通过产品市场交换自己没有比较优势的产品，就意味着用相对廉价的生产要素交换相对昂贵的生产要素。

从我们现实中的区域差别来看，东部地区资金相对丰富，表现为经济发达。而中西部地区资金缺乏，表现为发展水平低。由东至西，经济发展水平呈梯度式递减趋势。

例如，1995 年，占国土面积 13.52% 的东部地区，居住了全国人口的 41.24%，而国内生产总值的 58.33% 集中在这个地区；占国土面积 30.02% 的中部地区，人口占全国人口比重的 35.75%，国内生产总值占全国的 27.53%；占国土面积 53.20% 的西部地区，人口占全国的 23.01%，国内生产总值只占全国的 14.14%。

然而，从自然资源的拥有水平来看，中西部地区却得天独厚。让我们观察一下祖国的版图，从黑龙江的黑河至云南的腾冲画一条线，大约 90% 的人口居住在这条线以东地区，而大部分自然资源，特别是矿产资源则分布在这条线以西地区。

这种东西划分也反映出经济发展水平的地区差别。经济发达省份主要集中在东南沿海地区，而贫困地区主要集中在西部。也就是说，自然资源的分布，与资金的分布不相对应。此外，由于缺乏就业机会，中西部地区剩余劳动力较多，从而相对丰富的劳动力也是中西部地区的比较优势。

设想在中西部地区，人们集中生产劳动密集型和资源密集型产品，并通过国内市场贸易，同东部地区交换资金密集型产品，交换的双方都可以获益。而一旦中西部地区劳动密集型产业得以发展，意味着劳动力得到了更充分的利用，收入水平就可以得到提高。

与此相应，东部地区集中于资金密集型产业的发展，对劳动力的需求可以相对降低，也能够抑制劳动力价格的过快上涨。每个地区都这样做，会使各地区劳动者的报酬水平趋于接近，发展水平和收入水平差异趋于缩小。

再来看另一种能够均衡区域差别的机制，即通过生产要素市场发挥作用。所谓生产要素市场，是指人们用来投入进行生产的资本、劳动和土地等自然资源的交换与流通过程。由于在市场经济条件下，劳动、资本和土地的价格，也是由它们各自的相对稀缺性和供求状况决定的，所以，这些生产要素在各个地区具有不同的丰裕程度，表现为它们在不同地区的价格也是不一样的。

例如，在经济落后而劳动力过剩的中西部地区，低工资表明劳动力价格低廉。在资金丰富而劳动力相对缺乏的东部地区，高收入表明劳动力价格较高。

俗话说，人往高处走，水往低处流。如果有比较完善的生产要素市场存在的话，生产要素就要从报酬较低的地区向报酬较高的地区转移，正如劳动力从低收入的农村和内地，向收入较高的城市和沿海地区流动一样。

资金也好，劳动力和自然资源也好，一旦在区域间流动起来，地区之间在生产要素拥有量上面的差异，就会逐渐缩小。资金、劳动力和自然资源的价格就会趋于均等，收入差别也相应被消除了。

在缩小区域差距的现实过程中，上面所讲的两种机制，本来应该是共同发挥作用的。在这里我们所关心的城市与乡村，以及东南沿海与中西部地区的关系中，一方面，劳动力应该由农村和中西部向城市和东部地区转移，从而增加后者的劳动力供给。而相反的流动方向则是，城市和沿海地区的资金向农村及中西部地区流动，从而提高后一类地区的资本赋予量。

另一方面，东部地区资本密集型产品价格较低，中西部地区的劳动密集型产品价格较低，两类地区产品交换的结果，使两地产品的市场扩大，价格提高，同时分别扩大了东部地区资本要素和中西部地区劳动要素的使用量。

由于归根结底中国处在一个资金稀缺而劳动力丰富的发展阶段，生产要素利用范围的扩大，对于资金和对于劳动力来说，产生的效果并不完全相同。对于东部地区的资金来说，需求的扩大会相应提高其在本地的价格；对于中西部的劳动力来说，需求的扩大会相应扩大就业机会。这两种结果都会减少直接的生产要素流动。

在两种均衡机制同时作用的条件下，要素的直接流动则是有限度的。也就是说，尽管地区间存在着收入水平差距，会引导劳动力追逐高收入而迁移，但产品交换的机会会减少这种迁移的数量。

遗憾的是，中国的经济改革产生了使这两种机制失衡的效果。如果将经济改革划分为微观环节放权让利的改革和宏观环节培育市场的改革两个方面的话，我们将看到，在一定时期，两个环节的改革对于区域间差别的效果是相反的。前一方面的改革越深入，可能产生的区域间差距越大。这是因为，在市场发育水平较低的条件下，微观放活可以使一个单位的经济效率封闭式地提高。但由于如前所述的改革在区域上的不均衡性，一部分地区经济增长的加快，同时使另一部分地区的经济发展水平相对降低。

相反，以培育市场为中心的宏观环节的改革越深入，就使改革的进程在区域间具有相对的同步性，因而越倾向于将区域间差距缩小。过去17年的改革现实恰恰是微观环节的改革超前于宏观环节的改革。① 这使各地发展水平产生差距，又难以通过市场机制化解，因而区域差距具有扩大的趋势。

不仅如此，某些宏观层次的改革，如财政分权和其他地方化的改革，强化了地方政府的保护主义倾向，统一的国内产品市场发育较慢，抑制了各地发挥比较优势的积极性，还具有扩大区域差别的效果。这种地区差别形成了强大的劳动力区域间流动的经济诱因。

4.3 寻找新大陆：迁移动机探源

迄今为止，我们曾经对传统经济发展战略及与之配套的制度安排，对于农村剩余劳动力的累积，以及对于城市化的滞后做了描述，揭示了自联产承包制开始的农村经济改革和发展，以及城市经济和沿海地区的迅速发展，对于农村劳动力转移形成的推力和拉力。对于这些合力的效果究竟如何引导农村劳动力在时间上和空间上进行转移，我们也做了一些理论上的分析。下面，有必要转向更加实证的讨论。

对于以上人口迁移或劳动力流动方向选择的理论解释，我们希望能够通过已有的资料证实影响劳动力和人口迁移的因素。利用1990年第四次人

① 关于这方面的详细论述，请参见林毅夫、蔡昉、李周：《中国的奇迹：发展战略与经济改革》，上海三联书店、上海人民出版社，1994。

口普查中30个省、自治区、直辖市的迁移资料，我们可以归纳几个供进行简单统计分析的变量。

我们用农村人口净迁出率与留在本地的人口比率之比作为因变量，表示相对迁移频率；用农村家庭人均收入水平与全国平均数相比表示收入差距或相对收入水平；用农村人口比重与全国水平之比作为结构扭曲程度的代表变量；用人均耕地与全国水平相比及乡镇企业职工人数比重与全国水平相比，作为劳动力迁移条件的变量，来做一个简单的回归分析。

回归结果列于表4－3。从这个结果来看，农村居民相对收入水平确实是影响迁移的重要因素，相对收入越低，迁移频率越高；传统战略造成的结构扭曲程度对迁移也有重要影响，相对农村人口比重越高，劳动力就业不足的压力越大，迁移频率越高；人均耕地的相对水平本来可以成为农村劳动力就业压力的因素，但由于我们使用的迁移资料是1990年的调查结果，而且这里的迁移相对稳定，具有传统意义上的迁移含义。

表4－3　影响迁移因素的回归结果*

变　　量	系　　数	T检验值
固定变量	-0.154	-2.070
农村相对收入水平	-0.067	-2.660
农村人口相对比重	0.115	2.759
人均耕地相对水平	0.027	2.657
乡镇企业就业相对水平	0.096	9.844

注：* R^2 为0.845。

资料来源：《中国1990年人口普查资料》。《中国统计年鉴—1991》。

在当时城市商品粮制度尚未废除的条件下，一定的家庭农业基础则成为实现迁移的前提条件。因此，我们得到的回归结果表明，人均耕地的相对水平高，对于迁移频率具有促进作用。这和前面关于中西部迁移率差别的解释是相吻合的。

与此相类似的是，劳动力在乡镇企业就业的相对水平，本来应该是迁移的一种替代，有助于减少迁移。但在1990年相对正式的迁移中，劳动力的素质或技能，以及相对机会就显得十分重要，而乡镇企业就业实际上成为劳动力的培训过程，所以表现出乡镇企业职工相对份额对迁移频率有正面影响。[①]

此外，把迁移距离作为迁移的心理成本和物质成本的综合代表，也对迁移有很大影响。以全国各省、自治区和直辖市迁往北京的相对频率，与各地到北京的距离（省会至北京）作相关分析，得到相关系数为 -0.457，即距离越远迁移频率越低。

现在，让我们进入一个更为微观的场合，观察农村劳动力转移中的推力、拉力及其合力的作用效果。

笔者曾经于1995年在济南市对外地民工进行了一项抽样调查。我们发现，抽取的样本中有迁移行为的农户平均规模较大，拥有较多家庭劳动力。

选取样本中山东省内农户汇总，家庭规模平均为4.9人，比该省农户的平均规模（4.3人）多0.6人；样本农户平均有3.9个劳动力，比该省平均水平（2.5人）多1.4人。样本农户的劳动力占家庭成员比重为79.6%，比全省平均（58.1%）高出21.5个百分点。由于劳动力占家庭成员比重高，样本农户平均每个劳动力拥有的耕地较少。每个劳动力拥有耕地2.2亩，每个男性劳动力拥有耕地4.4亩，分别比全省农户的平均水平少0.6亩和0.9亩。由此可以设想出种植业就业不足构成的迁移推力。

另一个推力是由农户所在社区相对缺乏非农产业就业机会所产生的。样本农户中劳动力的非农产业就业机会只有5.3%，而全省农村劳动力的非农产业平均就业机会为12%。

济南样本中迁移者在迁移前后的收入存在显著的差异。在问卷中，要求被调查者选择以下问题中的两种分别作为迁移的第一位和第二位动机：

（1）生活所迫，靠在农村挣的钱无法生活；

（2）在农村没有工作机会；

（3）躲避在农村惹下的麻烦、责任等（婚、债及其他麻烦）；

（4）到城市能多挣些钱；

（5）向往城市的生活方式；

① 我们使用的迁移资料包括了省内迁移，而我们知道有很大一部分省内迁移劳动力是进入乡镇企业就业的。这也是乡镇企业就业比重越高，表现出迁移频率越高的原因。

（6）为了个人的发展（学技术，见世面，提高社会地位等）；

（7）别人都外出挣钱，所以我也想试试；

（8）其他（请注明）。

问卷汇总结果显示，迁移者中81.8%把追求更多的收入作为迁移的首要目标。

还有一部分把向往城市生活方式和谋求个人发展作为首要目标，他们大多为刚毕业或辍学的学生，但依然把追求收入作为第二位目标。事实上，迁移使这些农村劳动力的收入发生了显著的变化。被调查者迁移前的年平均收入为1875元，迁移后为3500元，增加了86.7%。

如果我们将迁移预期收益减去迁移成本后的净收益作为迁移拉力的话，较低的迁移成本也是加强拉力的一个重要因素。迁移成本包括机会成本、心理成本和物质成本。由于有迁移行为的家庭劳动力比重较高而非农产业就业机会较少，且一半以上迁移者季节性地回乡参与农事活动，因而迁移对家庭经济活动没有负面影响，机会成本很低。

样本显示，迁移大多发生在本省范围内且寻找就业的风险较小。在济南调查的全部1504个样本中，1403个来自本省，其中1031人在迁移之前已经找到工作。在迁移前没有找到工作的372人中有307人在1个月之内找到了工作。也就是说，寻找工作时间不超过1个月的迁移者占省内迁移者的95.4%。

较低的迁移成本还可以从迁移者为寻找工作所支付的培训费和迁移交通费支出看出。根据济南市的调查，在省内迁移者中，没有接受任何培训或未支付培训费用的占88.1%。在支付了培训费用的167人中，有124人支付的费用未超过1000元人民币，平均每人花费334元，只有占迁移者总数3.1%的人花费了1000元以上的培训费，平均花费2128元。省内迁移者中支付交通费未超过50元人民币的占91.7%，低于100元人民币的占97.7%。

4.4 城市化：灾难还是福音？

自从20世纪50年代世界人口城市化速度加快以来，人们就产生了一种对城市化的恐惧。再说得透彻一点，这种恐惧往往来自发达国家的政治家和知识分子，而恐惧的真正对象，则是发展中国家的城市发展，特别是大城市的发展。

发展中国家的城市化以前所未有的速度在发生，的确是一种现实。据统计，目前全球城市人口有26亿，不出10年将达到33亿。在全球城市人口增长中，发展中国家占主要的地位。当前，世界城市居民中有2/3生活在发展中国家，用不了10年，这一比例将提高到3/4，从那时起再过10年到2025年，这个比例将达到4/5。[①]

大城市化的趋势也是实实在在的。1950年的时候，超过百万人口的大城市，全世界只有83个，其中34个在发展中国家。如今这样规模的城市，全世界已有280个，预计不出10年将再翻一番。从20世纪50年代到现在，从现在到将来，所有增加的百万人口的城市，以及世界上最大的15个大城市中的11个，都在发展中国家。

半个世纪前，世界上人口逾千万的城市只有纽约。如今，14个最大的城市人口均超过千万，其中10个在发展中国家。到2015年，世界上最大的30个城市，人口几乎全部超过千万。在那时的这个城市群中，只剩下5个在发达国家了。

目前正在发生的高速城市化，就全球而言是以2.5%的年平均增长速度进行的。其中较发达国家的速度为0.8%，欠发达国家的速度为3.5%（见图4－3）。平均来说，在城市人口的增长过程中，40%是由从农村向城市的迁移造成的。

从发展中国家城市人口增长加快开始，一系列耸人听闻的修饰词被用来形容这个事实：城市爆炸，失业与贫困，贫民窟，城市暴力，疾病等，不一而足。据国际劳工组织估计，世界上8个特大城市中，居住在贫民区的人口占人口总数的比重，最低的是汉城——12%，最高的是开罗——84%。联合国人口基金的一份报告中，竟直接使用了这样的标题：《肮脏的城市，致命的城市》。

由于沿海地区和城市经济的特殊吸引力，以及过去几十年的政策压抑，中国的城市化速度也属于高速之列，而且将越来越快。这到底是福音，还是会带来灾难性的后果呢？

---

① 联合国人口基金委员会：《1996年世界人口状况》，人民教育出版社协助出版，1996。

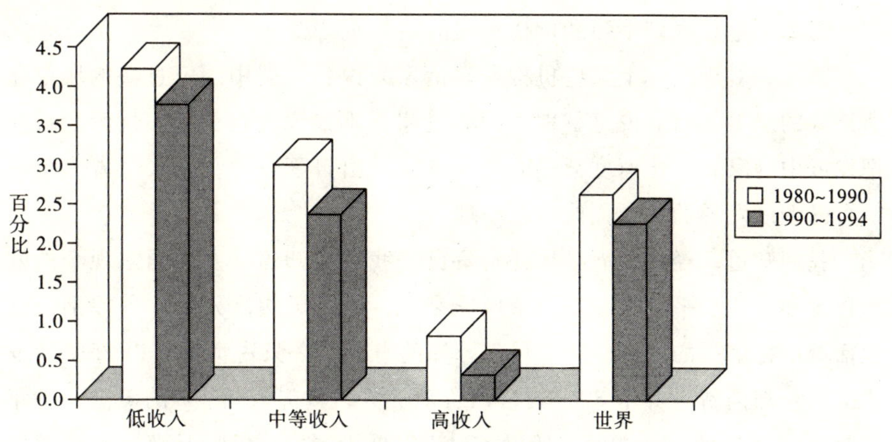

图 4-3 各地区城市化速度

资料来源：世界银行：《1996 年世界发展报告》。

先让我们来对国际社会的有关倾向做一番评判，然后再回到我们的具体问题上面。对于发展中国家城市化迅速发展的恐惧，可以从几个方面做出解释。

第一，如同马尔萨斯和李嘉图挑起的人口与资源之间关系的话题一样，城市化问题也是知识分子上百年来津津乐道的话题。① 当今交织着悲观主义与乐观主义的针锋相对的辩论，其实一点也不新鲜。早在 19 世纪 30 年代，这类辩论就充斥了英国国会记录、政治经济学家的论文，以及不列颠新闻媒体之中。

悲观主义者强调的是，发展中国家面对过快的城市化速度和城市人口密度加大，将没有能力提供有效的管理和足够的基础设施。于是，规划不当和环境恶化将导致大祸临头。历史上曾经发生过因过度滥用集体资源而导致环境灾难的事件，以致这成为一个经典的事例。在他们看来，如今发展中国家的城市增长，是又一次“公共地悲剧”。

乐观主义者所持的观点与此正好相反。他们把城市化看做提高发展中国家人民生活水平的重要方式。换句话说，城市化是经济发展的自然结

① Allen Kelley and Jeffrey Williamson, *What Drives Third World City Growth? A Dynamic Generall Equilibrium Approach*, Princeton University Press, 1984.

果，是更有效率地使用经济资源所要求的。至于所谓“公共地悲剧”，他们认为那不过是规划不当和价格扭曲的结果而已。

第二，对于国际上某些机构和政治家来说，发展中国家过快的城市化所造成的恐惧，与其说是替别人操心受累，不如说为自己杞人忧天。旨在把发展中国家城市化速度减缓的政策建议，出自于一种让别人节省出资源供自己继续发展的潜台词或潜在心理。

我们知道，经济发展必须耗费资源。我们又知道，发达国家现今的发达程度和生活水平，比起发展中国家来说，不啻天壤之别。这种差别无疑包括城市化水平的差别。一个尽人皆知的事实是，只占世界人口25%的发达国家，却消费世界上80%的自然资源；只占世界人口5%的美国，每年耗费世界25%的商业能源。所以，对于发展中国家，特别是那些经济发展水平仍然较低的国家来说，发展是硬道理。

其实，回顾一下发达国家早期城市化的历史，我们看到了与今日十分相似的情形。1801～1851年，伦敦的人口翻了一番还多；同期，英格兰10个最大的城市在全国总人口中的比重，从16%增加到23%。这个国家靠的是向新大陆移民，才避免了城市人口的膨胀，否则城市人口会在14年内翻番，正像1950年以来在非洲发生的情形一样。①

这并非一个孤例。历史上，各个国家虽然所处的发展阶段不同，人口增长率差异颇大，却曾经有着十分相近的城市化发展速度。例如，1960～1973年，40个发展中国家平均人口增长率为2.54%，城市化的年平均速度为4.86%；而20世纪80年代前后，全部工业发达国家的人口增长率为0.9%，城市化速度为4.64%；19世纪中叶美国的人口增长率为2.61%，其当时的城市化发展速度也是4.86%。②

第三，伴随着城市化产生的问题，不是这个经济发展过程本身的结果，而是另有原因。在发展中国家的城市化过程中，的确存在着种种问题：人口大量拥入却没有住房，找不到工作，不能享受必要的社会安全保障，以致形成棚户区，出现各种犯罪……将其称作“城市病”也无不可。但是，这些问题的出现，与特定的制度及政策有关，而非城市化的必然

① 联合国人口基金委员会：《1996年世界人口状况》，人民教育出版社协助出版，1996。

② 蔡昉：《我国城市化的新阶段》，《未来与发展》1990年第5期。

表现。

我们经常听到的有关“城市病”的故事，大多来自拉丁美洲、南亚和非洲的一些国家。在那些国家中，至少有几种制度缺陷和政策扭曲，使得城市化过程来得不那么健康。

首先，我们看到，在拉丁美洲、南亚和非洲的许多国家，土地改革始终不甚成功，土地高度集中的状况，产生了一批少地和无地的农民，以致他们在毫无选择的情况下流入城市。用土地所有权分布的基尼系数来度量这种占有的不均等，这些国家通常具有高达0.6～0.9的基尼系数（表4－4）。

表4－4　一些国家土地占有的基尼系数（1960年）

国　家	土地基尼系数	国　家	土地基尼系数	国　家	土地基尼系数
埃　及	0.60	突尼斯	0.65	巴　西	0.83
巴基斯坦	0.63	多米尼加	0.80	委内瑞拉	0.93
印　度	0.63	危地马拉	0.83	巴拉圭	0.94
斯里兰卡	0.67	巴拿马	0.74	智　利	0.93
摩洛哥	0.64	秘　鲁	0.94	墨西哥	0.75
肯尼亚	0.82	哥伦比亚	0.87	乌拉圭	0.82
哥斯达黎加	0.78	尼加拉瓜	0.80	阿根廷	0.84

资料来源：斯奎尔：《发展中国家的就业政策：结果与动向概观》，牛津大学出版社，1981。

与此相比，由于在20世纪80年代初，中国普遍实行了按农户人口与劳动力平均分配土地的家庭联产承包制，中国农村土地的经营权分配是相当均等的，20世纪80年代末计算的土地规模分布基尼系数仅为0.42。作为农民生产基本手段的土地分布均等，就保证了绝大多数农民具有自我就业的条件。于是，要不要迁移到城市去，就成为一种自愿的选择。这在一定程度上保证，中国不会出现像前述国家可能出现的“城市病”。

其次，那些推行“进口替代战略”或“重工业优先发展战略”的国家，通常具有政策上的城市偏向。相对于农村而言，城市居民得到过多的福利补贴，形成生活方式和生活水平的两极分化。一方面，农民生活无靠，苦苦挣扎；另一方面，城市的福利产生巨大的吸引力。农民盲目迁移到城市后，实际上又享受不到“城市之光”，成为被排斥在现代化过程之外的边缘人。

中国同样长期实行重工业优先发展战略，以及相应的城市偏向政策。但这种政策几乎是随着人口流动限制的松动而逐步改革的。城市医疗、住房、养老、失业保险正在逐渐走向社会化，迁移者和本地人将越来越处于平等的地位。

再次，推行“进口替代战略”或“重工业优先发展战略”，还使许多发展中国家严重地扭曲了价格，并形成过于畸形的产业结构。扭曲价格和重工业优先发展的结果，造成经济发展过程中吸纳劳动力的能力较低，减少了迁移者的就业机会，从而形成庞大的失业大军。

中国也遇到同样的问题。然而，由于改革过程中形成了越来越活跃的非国有经济部门，而且这个新生部门充分利用了现阶段劳动力丰富的优势，具有较强的劳动吸纳能力。后面的叙述将显示，正是非国有经济，成为流动劳动力的主要吸收部门。

归根结底，城市是人类文明的产物，是一种高级的社会组织形式，也是未来最有前途的产业的发源地，没有道理把城市化看成是洪水猛兽。

中华人民共和国成立之初，城市化水平十分低下，1952 年城市人口比重只有 12.46%，恰好对应了不发达经济的典型特征。从那时起一直到改革前夕，城市化水平没有多大提高，1978 年城市人口比重也只有 17.92%。只是在农村经济改革之后，随着乡镇企业的异军突起、小城镇的蓬勃发展，以及城市经济改革的推进，全国的城市化步伐才实实在在地加快了，1996 年城市人口比重达到 29.37%。

由于农村经济在 20 世纪 80 年代的迅速增长，当时对城市化过程贡献最大的是小城镇的发展。在 1981 ~ 1988 年的 7 年中，市镇总人口增长了 1.2 倍，而其中镇人口增长了 2.9 倍。也许正是因为这个时期小城镇的发展异乎寻常，使得许多学者和政府官员异想天开地把中国城市化道路单纯寄托在小城镇的身上。

尽管从那时以来，关于中国的城市发展究竟应该走一条什么样的道路的讨论，始终不绝如缕，但是这种讨论有两个主要的毛病。

第一，在争论中，小城镇发展派占据统治性的地位。当然，这并非意味着这种观点的论据多么充足，而是由于官方的肯定和政策确实向这种观点倾斜。从哲学意义上，这种模式似乎恰好与当时红极一时的“小的是美好的”思潮不谋而合。从实践意义上，不少人甚至以为找到了一条有中国特色的城市化道路。

第二，无论是支持小城镇发展的观点，还是主张发展大城市或中等城市，在大多数情况下，争论都有太强的价值判断性质，而忽略了城市发展的自身规律。这也难怪，当时无论是官方的意识形态，还是学者们和政策制定人的头脑，都尚未清除掉计划经济的思维，总还以为人们可以设计一条城市化道路，并且还可以使之具有“中国特色”。

然而，世界各国经济发展和结构变化的历史告诉我们，城市作为一种经济组织，与其他经济组织和经济活动一样，都具有自身的内在结构。什么样的结构是合理的，体现了城市化的规律性。同样，城市化道路也可以而且也应该具有中国特色，但这种特色的产生是由中国特殊的国情诱发出来的，而不是哪个人可以设计出来的。

20 世纪 80 年代小城镇的发展，有其发展的特殊条件。应该说，进入 90 年代以后，中国经济增长的基本格局已经发生了极大的变化。经过了许多年的探索，社会主义市场经济体制终于被确立为中国经济改革的目标模式。在经历了 80 年代小城镇大发展之后，大中城市的扩张是合乎逻辑的。

费孝通先生曾经把中等城市描述为排球比赛中的“二传手”，但他是站在帮助小城镇发展这个“主攻手”的立场上讲这句话的。我们可以发挥一下，如果仍然站在小城镇为“主攻手”的立场上，那么不仅需要“二传手”的配合，还需要“一传手”到位。那就是大城市的发展。

第五章 异军突起：新生部门与就业制度

按照作者的设想，阅读至此，我们已经可以理解，20 世纪 80 年代以前实行重工业优先发展战略，及其相配套的种种制度安排，像筑起了一道从不泄水的拦河坝，为农村劳动力转移积累了强大的势能。而揭橥于 80 年代的以联产承包制为主要内容的改革，为农村劳动力转移提供了足够大的推力。相继的农村经济改革和城市经济改革所诱发出的各种推力、拉力与合力，也都具有刺激劳动力从农村向城市、从中西部地区向东部地区转移的效果。由此产生的这样一种潮流，推动了向城市化和非农化的新跃迁。

城市经济作为当前经济增长中心，固然具有吸纳转移过来的劳动力的潜在要求，但从就业制度的角度看，对于农村劳动力转移到城市是否已经东风齐备，却是需要进一步探讨的问题。

经济改革的一个重要成果，就是在以国有经济和城市集体经济为典型代表的传统经济部门之外，生长出一个新生经济部门。后者包括农村集体经济、城乡个体私人经济、三资经济等非国有经济部门。目前，这种新生经济部门的比重，已经大大超过国有经济部门，与后者形成鼎足之势。

为分析的方便，我们在统计意义上，用国有经济代表传统经济部门，用非国有经济代表新生经济部门。由此，我们可以作一个单纯的两部门比较。本章将对经济转轨时期两部门就业性质进行比较，并对就业转轨机制进行分析，以便在以后的章节将劳动力市场发育与人口迁移现象相联系，揭示后者对于劳动就业制度改革的积极效应。

5.1　新增资源与新生部门

在实行经济改革以前，国有经济和城市集体经济在部门结构中占有绝对的优势地位。而在这些部门，微观经济单位没有任何人财物购进、使用和处置的自主权，完全由相应的主管部门统一安排，造成缺乏激励和效率低下。

而从宏观层次来观察，资源分配则是根据国家经济发展战略目标，通过计划渠道进行。由于长期以来推行重工业优先发展战略，资源配置格局有很大的偏倚，形成了扭曲的经济结构。从产品需求和供给的角度说，就是与城乡人民生活息息相关的一系列产品和服务都供给不足。

1964 年是一个不具有历史学特殊意义的年份。中国人民已经挨过了 20 世纪 50 年代末 60 年代初天灾人祸的痛苦，“文化大革命”的动乱还未到来。所以，以这一年城镇居民日常消费为例，不算过分极端的例子。

这一年，城镇居民家庭平均每人每天消费粮食不到 0.5 公斤。这种粮食消费的不足，是否为其他副食的消费所弥补呢？没有。资料显示，平均每人每天的蔬菜消费只有 1/3 公斤，食用植物油平均每天的消费量仅为 6 克，肉类不到 23 克。全年平均每人的布匹消费只有 1.5 米，全年每人购买的服装，折合起来仅为 1 件。许许多多现在十分普及的生活耐用消费品，如电冰箱、彩色电视机、录音机、摄像机等，在当时尚不为大多数人所知。

“十年动乱”把这种短缺的状况进一步推向极端。所以，当中国共产党重新确立了实事求是的思想路线之后，直接以改善人民生活为目标的改革，就成为大势所趋。

始于 20 世纪 70 年代末的经济改革，首先是从微观环节入手，着眼于解决激励机制问题。在农村，家庭联产承包制的普遍实行调动了广大农民的劳动积极性，提高了农业产量，从而创造出一个新增资源；在城市，国有企业放权让利式的改革也提高了企业和职工的积极性，提高了企业效率，同样产生了一个新增资源。

无论是在农村还是在城市，由于这个新增资源分别是在“包干到户”和“利润分成”的形式下产生的，过去没有自主权的农户和企业，现在拥有了对这部分资源进行重新配置的权利和动力。

不过，要想自主地对这部分新增资源进行配置，还需要有相应的投入品和产出品市场。也就是说，如果企业要生产一些过去的生产计划中未能包含的产品，它需要有计划安排之外的投入品来源，也需要有计划外的销售渠道。恰好，中国的改革就是按照这样一条轨迹推进的，即适应每个阶段的问题和需求，改革的重点逐步转移到新的领域。

于是，在产生了新增资源，以及企业有了将其配置到新的投资机会中的要求之后，改革便遵循自身的逻辑线索，进入到资源配置制度改革的阶段。这个改革的前一阶段，打破了单一的计划分配资源的渠道，形成了生产要素、产品价格形成和分配渠道的双轨制。

计划外资源配置渠道的形成，为城乡的新增资源，提供了按照利润最大化原则进行配置的机会和场所。与此同时，经济对外开放还使海外投资者跃跃欲试。由于传统经济结构的扭曲性质，很多经济部门长期受到压抑，成为需求大、收益高的投资领域。在这几个条件的配合下，以新增资源为投资来源，以非政府行为主体为投资人，以过去受压抑的产业领域为投资对象的新生部门就产生了。

市场体系和价格决定的双轨制，是一种过渡性的体制形式。进一步的改革，是以双轨制中计划轨道的逐渐式微和消失，以及市场轨道的逐渐扩大和完善为特征的。在这个过程中，非国有经济的发展和国有企业资源增量的再配置，也起到了促进产品和生产要素市场形成和发育的作用。通过产品和生产要素影子价格产生、双轨制价格体制形成和市场轨的扩大等几个改革步骤，中国经济市场化程度已经大大提高。

到1994年为止，国家定价的产品在社会商品零售总额中所占的比重已经下降到7.2%，国家指导价的比重为2.4%，由市场调节价格的产品比重，占到社会商品零售总额的90.4%（表5-1）。

资源配置的市场化，为新增资源的配置和新生部门的成长提供了必要的、良好的条件。1984年全社会固定资产投资总额为1833亿元，国有经济占到65%，农村集体和城乡个人的投资额为32%，基本没有其他投资主体。1994年全社会固定资产投资总额达到16370亿元，其中国有经济的投资比重下降到57%，农村集体、城乡个体、联营经济、股份制经济、外商投资经济、港澳台投资经济和其他经济成份的投资比重大大上升。

表 5－1 产品价格市场化程度*

	国家定价			国家指导价			市场调节价		
	1990	1992	1994	1990	1992	1994	1990	1992	1994
零售商品	29.8	5.9	7.2	17.2	1.1	2.4	53.0	93.0	90.4
农副产品	25.0	12.5	16.6	23.4	5.7	4.1	51.6	81.8	79.3
生产资料	44.6	18.7	14.7	19.0	7.5	5.3	36.4	73.8	80.0

注：＊占社会商品零售总额的比重。

资料来源：郭剑英：《三种价格形式所占比重及其变化》，《中国物价》1995 年第 11 期。

投资主体的多元化，改变了固定资产来源的结构。1985 年全社会固定资产投资总额中，国家预算内投资占 17.6%，国内贷款占 20.1%，利用外资仅占 2%，自筹和其他投资占 60.3%。1994 年全社会固定资产投资总额中，国家预算内资金只占 3.2%，国内贷款占 22.6%，利用外资比重提高到 10.8%，自筹投资提高到 48.9%，其他投资占 15.5%。

在投资格局变化的情况下，全社会经济增长格局也发生了巨大的变化。以全国工业为例（表 5－2），国有经济比重已经从 1984 年的 78.7%下降到 1995 年的 34%，新生部门的经济比重大大提高。

表 5－2 工业总产值的经济类型结构变化

单位：%

年 份	国有工业	城乡集体工业	城乡个体工业	其他类型工业
1980	78.70	20.70	0.00	0.60
1985	64.86	32.08	1.85	1.21
1990	54.60	35.62	5.39	4.38
1992	48.09	38.04	6.76	7.11
1994	34.07	40.87	11.51	13.55
1995	34.00	36.59	12.86	16.57

资料来源：《中国统计年鉴—1986》、《中国统计年鉴—1996》。

5.2 转轨中传统部门就业性质

与改革以前相比，整个经济中的部门结构发生了巨大的变化。迄今为止，在那些通过新增资源的重新配置而形成的新生部门中，乡镇企业引起人们关注的程度较高。但是，事实上，在过去的十几年中，城市经济中的新生部门也同样是以异军突起的势头成长和壮大。在1995年全国城市市区的工业总产值中，国有经济的比重也已经下降为35.6%，与整体结构状况相差无几。

与这种情形相对应，城市中传统部门就业，显然不再是城镇职工就业的唯一去处了。1995年城镇从业人员中，在国有经济单位的只有64.9%，在集体经济单位的为18.1%，其余的则进入新生部门就业。也就是说，即使把城镇集体经济也全部当做传统部门，后者容纳的就业人员也远远不是百分之百了。何况，集体经济中相当大的一部分，完全可以被看做新生经济部门的。原因是，它们具有显而易见的新生部门特征——在市场机制条件下对新增资源进行配置而形成。

在这种转轨的情形下，传统部门遗留下来的劳动就业，还具有什么特殊的性质呢？我们知道，任何事物都有其历史延续性，转轨中的传统部门就业性质，也是脱胎于转轨之前的体制。所以，让我们先花费一点篇幅，对改革以前传统部门特别是国有经济的就业和工资制度做一个简单的回顾。

说到国有经济的劳动工资管理制度，我们应该简单地回忆一下前面讨论过的内容，即在重工业优先发展战略下产生的一系列制度后果。

在重工业优先发展战略及其相应的宏观政策环境下，一方面，畸重的产业结构减少了对劳动力的需求，如果听由企业自行决定雇用多少工人，将会造成整个社会失业现象严重，引起政治上的不稳定，干扰工业化目标的实现；另一方面，低工资制度扭曲了劳动力的真实成本，在没有准确的衡量企业经营绩效的办法的情况下，企业可能通过改变职工雇用数量而隐瞒生产成本，截取企业生产剩余，侵犯国家的权益。因此，把劳动用工权统一掌握在专门的主管部门手里，有助于使劳动力分配与整个计划经济体制相协调。

1954年以前，国营企业的劳动管理是由各大行政区和各主管部门负责的，它们各自编制出管辖范围内的劳动计划。当时采用的是“介绍就业和自行就业相结合”的政策，国有企业可以在国家政策规定的限度内自行增减职工。

1954年撤消大行政区以后，逐步过渡为中央集中管理，统一安排就业的范围逐步扩大，统一安排就业的对象从大学毕业生、中专技校毕业生，直至复员退伍军人和待业青年。对就业实行集中管理以后，国有企业的职工人数计划由国家逐年批准下达，企业增加新职工需经主管部门批准。

同样是从1954年以后开始，工资管理集中到中央政府的劳动部手中。制定国有企业职工工资标准、职工定级、升级制度均由中央政府统一规定，地方政府和企业无权变更。而且，不仅在国有企业内实行了统一的工资制度，而且在公私合营企业内也推广了这种统一的工资制度，即整个城镇经济开始实行统一的工资制度。

作为职工工资的补充，各种生活福利的发放和企业履行兴办社会事业的职能，也是这种劳动就业制度的一个重要组成部分。在低工资高就业的情形下，为了保障职工及其家庭的基本生活，还要在货币工资之外辅之以生活必需的实物福利和社会性服务，如住房、医疗、教育、托幼等等。

把这些本来应该由社会提供的服务职能安排在企业内部执行，既是为了对服务对象进行准确的选择，即把非城市人口排斥在外，也是为了把相关的服务产业控制在国家财政便于获取剩余的范围内。

可见，企业办社会也是劳动就业制度的一种内生结果。由于国有企业履行了保障就业和提供社会性服务的非生产性职能，国家也要同时控制其这两方面的活动及其结果，政企不分也就成为必然。

与新生经济部门的就业、工资制度相比较，传统经济部门在诸多方面保持并表现出传统体制的特征，而同时又根据改革以来的新条件，有了一些新特征。

让我们先来考察传统部门的工资制度。由于从20世纪50年代开始，企业就无权决定或调整职工的工资标准、工资定级和升级办法，以及增长幅度，以致到1978年，工资水平基本未变，大多数年份的平均工资水平都在600元以下。即使按扭曲的官方汇率246.18元人民币折算100美元计算，这些年份全国职工年平均工资水平也仅为200余美元。

而过去十几年国有企业放权让利式改革，赋予了企业更多的经营自主权，增强了企业的利润动机，企业管理人员有了较大的权力决定职工工资和福利水平，也有相当大的动机提高职工的工资和福利水平。表5－3表明了这样一种趋向，国有企业改革以来，工资增长速度始终快于产值增长速度，更不必说快于国有企业效率的提高速度了。

表5－3　国有企业工资超前分配

年　份	国有工业产值指数	国有单位职工工资指数	工资增长超前系数
1980	105.6	135.8	1.29
1985	112.9	122.0	1.08
1986	106.2	120.0	1.13
1988	112.6	123.1	1.09
1990	103.0	112.7	1.09
1991	108.6	112.6	1.04
1992	112.4	118.5	1.05
1993	105.7	124.8	1.18
1994	106.5	135.4	1.27
1995	108.2	121.4	1.12

资料来源：国家统计局：《中国统计年鉴—1996》。

那么，改革以来传统部门的这种工资增长态势，究竟是健康的变化，还是一种扭曲的倾向呢？我们且从传统部门的就业特征来寻求答案。

由于传统体制下的就业政策，是要在低工资水平上保证劳动力的正常再生产，从而保持城市的社会稳定，所以采取单一面向城市居民的全面就业制度，企业雇用工人的数量往往与实际生产的需求不相一致，形成所谓“三个人的活儿五个人干，五个人的饭三个人吃”的局面。

微观放权改革后，在企业劳动效率有所提高的情况下，企业冗员现象就显在化了。然而，为了维护社会安定，国有企业仍然需要承担一定的社会职能，不能完全根据企业的实际劳动需求雇用工人，企业在行使解雇多余职工的权力时，遇到重重障碍。

可见，在城市传统部门中，并不像刘易斯所断言的那样，职工工资是由劳动的边际生产力决定的，而是以企业为单位分享平均产量。那么，企业内部工资究竟是怎样分享的呢？由于城市企业中就业的性质，企业内部分享报酬的人员由下面几部分组成。

一是企业中真正对企业作出贡献的职工，其边际劳动生产力为正值。也就是说，他们付出的劳动，除了创造出自己的工资之外，还为企业创造利润。这部分职工占企业职工总数的一半或2/3。

二是不能对企业作出正值贡献的职工，即那些相对企业劳动需求而言成为富余人员的职工，其边际劳动生产力为零。由于实际上并不能分别出哪些人的劳动边际生产率为负数，所以这部分职工得到与前一类职工相同的报酬。

三是不再参与生产过程的人员即退休职工。对企业放权让利的改革所产生的结果之一，就是退休职工的养老成本由国家支出转变为由企业支出。由于企业利润留成只是改革以来的事情，而退休职工却是几十年积累下来的，所以，对企业来说，退休职工并没有为其自身提供养老基金，因而也要与在职职工分享工资基金。

与退休职工分享企业工资基金的情形相类似，企业还要为职工支付各种福利补贴。这意味着在工资之外增加了额外的企业负担。据统计资料反映，近年来传统部门每年为职工支付的劳动保险和福利费用总额，已经接近于工资总额的1/3。

此外，在传统经济部门中，人力资本的差别自然也不能在工资中得到反映。劳动者的健康状况、受教育水平和参与劳动过程后积累的工作熟练程度等，表现为对生产效率和企业生产成果具有正面影响的人力资本因素。

在市场经济的条件下，企业为了吸引拥有较高人力资本禀赋的劳动者，应该使其工资高于人力资本禀赋较低的工人。但这种差别能否体现，至少取决于两个因素。一是企业有没有工资决定权，二是这种人力资本能否辨别出来，或能否得到有效监督，而后者又取决于企业管理人员有没有对此进行监督的动力。

事实上，在传统经济部门，恰恰缺乏这两个条件。不过，在传统经济部门是整个经济中唯一的经济部门的情况下，拥有较高人力资本的职工尽管得不到应有的激励，由于他舍此之外也找不到能够根据他的真实贡献而支付报酬的就业机会，因而他的优于其他人的人力资本是没有机会成本的。

至此，我们可以得出结论，即尽管改革以来传统部门工资增长较快，但其工资决定机制并没有根本性的改变，从而还没有起到应有的激励作用。

5.3 面对市场：新生部门的就业与工资

由于新生部门是因应市场化经济改革的逻辑进程，作为传统部门的对立物而产生的，所以它本身带有诸多市场经济的因素。毋庸置疑，从就业和工资体制方面，它也不可避免地要表现出与传统经济部门的鲜明反差。

从逻辑上可以十分清楚地看到，新生部门是在资源配置有了市场轨道后才出现的，其所吸收的劳动力也是通过刚刚发育的劳动力市场而得。所以，该类部门的就业与工资决定是一种市场行为。下面，让我们从实际描述的方面来证明这个判断。

首先，新生经济部门的劳动雇用决定，是反映了城乡劳动力市场的供给状况的。与传统部门不同，新生经济部门在考虑劳动力供给时，是以城乡一体的劳动力市场作参照。[①] 这就是说，其就业吸纳乃至产业选择都应该考虑到中国劳动力丰富的特点。

我们知道，长期以来在农村滞留了大量的剩余劳动力。由于改革以来其转移障碍已经大大减少，已经广泛地发生着劳动力的城乡间流动。面对这种供给状况，市场化的就业决定本身就应具有创造就业的功能，也就是说，产业结构的转变是以最大限度地吸纳劳动力为特征的。[②]

由于中国目前的新生经济部门是在市场需求和产业机会的引导下，顺应中国的资源比较优势发展起来的，所以具有相对劳动密集的产业特征。例如，迅速发展的乡镇企业，每 10 万元固定资产净值，可以推动 18 个工人就业，而国有企业工业以同样数量的固定资产净值，只能推动 3.5 个工人就业。这种趋势表明了新生经济部门就业决定的市场性质。

---

① 虽然这并不意味着目前中国的劳动力市场已经是城乡一体化的了。

② 在历史上，19 世纪西欧国家发生的劳动力转移，就伴随着就业机会的扩大和创造。资料表明，1815 年的英国共有 7000 种职业类型，到 1901 年，职业类型增加为 15000 种。参见 J. A. Banks, "Population Change and the Victorian City", *Victorian Studies*, 11, p. 281.

其次，新生经济部门又只按照自身的实际需求雇用劳动力。这些部门是在计划控制之外得到发展的，无须履行吸纳超出需求的劳动力的责任。

与计划经济条件下国有企业和城市集体企业不同，新生部门并不负有保障城市劳动年龄人口就业的社会义务，也不必承担任何企业经营之外的职能，完全根据企业发展的要求决定劳动雇用数量；除了市场水平的工资以外，这类部门大多不额外承担职工其他福利保障。这样一种新型的劳动就业制度更符合市场经济的原则，符合劳动力市场的发展方向。

再次，新生经济部门的工资决定是符合市场经济原则的。由于这些部门不必吸纳多余的职工就业，因而没有收入分享机制，工资水平完全根据特定行业的企业对于劳动力的需求，以及符合需要的劳动力的市场供给决定。又由于新生经济部门管理体制中责任、权利和利益明确，管理人员有对于特定人力资本进行辨别、度量和监督的动力，因而人力资本对于生产效率的贡献比较容易观察到，从而具备了区别劳动者所具有的人力资本禀赋而支付工资的条件。

5.4 人力资本与工资差异

关于新生部门与传统部门对于职工素质差别，在工资制度上给予不同的对待，有必要做一些进一步的描述与说明。这里，我们先从如何解释现实中存在的工资差异开始，借以构建一个人力资本差异与工资差异之间关系的解释框架。

在现实生活中，工资差异无所不在。除了在同一生产场合，劳动者之间存在着收入上的差距外，在不同的企业、地区和行业之间，都存在着工资差别。对此有多种多样的理解，但只有效率工资理论提供了最有说服力的经济学解释。

我们知道，劳动者由于先天因素和生活环境的影响，具有不同的身高、体重和健康状况，与其营养的摄入量、锻炼和健康护理一同，构成了人力资本的体力因素；而其天资禀赋、受教育程度、好学精神和工作经历等则构成其人力资本的智力因素。

许许多多的经济学家曾经在这个学问领域进行研究，并得出了一系列富有建设性的成果。经验分析表明，无论是智力意义上的人力资本还是体力意义上的人力资本，都有助于提高企业生产率。按照效率原则，在劳动力市场存在的条件下，则会形成人力资本与工资水平之间的正相关关系。

在中国，人们熟知经济学界以舒尔茨为代表的人力资本理论。这位经济学大师对于教育等智力因素具有高回报率的研究也为人们广为援引。然而福格尔等一些经济学家所做的关于营养、健康等体力因素的人力资本对于生产效率影响的研究工作，却鲜为人知。20 世纪 80 年代以来直至最新的类似研究都表明后者也是相当重要的。

例如，一位名叫斯特劳斯的经济学家，对塞拉利昂的农户进行了研究。[①] 他发现，农村劳动力摄取卡路里的水平每增加 10%，农业产量就会提高 3.3%；另外两位经济学家萨恩和阿尔德曼则跑到斯里兰卡去印证这个结论。[②] 他们发现，在这个国家的劳动力市场上，劳动者的卡路里摄入水平每增加 10%，工资水平就会提高 2%。

人力资本固然有其遗传和长期积累的因素，但很大程度上更依赖于后天投资来予以改善。所以，工资水平决定了人力资本的状况。或者说，提高工资可以通过改善人力资本状况提高劳动者的生产率。

当企业意识到工资与生产率之间的关系时，提高工资就可以成为提高劳动生产率的一种手段。当然，企业也不愿意无限度地提高工资，因为劳动者生产率的提高也可能是边际递减的。也就是说，企业为了获得更高的生产率而提高工资，职工由于提高工资而提高劳动技能，但这个双向努力会受到职工劳动技能和能力提高的自然限制。

例如，当工资在一定限度内提高时，工人可以用增加的收入改善营养提高体力、上夜校学习文化等，从而提高他的生产力。但进一步增加工资，他提高体力和智力能力的速度和幅度便会赶不上工资提高的水平，因而企业家就得不偿失了。那么，企业会把这种效率工资设定在什么水平呢？

---

① 斯特劳斯：《较好的营养能提高农业生产率吗?》，《政治经济学杂志》1986 年第 94 卷第 2 期（Strauss，1986，"Does Better Nuttrition Raise Farm Productivity?"，*Journal of Political Economics*，94，2：pp. 297 ~ 320）。

② 萨恩、阿尔德曼：《人力资本对工资的影响及发展中国家劳动供给的决定因素》，《发展经济学杂志》1988 年第 29 卷第 2 期（Sahn and Alderman，1988，"The Effects of Human Capital on Wages，and the Determinants of Labor Supply in a Developing Country"，*Journal of Development Economics*，29，2：pp. 157 ~ 183）。

我们用图 5－1 来说明。图中，横轴代表工资水平，纵轴代表劳动效率。在一定阶段上，工资提高相应提高劳动效率，但达到一定点以后，继续提高工资，效率提高就递减了。企业追求的是，每花费单位劳动成本效率最大，或一定单位效率花费的劳动成本最小。所以，图中劳动效率从递增到递减的转折点（即超过这一点增加工资不能以同样的程度提高劳动效率时），就是企业愿意支付工资水平的均衡点，此时的工资水平即为效率工资 W。

由于不同的行业对人力资本的要求不同，劳动者表现的环境以及影响效率提高的环境因素也不尽相同，所以，对于不同的行业来说，随着工资水平的提高，劳动效率所能达到的最优点也是不一样的。这就是效率工资理论对行业间存在工资差异的解释。[①]

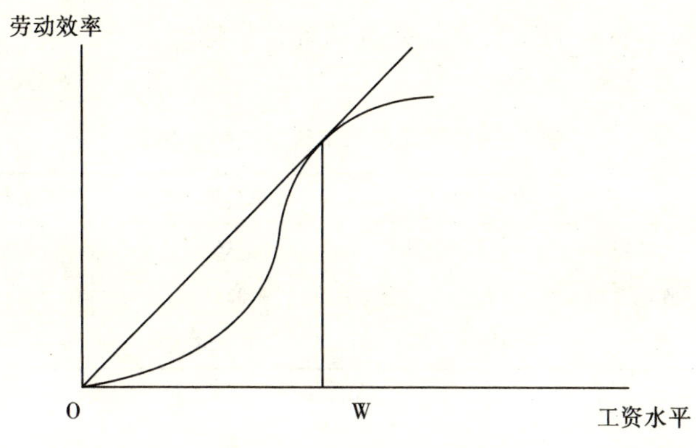

图 5－1 效率工资示意

正如我们已经指出的，由于在传统体制下国有企业缺乏工资决定权，也没有从效率提高中获益的权利，所以当时企业内部和企业之间几乎没有工资差异。职工干好干坏一个样，企业经营好坏也没有差别，没有任何奖惩机制。工资制度因而缺乏效率和激励作用。

同时，我们也指出过，在国有经济是整个经济中唯一经济部门的情况下，如果有哪个职工认为自己拥有较高的人力资本禀赋，理应得到更高的

① 斯蒂格利茨：《工资决定与失业的替代理论：效率工资模型》，载格索维茨等编《经济发展的理论与经验：纪念刘易斯爵士论文集》，艾伦与昂温出版公司，1982。

工资报酬，也是投诉无门的，并且尽管他会有怀才不遇的抱怨，却也无处可去。

在前面的行文中，我们也提出了改革以来新生长出来的非国有经济，其工资决定是符合市场经济原则的假说。这等于是说，这类新生部门具备了区别劳动者所具有的人力资本禀赋而支付效率工资的条件。事实究竟如何，让我们用刚刚掌握的知识，看一看传统部门与新生部门的行业工资差异是否有所不同。

表 5 -4 对国有经济、城镇集体经济和其他经济部门的行业工资特征做了比较。我们把国有经济视为传统体制的代表；城镇集体经济是一个比前者较少受到计划控制，且较少承担社会功能的部门，应该具有从传统体制到市场经济之间的过渡特征；而其他经济部门包括联营经济、股份制经济、外商投资经济和港、澳、台投资经济，是典型的市场经济部门。表中变异系数是关于行业间工资水平差异的统计指标。

表 5 -4　不同部门工资决定特征比较

	国有经济部门	城镇集体部门	其他经济部门
行业个数	16	16	15
平均工资（元）	4797	3245	6303
变异系数	0.190	0.254	0.252

资料来源：国家统计局：《中国统计年鉴—1995》。

从表中数字看，城镇集体经济平均工资最低，表明该部门从产业选择上和技术选择上对于较大的劳动力供给所做出的反应，同时仍然以提供住房、医疗保障等福利作为工资的补充。其行业间工资水平的较大差别，反映了人力资本在行业间分布的差异，以及企业对这种差异做出的反应。

与城镇集体经济部门相比，国有部门或典型的传统部门情形大不一样，其平均工资高出近 50%。这反映了其在产业选择和技术选择上对劳动力供给的适应性较差。该部门工资决定的非市场特征则表现为行业间较小的工资差异。

作为典型的新生部门代表，其他经济部门平均工资最高。之所以如此，是因为这些部门在工资之外，一般不再提供住房、医疗、养老等福利和社会保障，其较大的行业间工资变异系数说明人力资本和效率差异在工资决定中得到反映。

现在，需要回到我们的出发点。从本章的主题着眼，我们并非对行业间工资差异感兴趣。讨论行业间工资差异，只是为了证明新生部门比之传统部门，更能够在工资决定中考虑到人力资本的差别，从而前者的工资制度具有更好的激励效果。

第六章
就业竞争与改革激励

新生部门呈现出了新的就业和工资决定特征，与传统部门形成鼎立之势。三国鼎立，必有兵家之争。对于传统部门和新生部门之间的关系而言，由于两者具有不同的就业和工资制度，必然在雇用劳动力方面产生竞争。

这种竞争的形式是怎样的，其效果对于两个部门的发展分别有什么影响，实际上涉及了中国劳动力市场发育的方式和特点。更为重要的是，了解这一点有助于我们理解农村劳动力转移在城乡劳动力市场发育过程中的作用，消除和摒弃那些对于劳动力流动的消极认识。

本章将分别考察封闭的城市劳动力市场和城乡开放的劳动力市场，揭示农村劳动力转移产生的就业竞争，以及对于城市传统部门形成的改革激励效果。

6.1 “跳槽”及其潜在后果

假如不存在农村劳动力转移到城市的情形，也就是说，如果只有城市两个部门即传统部门和新生部门，两部门之间发生的就业竞争会产生什么后果呢?

阅读过前面的一章之后，我们应该了解到，传统部门与新生部门具有不同的就业与工资决定模式。并且，这种模式的差异，必然导致两个部门的就业与工资制度具有不尽相同的激励效果。因而很显然，传统部门不符合市场经济原则的就业与工资制度，是城市经济进一步改革的对象。传统经济部门这种不符合市场经济原则的就业模式与工资制度，其继续存在取决于若干条件。

第一个条件是传统就业模式与工资制度的内生性。如前所述，在推行重工业优先发展战略的前提下，为了在资本短缺的禀赋条件下实现工业化，就要由政府出面压低生产要素和投入品的价格，以降低重工业发展的成本。低工资制就成为这一发展战略的派生性制度安排。低工资又相继派生出统购统销制度、人民公社体制和户籍制度。

这种三位一体的制度安排阻断了农村劳动力转移，同时为低工资制度加上了就业歧视（劳动就业主要是面向城市居民）的内容。由此可见，传统部门的就业及工资制度是与旧体制相适应的。

第二个条件是没有就业竞争。同样是传统发展战略的需要，为了把企业剩余控制在政府手中，以便优先配置在战略性产业，国有经济成为国民经济中占统治地位的部门。因而，在其他类型经济部门微乎其微的情况下，传统就业模式和工资决定方式，也几乎是唯一的模式。在没有其他模式作为参照的情况下，制度的优劣就无从比较，也不存在竞争，从而没有对传统就业模式和工资制度进行改革的危机感和激励。

第三个条件是企业履行社会职能的要求。国有企业是为了服务于政府确立的发展战略而产生的，同时也就天然具有为政府承担必要的社会职能的义务。这种义务既包括吸收超过企业需求的城镇劳动人口，也包括改革以后保障退休人员的养老金，以及在冗员的情况下仍然保障职工就业等等。

经济改革以来，前两个条件都已经发生了变化。新生经济部门的诞生，将改革中新增资源配置到具有比较优势的产业中，传统战略及其形成的扭曲结构得到矫正，并由此形成了符合市场经济原则的就业模式和工资决定方式。

与此同时，传统经济部门内部也进行了一系列旨在向企业放权让利的改革，企业获得了一定程度的经营自主权和独立利益。在这种情况下，两部门在就业和工资方式上的不同，及其产生的效率差别，必然导致新生部门就业制度与传统部门的冲突，即市场化的就业机会对传统部门中就业的职工形成较大吸引力，形成两部门之间的就业竞争。

如前所述，在传统部门中，劳动者在健康、教育和劳动技能等人力资本方面的差别，并不能在工资中反映出来。但在新生部门没有发展起一个足够大的部门比例之前，那些拥有较高人力资本禀赋，因而劳动力价格被低估的劳动者却没有机会成本。而一旦竞争部门成长起来后，他们就会产生强烈的意愿，转移到那些可以适当地评价他们人力资本的部门，因而出现所谓“跳槽”现象。而且，随着以下两个必然的趋势，这种现象将愈演愈烈。

第一个趋势是传统经济部门履行的社会职能逐渐减少。国有企业改革的一个重要方面就是把企业的社会负担重新交还给社会。虽然这方面进展举步维艰，但毕竟是迟早要发生的事情，而且已经在住房制度、养老保险、医疗体制等方面迈出一定的步伐，从在业变为失业的威胁也不再只是观念上的。

第二个趋势是新生部门的继续扩大，及其在国民经济中重要性的提高。我们以每个部门的工业产值增长率与全部工业产值增长率相比，再乘以该部门工业产值份额这个权数，可以得到每个部门工业增长率对于总工业产值增长率的贡献份额。这个指标显示的是：在工业经济增长中，每种所有制形式的工业各自作出了多大的贡献。

从图 6－1 中显示的几个部门对国民经济的贡献份额的变化趋势看，1982～1995 年，国有工业的增长率贡献份额从 2/3 以上下降为不到 1/4，城乡集体工业的贡献份额虽有波动，但大致保持在 1/3 左右，城乡个体工业和其他经济类型对工业增长率的贡献份额，则分别从微不足道的比重提高到 1/5 强。如果没有其他条件的变化，这个趋势明显将持续下去。

新生经济部门对传统部门形成的就业竞争，以及引起的“跳槽”现象，潜在地具有两种可能的效果，就是说，既可以产生积极的效应，也会产生消极的效应。积极效应在于对传统部门就业、工资制度改革的压力。这一点我们将留待下一节讨论。让我们先来考察第二种效应，即两部门就业竞争可能产生的消极效应。

目前在传统部门中，企业毕竟负担着一个比例巨大的职工福利包袱，同时，在岗的职工每个人都多多少少分摊着退休职工的养老负担。因此，在职职工的流出，就会相应减小分担这个包袱的分母，使企业负担进一步

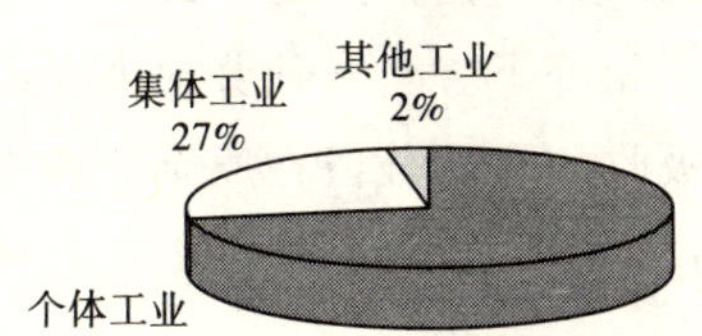

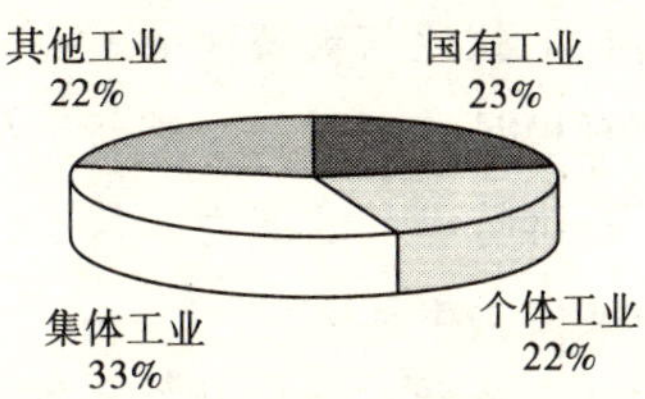

图 6－1 各部门对工业产值增长率的贡献变化

资料来源：《中国统计年鉴—1996》。

加重。而当“跳槽”的多为比较优秀的职工时，这个负担将格外加重。

毕竟，传统经济部门仍然占有一个较大份额，一旦就业竞争从降低生产率和加重负担两个方面将传统部门的企业置于不利的竞争地位，因而导致其难以为继时，从社会的角度讲，就会有一部分人在改革中生活变坏，同时影响经济增长速度，出现改革的“非帕累托改进”① 局面。

两部门就业竞争条件下的劳动力市场发育，是一种城镇劳动者存量的调整。表面上看来，非市场化的就业、工资制度通过就业的部门再选择，逐渐被市场化的体制所替代，正是一个制度转轨过程。然而，问题出在两部门的就业吸纳是不对称的。在传统部门，全部领取报酬人员包括在职职工和退休职工，新生部门的就业吸纳当然不会把退休职工的养老负担也接过来。此外，前一部门中那些人力资本禀赋较低的职工也不会为新生部门所吸收。

国有企业改革以前，企业采取的是统收统支的财务体制，企业退休职工的养老基金由国家统一筹集和统一负担。因而在改革前的几十年时间里，国有企业并没有为职工积累起这种基金。因而，一旦这部分费用转为由企业负担，就意味着要由在职职工来分摊。1995 年国有单位离退休人员总数为 2401 万人，其中 1/2 左右是 1988 年以前离退休的，接近 1/3 是 1985 年离退休的，1978 年以前离退休的不到 6%。目前，大约 4.6 个在职

① 经济学中把某些人的福利得到改善，而不会损害另一部分人的情形，视为一种“帕累托改进”。相反，如果一部分人福利的改善，必然以另一部分人的福利损失为代价，则是一种所谓“非帕累托改进”的情形。

职工要负担1个离退休人员。

因此，如果新生部门不能把所有企业人员（包括离退休人员）接收过来，替代的就业与被替代的就业人数就不相等了。当这种劳动力在部门间的转移规模足够大时，未被新生部门所吸收的那部分留在原企业的人，就不再具有维持生产的能力，传统部门的这些企业难以为继，剩下的职工便会失业或失去生活来源。

固然，单纯从效率的角度观察，这也是改革的题中应有之义。然而，中国的改革能否最终成功，归根结底取决于是否能够得到大多数人民的支持。使相当一部分对社会作出过贡献的人员面临严重利益损失的改革，显然不会得到普遍的支持，反而会引起社会的不安定。

事实上，由于传统部门就业与工资制度的性质，使得新生部门吸引其劳动力"跳槽"的成本是巨大的。我们在前面已经指出，传统部门的工资制度具有分享的性质。其含义是，那些具有较高的人力资本禀赋的职工，不能得到应有的高报酬。

然而，相对地说，在国有经济部门工作的那些人力资本素质较低的职工，得到的工资却并不低。从名义平均工资来看，1995年国有经济单位职工获得5625元，比城镇集体经济单位的3931元高43%，比其他经济单位的7463元却低25%。然而，国有经济单位为职工所提供的工资外福利却是其他经济单位所无法相比的。

与新生部门比较，传统部门的一个重要特点是自己办社会，履行社会职能和政府职能。它们不仅要包职工医疗卫生、住房，许多大企业还要自办并维持学校、医院、疗养院、幼儿园等，费用不赀。据1994年对3.4万个地方国有企业的调查表明，这些企业共办各类学校1.7万所，医疗卫生机构3619个，年支付教育经费15亿元，支付医疗卫生经费20亿元，支付离退休统筹费170亿元，购建职工住房支付50亿元。[①]

如果这个调查具有代表性的话，全国11.52万个国有企业中（在统计中，交通运输业只有国有企业职工数，我们按建筑企业的平均职工人数推算出交通运输业中的国有企业的数量）共办学校5.7万所，医疗卫生机构1.2

① 黑爱堂：《国家要为搞活国有企业创造一个好的外部环境》，《经济工作者学习资料》1995年第74期，第2~9页。

万个，年支付教育经费50.8亿元，支付医疗卫生经费67.8亿元，支付离退休统筹费576亿元，购建职工住房支付169.4亿元，合在一起，共支付864亿元。那些设置了公安、消防等机构的企业，支付的费用总额更大。

除此之外，国有企业对于在职职工的保险福利费用支出也颇为巨大。1980~1994年这种费用的增长率比职工工资增长率高26.4%，1994年达到1646.2亿元，占工资总额的31.8%。[①] 而城镇集体单位该比例为24.3%，其他所有制类型单位仅为14.0%。这里所谓职工保险福利费用主要包括医疗卫生费、集体福利事业补贴、集体福利设施费等，还未包括企业自筹资金开支的集体福利设施基本建设费用。

由此可见，考虑到名义工资以外的各种福利支付，传统部门的劳动力成本也是相当高的。新生部门在过去十几年得以迅速增长，在于其利用了劳动力廉价的优势。如果要以能够与传统部门竞争的工资水平，来吸引劳动力"跳槽"，这些部门不断扩张的格局既不可能实现，也难以维持。幸运的是，这不是实际发生的情景。

6.2 "萁豆相煎"的神话

对于劳动力流动的一个责难，来自于这样一种认识，即外来的农村劳动力抢了城里人的"饭碗"。随着传统部门改革的深入，企业效率逐步提高，以往超过需求吸收劳动力的负面效果日渐突出，冗员现象开始严重地困扰着这些企业。

对于目前国有企业冗员程度有多种估计。例如，根据对100家现代企业制度试点企业的调查，在这些大型企业中，富余人员都在50%以上。根据中国企业家调查系统1994年对2756个样本企业的调查，国有企业无冗员的比例只有6.2%，有人估计目前国有企业冗员占职工总数的1/3到1/2。[②] 1994年，国有企业共有职工7384万人，按上述估计的上下限计算，

① 在目前正进行的社会保险体系改革过程中，国有企业为养老保险、医疗保险、失业保险、工伤保险等基金所要缴纳的费用约为工资总额的41.5%。按国际标准看，这个负担率也相当高。例如，类似的比率在新加坡为18%，在马来西亚为12.8%，在菲律宾为7.4%，斯里兰卡为12%，埃及为24%。

② 黑爱堂：《国家要为搞活国有企业创造一个好的外部环境》，《经济工作者学习资料》1995年第74期，第2~9页。

国有企业冗员人数在1500万人到3700万人。

世界银行为了掌握国有企业冗员的第一手情况，对中国的一些国有企业进行了调查。[①] 在其调查的142个国有企业中，认为实际雇用的职工数量超过理想数的企业，占绝大多数。具体来看，这些企业中，富余人员在30%以上的占全部企业的17%，声称富余人员在20%～30%的占16.2%，富余人员在10%～20%的占26.8%，富余人员在5%～10%的占24.6%，12%的企业认为雇用水平大约合适，而只有3.4%的企业声称人手不足。

在改革以前，国有企业并不必对自身的经营结果负全部责任，因而也不太在乎雇用的劳动力是否过剩。而当传统部门具有独立的利益和经济责任后，严重冗员现象就为其所关心。当国有企业改革进行到一定的阶段，特别是企业经营自主权得到落实，加之宏观经济的紧缩，就产生了中华人民共和国历史上罕见的后果——城市失业公开化。

1991年，以“城镇登记失业率”这种统计口径反映出的失业率为2.3%，1995年为2.9%，1996年为3%。但由于出现了一种失业的新的表现，即下岗职工人数大大增加，所以实际失业状况并非以上数字表现的那样乐观。

根据1995年进行的全国1%人口抽样调查，目前在全部城镇经济活动人口中，从未工作正找工作的占2.54%，失去工作正找工作的占1.5%，企业停产等待安置的占0.99%。这三种人加起来表明，目前的城镇失业率至少为5.03%。1996年国家统计局公布的数字也表明，登记失业者和下岗职工合计为1444万人。

而许多调查则表明，实际情况比这严重得多。据劳动部提供的情况，目前仅下岗职工已经达到1500万人。《中国工商时报》1997年5月2日的消息称，上海、沈阳、福州、郑州和成都这些大城市的下岗职工，分别占企业职工总数的15%～30%。

而随着国有企业改革的深化，企业获得自主权后要减少冗员现象，产业结构的优化，需要对资金过度密集型的产业进行调整，因此，“九五”期间将再产生1500万下岗职工。世界银行的调查也表明，国有企业目前全

① The World Bank, “China: Reform of State-Owned Enterprises”, China and Mongolia Department, East Asia and Pacific Region, Report No. 14924-CHA, June 21, 1996, p. 14.

部有进一步裁员的打算。

其实，对于我们目前估计的失业率数字，仍然有相当多的学者表示怀疑。不管怎么说，目前在中国，公开的失业率也好，潜在的失业率也好，已经处于几十年以来最高的水平，是没有疑问的。

这种城市失业现象，引起了社会各界普遍关心。据《中国劳动报》群工部反映，1996 年该报社收到的群众来信中，涉及就业问题的占总来信数目的 10%。郑州市劳动仲裁机构受理的劳动争议案件，一年中增加了一倍半，其中 12% 又是涉及就业问题。①

与城市失业相联系的问题就是城市的贫困问题。中国关于贫困问题的政府努力和学术研究，迄今为止主要是围绕着农村展开的。然而，随着城市失业问题的突出化，贫困现象在城市也广泛地出现了。1996 年全国城市贫困人口为 1176 万，贫困发生率为 3.3%。而据北京、天津、上海、武汉、广州等大城市的调查，贫困发生率高达 9%。其中一半为传统救济对象，而另一半则为新产生的贫困人口类型。

目前对于城市这部分新产生的贫困人口，尚无制度性的应对措施。1997 年国家首次公布城市贫困线，为人均年收入 1700 元，表明政府已经开始重视城市的贫困现象。但是，挑战是严峻的。一方面，国有企业在改革过程中，合并、合资、停产甚至破产，都是在所难免的现象，职工失业或下岗仍将继续发生；另一方面，中国目前的失业保险事业尚不发达，对于失业者的社会保障水平仍然较低。在这种情况下，失业职工中能够得到社会保障的人数微乎其微，若不能实现再就业，则主要得依赖节衣缩食、变卖家产或亲友接济勉强度日。

在城市传统部门冗员现象和失业日渐严重的情形下，来自农村的劳动者，显然很容易被看做城里人的就业竞争者。作为广大农民脱贫致富的一条途径的劳动力流动，似乎与城市居民的生活水平改善，形成了直接的矛盾。因此，对于这些“不速之客”的种种责难，似乎不是空穴来风。

但是，当我们把传统部门与新生部门之间的就业竞争关系加以考察，进而再引入农村劳动力这个因素，作一个整体观察时，就会发现，把城市失业现象归咎于农村劳动力的就业竞争，是没有依据的，与事实不相

---

① 钟建勤等：《再就业压力究竟有多大》，1997 年 9 月 5 日《经济学消息报》。

符合。

假如中国的城市传统部门，真的像刘易斯所讲的城市部门一样，工资水平由劳动的边际生产力决定，可能会发生人们担心的结果。在这种情况下，相互竞争的两个部门，即传统部门和新生部门，其工资水平都是由市场决定的。由于新生部门对于职工的人力资本能够支付较高的工资，因而传统部门的优秀职工，将会按照由最好到次好，再到一般的顺序流失掉。

与此同时，新生部门并不承担任何责任，把那些生产率低的职工也吸收过去。所以，按照逻辑，劳动力在部门间转移的结果是，新生部门随着吸收更多的劳动力，劳动的边际生产力或工资水平下降；传统部门随着劳动力转移出去，劳动的边际生产力或工资水平提高。最后，新生部门的工资水平，在某一点上面与传统部门达到相等。

问题由此出现。在这样的工资水平上，新生部门吸收了它所相应的劳动力，而留给传统部门的则是生产率低下的那部分职工。于是，传统部门无法再进行正常的生产经营活动，被迫停产。职工失业、离退休人员无所归依。

然而，问题在于，传统部门是一种分享式的工资制度，也就是说，其工资水平不是由劳动的边际生产力决定的。于是，传统部门的实际工资要比市场决定的水平高得多。所以，新生部门吸引劳动力需要付出的工资水平就不再是所预期的市场水平，而要付出更高的代价，才能吸引到足够的劳动力。

现实是，新生部门之所以有生命力和市场竞争力，恰恰在于它具有市场化的配置资源的机制，能够利用中国现阶段廉价劳动力的优势。现在，新生部门受到工资支付能力的限制，就不能从传统部门吸收足够多的劳动力了。它实际吸收的与原本想要吸收的劳动力数量，就产生了一个差额。

这个理论化的分析框架，反映的恰恰是现实中两部门劳动力的转移关系。其含义有三点：

其一，由于新生部门遵循着中国劳动力丰富这个资源比较优势，着重于发展劳动密集型产业。为了不失去这种比较优势，它不太可能支付过高的工资，吸引传统部门中的职工“跳槽”，以致其与传统部门的就业竞争，只能限于“适可而止”的幅度内。

其二，在新生部门能力所及吸引的劳动力限度内，它自然是不惜代价地吸收那些具有较高人力资本素质的人才，以及自身发展所必需的栋梁或骨干。

其三，既然从数量上来看，新生部门不足以利用从传统部门职工的“跳槽”获得所需的劳动力，则它必须要寻找其他劳动力来源，否则新生部门不会有今天这样的发展水平。

至此，我们必须解除前面分析中所做的城市劳动力市场是“封闭的”这样一种假设了。首先，从实践上讲，如果新生部门的劳动力供给仅仅限于城市传统部门，前者的发展就不会有今天这样的局面了，中国经济改革和发展的效果就要另作评价。

其次，从逻辑上讲，在思维的过程中，每当一种假设被放宽或被解除时，都意味着向更加符合现实的方面走了一步。这里的情形也是如此。迄今为止，我们所有的讨论都表明，尽管不能说城乡劳动力市场已经发育充分，但城乡之间劳动力流动已经是不争的事实。于是，结论的得出是水到渠成的：新生部门的一个更为重要的劳动力来源，就是来自农村的剩余劳动力。

几乎每一个人都可以观察到，适应于新生部门的需要而大规模转移到城市的劳动力，与城市现有劳动力相比，具有较大的竞争优势。

其一，由于在农村广泛地存在剩余劳动力，同时这些劳动力从农村到城市，从农业劳动到非农产业就业，所需支付的转移费用很低，所以，新生部门的企业只需较低的工资，即可得到近乎无限的劳动力供给。

其二，由于历史的原因，农村劳动力处于传统福利制度的覆盖范围之外，当他们转移到城市经济中以后，雇主也无须支付住房、医疗、养老和失业保险等工资外福利。

其三，由于与从前的就业机会和劳动报酬相比，这些新型职工十分满足，同时又由于新的劳动制度，即使不享有铁饭碗，他们的工作努力程度仍较高，也易于管理。由于这些优于城市传统部门就业职工的特点，新生部门乐于雇用这部分劳动力。

观察到的情景正是如此。除了由于技术上的特别需要，新生部门除了要从传统部门高薪挖掘一部分人才外，大多数普通熟练程度的工人便以农村劳动力为主要来源。也就是说，恰恰由于使用劳动力的成本较低，新生部门才付得起代价高薪聘请较高级的技术和管理人才。而一旦解决了这个人才瓶颈，普通的劳动力则无须再与传统部门进行你死我活的竞争。

根据山东省的调查，目前城市中外来劳动力就业的部门结构（表6－1)，外来劳动力在自我雇用、私人企业、集体企业和三资企业中就业的比重，都大大高于全省城镇就业分布中的相应比重，而在国有企业中的就业比重远远低于城镇居民就业的该比重。

表6－1　劳动力就业的部门结构比较

单位：%

	自我雇用	个体私人企业	集体企业	三资企业	国有企事业	其　他
外来劳动力*	12.12	16.31	36.82	2.33	32.29	0.13
城镇劳动力	3.83	5.87	16.21	1.56	69.29	3.26

注：＊根据1995年8月在济南市所做的抽样调查。

资料来源：山东省统计局编《山东统计年鉴—1995》，中国统计出版社，1995；济南实地调查。

流动劳动力与城市劳动力在就业结构上的差异，使两部分人群的就业形成互补的关系。或者说，农村劳动力只在边际上对城市劳动者构成就业竞争。我们讲“在边际上”，是指农村劳动力并不对城市职工现有的就业机会构成竞争威胁，而是填补了新生的就业空缺。

在发展经济学中，人们把城市就业区分为“正规部门”和“非正规部门”。与前者相比较而言，非正规部门主要是指具有以下特点的就业场所：

（1）容易进入或没有进入障碍；

（2）主要依赖于本地资源；

（3）家庭所有制或自我雇用；

（4）经营规模较小；

（5）采用劳动密集型的适用性技术；

（6）劳动技能不需要在正规学校获得；

（7）较少管制或竞争比较充分。①

由这些定义来看，虽然我们并不能说新生部门可以等同于非正规部

① International Labour Organization, Employment, Incomes and Equality: A Strategy for Increasing Productive Employment in Kenya, Geneva, 1972.

门，但从就业与工资决定的方面看，较之传统部门来说，新生部门更接近于具备上述七个方面的特点。目前中国进入城市的农村就业人员，既是以新生部门为主，又是以非正规部门为主的。

根据一项对全国21个省、自治区、直辖市的50个乡镇流入流出人口调查，[①] 流出人口外出前有78.6%从事农业，2.9%在乡镇工业和服务行业工作，4.5%为手工匠人，2.1%从事建筑、商业和运输行业，7.8%为在校学生。也就是说，乡镇中的流动人口在外出前，绝大多数是务农劳动力，并且除了在校学生外，基本上都是在非正规部门从业的。

根据同一资料来源，乡镇流出人口外出后的就业状况为：12.9%继续务农，36%进入工业和服务行业，7.8%为手工匠人，19.7%从事建筑、商业和运输行业，其他占23.7%。这里可以看出，乡镇劳动力通过流动，主要是实现了由务农到进入工业、建筑业、商业、运输业和服务业的就业转换。

下面，再从这50个乡镇流入人口的角度观察，外出前务农的占85.7%，外出后86.7%实现了这种就业转换。转移人口中在乡镇就业的，仍然从事非正规部门的工作，其中在城市郊区乡镇居住的占48.8%，基本上是在城市就业。他们无论是受雇于人还是自我雇用，大都不享受正规部门就业的待遇，基本上没有实现从非正规部门到正规部门就业的转换。

可见，受城市之光吸引，而从农村千里迢迢来到城市就业的劳动者，只是跻身于城市职工为主的传统部门以外的新生部门，或者是在城市职工倾向于退出的非正规部门就业。他们既不享受就业的终身制，也没有传统部门职工的种种福利。所以，他们只是填补了一部分必要的城市经济活动空间，而从就业的角度看，根本谈不上与城市职工的“萁豆相煎”。

相反，这种边际就业竞争却具有双重的改革效应，既可以避免传统经济部门高素质职工的过度流失，以及相继产生的劳动力市场发育“非帕累托改进”性质，又会提供一个对传统部门的压力，推动后者对劳动就业和工资制度的改革。

随着新生经济部门的发展和重要性的提高，农村剩余劳动力的转移规模仍将增大，传统部门就业比重缩小，市场调节就业和工资决定的成分逐

---

① 张庆五主编《中国50个乡镇企业流动人口调查研究》，中国人民公安大学出版社，1994。

渐占据主导地位，劳动力市场的发育则遵循整个经济改革的同一逻辑而推进，乃至最终完成。

迄今为止，中国经济改革的成功，正是由于采取了最大限度不损害既得利益的“帕累托改进”的道路。这一道路的特点则是，每一项涉及既得利益面大的改革，都经历了一个先从增量上或边际上采用新的机制，并推进其扩大。当既得利益面减小到一定程度，以致可以用有限的补贴使他们不致损失巨大时，新的机制便被扩大到全社会的范围。[①] 以上的事实表明，劳动力市场的发育并不是以两部门竞争的方式进行的，而是同样借助了增量改革的方式。

6.3 古巴“炸弹”和迈阿密试验

古巴领导人卡斯特罗尽管敌视美国，却从未轰炸过这个喜欢指手画脚的邻居。然而，1980 年古巴政府对于移居美国的限制放松，却无异于向佛罗里达州阳光灿烂的迈阿密地区投出了一颗重磅“人口炸弹”。

那一年，在仅仅 4 个月的时间里，就有 12.5 万古巴船民拥到迈阿密，其中大约半数的移民滞留在迈阿密，造成当地劳动力总规模增加了 7%。如果经济学家要做一个试验，以便观察大规模劳动力迁移对于迁入地劳动力市场有什么影响的话，这是再好不过的机会了。

既然美国有不下数万名自称经济学家的专业人员，他们当然不会放过这个千载难逢的试验机会。于是，有人便对这种现象做了一番研究，意在揭示突然的劳动力扩张，对于当地工资水平和失业状况究竟有什么影响。

在研究中，经济学家不是单单把迈阿密在古巴船民拥入前后的工资水平和失业率进行比较，而是把这一迁移现象与迈阿密及全美国的经济状况，以及工资、就业结合起来进行比较。比较研究的结论十分肯定：这颗“人口炸弹”的威力并不像想象的那样，并没有损害迈阿密的劳动力市场。也就是说，古巴船民的流入，既未显著提高当地的工资水平，也未显著提

① 林毅夫、蔡昉、李周：《中国的奇迹：发展战略与经济改革》第九章，上海三联书店、上海人民出版社，1994。

高当地的失业率。[①]

这个有趣的“迈阿密试验”进一步使我们相信，外来劳动者，并不注定要抢当地人的饭碗。这里面，是隐含着一定的经济学原理的。

迁移劳动力对于迁入地劳动力市场产生的效应，一般来说有两种，分别依迁移者与当地就业者的相对素质而发挥作用。其一被称做“替代效应”，即新来的劳动者替代原来的同等素质就业者，从而可能降低后者的报酬水平，提高其失业可能性；其二是所谓的“总量效应”，即由于迁移者特定的人力资本素质，导致迁入地对另一种与之互补的劳动力的需求增加，从而提高后者的报酬水平，增加其就业机会。

通常，在既定的产业结构条件下，需要不同素质的劳动力互为补充，形成一定的劳动力使用结构。因此，熟练劳动力即具有较高人力资本素质的劳动者，与非熟练劳动力或人力资本素质较低者之间具有互补的关系。我们又知道，来自农村的劳动者，其素质一般低于城市平均水平。所以，农村劳动力转移所产生的替代效应与总量效应，实际表现为：一方面替代部分城市非熟练劳动力，另一方面扩大城市部门对熟练劳动力的需求。两种效应孰强孰弱，分别产生不同的结果。

在城市经济和沿海地区经济成为中国经济增长中心的情况下，技术结构不断更新换代，产业结构处于逐渐升级的阶段，对熟练劳动力的需求趋于扩大。又由于城乡劳动力素质差别较大，所以劳动力流入的总量效应大于替代效应。其结果表现为外来劳动力不会降低当地职工的收入，也不会提高当地的失业率。

事实上，我们不仅在大中型城市可以普遍观察到，外来劳动力填补了几乎所有城里人已经不肯进入的工作行业，譬如装卸工、医院护工、殡葬工、清洁工、保姆、建筑工、保安人员等等；就连经济发达地区农村的本地乡镇企业职工，也退出了那些所谓“脏、险、累”的岗位，而让位于中西部地区的流动劳动力。他们自己则升级到技术性更强、报酬更高的岗位上。

这种替代效应与总量效应同时发挥作用，不仅不会降低本地人的收

---

① Hamermesh and Rees, *The Economics of Work and Pay*, Harper Collins College Publishers, 1993.

入，反而提高了他们的收入。由于这种就业岗位的替换是在地方性保护的前提下进行的，所以也不会造成本地人的失业。

6.4 “为有源头活水来”

正是由于有了大规模的农村劳动力转移，新生部门可以以较低的成本获得充足的普通劳动力供给，从而有能力支付较高的效率工资，吸引传统部门中最优秀的职工。因为具有较高的人力资本素质的技术人员、管理人员和熟练工人，是任何部门得以发展的必要条件。然而，就是这种程度的就业竞争，对于传统部门来说，也产生了一种积极的效应。即这种竞争给传统部门以改革就业、工资制度的危机感和激励。

以国有企业为主体的传统部门，在就业竞争的压力下所采取的就业、工资制度改革，主要涉及三个方面。

第一，摒弃过去由政府计划指派式的用工制度，代之以用工单位与劳动者自愿签订劳动合同。由于企业越来越在乎其雇用的劳动力是否为生产过程真正需要，以及雇用的职工能否胜任其职责，因此，企业的雇佣行为日益增强地要考虑到整体的劳动力供给状况，同时也要考虑到用何种手段约束劳动者，以致靠上级指派的终身雇佣制不再符合新的要求。

劳动合同制的推行，正是传统部门就业制度改革的一个起点。通过这种带有市场化行为的雇用单位与受雇用者之间的双向选择，就业制度从计划经济转向市场经济。劳动合同制从1986年开始实施，其推广具有加速的特征。到1995年年中，全国企业中实行劳动合同制的职工总数达到9566万人，占企业职工总人数的88.7%。[①]

第二，逐步改革传统的福利制度。与处于较初级发展阶段的新生部门相比，传统部门在为职工提供住房、医疗、教育等方面的福利支出，也是其人力资本积累的一种重要方式，有助于提高劳动生产率，从而形成某些产业的竞争优势。

然而，一方面，在完善企业会计制度和审计程序，以及劳动工资制度

---

① 董克用：《劳动力市场的培育与完善》，海峡两岸促进中国现代化学术研讨会论文，1996年11月，上海。

改革的同时，企业逐渐把必要的福利支出与直接的企业生产性经营相分离，使考察企业经营绩效更有依据，更加直截了当。另一方面，社会化保障体系的建立也方兴未艾，从而职工住房、医疗、教育等方面的职能逐渐转变为一种社会化的产业，可以进一步提高效率，减少浪费。

第三，开始在工资制度中体现多劳多得、差别对待的原则。在现代经济增长过程中，人力资本的贡献是不可估量的。随着企业改革日益深入，这一点越来越为企业领导人所体会到。传统体制对人力资本的忽略，以及由此导致的人才流失，会影响传统部门的企业提高生产率，使其进一步处于竞争的不利地位。因此，企业领导人和部门当局都会利用现有的自主权，并争取更大的自主权改进就业和工资体制，从而使这些部门劳动力市场化进程加快。

我们还以行业间工资差异来观察之。在两种情形下，企业不会支付效率工资。一种情形是，在不存在信息的经济环境中，劳动者能够提高效率的人力资本不能得到识别，因而不能得到所得方面的承认。另一种情形是，在一个信息相当完善的经济环境中，企业也不会考虑付给劳动者效率工资。

这是因为，在这种情况下，一个拥有较高人力资本禀赋的劳动者，如果比其他劳动者的效率高两倍，将得到比其他人恰好高两倍的工资，而企业则一无所获。然而，现实世界是一个信息并不完善的经济环境，企业可以用高于其他劳动者但低于其两倍的工资水平雇用这个人，因而从中获利。

从不存在劳动力市场到劳动力市场逐步发育的过程中，必然导致劳动力市场上的信息逐渐充分化。从20世纪70年代末开始的国有企业的改革，始终是以放权让利为中心的。而90年代以来国有企业改革进一步深化，比较典型的方面包括转换经营机制、落实14项企业经营自主权，以及“抓大放小”等一系列改革举措，使企业一方面获得了越来越充分的经营自主权，另一方面日益需要承担自身经营管理的责任，因而具有较强的利润动机。

许多研究表明，目前国有企业经理人员，大都把追求利润作为其经营管理中的第一位目标选择。利润是市场上实现的投入与产出之间的差，投入的节约也好，产出的最大化也好，或者市场上的营销成功，都有赖于高素质职工。因此，国有企业利润动机增强，必然导致对职工人力资本素质的依赖，从而要想方设法改进其激励机制。

换句话说，在传统部门中，较高的人力资本所带来的生产率提高，以及更高的收益，与企业及其管理人员的利益也变得息息相关。因此，后者越来越多地注意到劳动者素质对于生产率的贡献，相应的，也越来越重视效率工资的应用。“问渠哪得清如许，为有源头活水来。”表6－2所计算的国有经济行业间工资差别的扩大趋势，表明经理人员已经尝试按照职工能力差异，在劳动报酬上给予差别待遇。这恰好揭示了在非国有经济的竞争压力下，国有经济在工资制度改革方面所做的努力。

表6－2　国有经济行业工资差异变化

年　份	平均工资（元）	变异系数	年　份	平均工资（元）	变异系数
1980	803	0.1278	1989	2055	0.1269
1984	1034	0.1456	1990	2284	0.1298
1985	1213	0.1201	1991	2477	0.1358
1986	1414	0.1122	1992	2878	0.1340
1987	1546	0.1133	1993	3532	0.1584
1988	1853	0.1126	1994	4797	0.1900

资料来源：国家统计局：《中国统计年鉴—1995》。

6.5　城市化的第二战场

在我们谈到中国的城市化水平时，在大多数情况下，都是援引统计年鉴发表的城市人口数来说明。然而，这个数字实际上远远不能全部反映中国真实的城市化水平。也就是说，在这些数字中，遗漏了城市化过程中的一支重要队伍——流动人口。

目前，在中国从计划经济向市场经济转轨的时期，由于农村劳动力迁移的发生，被压抑已久的城市化也以双轨制的方式进行补课。在计划轨道内，城市化速度受到户籍制度的严格控制，其规模并不足以矫正扭曲的城乡人口分布结构，因而计划外的迁移和流动成为必要的补充。

以山东省户籍变化反映的城市化进程，与青岛市未发生户籍变动的城市暂住人口做一比较，可以清楚地看出这种互补的作用（表 6－3）。需要指出的是，计划外迁移和流动的很大一部分，并没有反映在城市化的统计数字中，但实实在在地推动着实际的城市化进程。

表 6－3　双轨制下的两种城市化趋势

年　份	山　东	全省*	青　岛	市Ⅰ**	青　岛	市Ⅱ***
	迁入量（万人）	迁入率（‰）	迁入量（万人）	迁入率（‰）	迁入量（万人）	迁入率（‰）
1992	56.95	13.98	30.81	45.78	12.37	18.37
1993	65.76	15.24	49.66	73.53	10.98	16.26
1994	77.63	16.64	36.02	53.08	11.07	16.31

*全省的城市户口迁入及占城市总人口的比例；

**全市的非户口暂住及占城市总人口的比例；

***全市的非户口暂住中居住 1 年以上人口及占总人口的比例。

资料来源：中华人民共和国公安部编《全国部分县市人口统计资料》，群众出版社，1992、1993、1994；青岛市实地调查。

如前所述，相对于经济发展水平而言，中国的城市化进程具有滞后特征。而在目前尚不能打破传统的户籍管理体制的情况下，以流动劳动力为生力军的城市化第二战场，是一种必要的城市化方式，或者可以看做对更为正规的城市化过程的一种替代。

城市化既然是经济发展必要的内容之一，是经济结构转变这一发展的主题所要求的，因而将其纳入正常的轨道，是十分必要的。

在以前的讨论中，我们关于非正常的城市化对于结构变化、劳动力市场发育等方面的不利影响，以及城市化进程的矫正在相应方面的积极作用，已经有所论述。这一节则侧重于分析不正常的城市化进程对于城乡人口结构的扭曲，及城市化第二战场的开辟，对于这种扭曲结构的矫正效果。

在一个没有产业歧视，并且城乡人口自由流动，从而产业结构、人口结构得以按照经济规律良好地分布的条件下，城市和乡村所遇到的人口问题将是相同的。而一旦扭曲政策存在，而城乡人口的交流受到阻碍，两地的人口分布就具有不同的特点，从而造成一系列问题。在中国，因长期推行的传统发展战略，以及相应的制度安排，使得城乡人口长期被阻隔，导致城乡人口面临的问题十分不对称。

按照人口过渡一般规律，人口过程通常相继经历三个阶段。第一个阶段的特征是高出生率、高死亡率，从而导致低自然增长率。随着经济发展和收入水平的提高，人口过程逐渐进入第二个阶段，以高出生率、低死亡率从而高自然增长率为特征。当人均收入水平进一步提高，才进入低出生率、低死亡率，从而低自然增长率的第三个人口过渡阶段。

从20世纪50年代始，中国就进入了人口过渡的第二个阶段，即人口出生率保持较高，死亡率逐年下降，人口自然增长率较高。例如，1952年全国人口出生率为37‰，死亡率为17‰，人口自然增长率为20‰。随后人口死亡率大幅度降低，1970年降低到7.60‰，而出生率仍然保持在33.43‰，则人口自然增长率上升到25.83‰。

20世纪70年代以来，中国实行计划生育政策取得了巨大的成就，人口出生率逐年降低，且远远超过了死亡率的下降速度，使得人口自然增长率基本呈稳定下降趋势。虽然在20世纪80年代中后期人口自然增长率略有回弹，最高为1987年的16.61‰，高于1975年15.69‰的水平。但进入90年代以后，重新开始了稳定下降的态势，从1990年的14.39‰下降到1995年的10.55‰。

这种趋势表明，在中国人口基数大的国情下，通过宣传、教育和各级政府、社区的行政措施，实行计划生育政策，实际上是把中国人口过渡的第二个阶段缩短了，对于缓解就业压力、资源压力以及环境压力具有十分积极的作用。

但是，由于农村经济发展水平落后于城市，以及政策执行中的强度不对称，农村人口过渡处于较低的阶段，造成中国农村人口具有比城市更高的增长率。20世纪70年代中期以来实行的计划生育政策，其约束力对于城市居民和农村居民是不一样的。

在城市，“一孩政策”得以严格执行，一般不允许超生。而在农村，只要两胎之间有4～5年的间隔，夫妇还可以要第二个孩子。此外，在农村，对孩子的需求也更高。在中国农村实行家庭联产承包制以后，耕地是按照每个农户人口和劳动力数量分配的。老年人的养老，比在人民公社时代更加依赖于孩子。以上原因导致农村具有比城市高的出生率。1989～1993年，城市人口增长率平均为1.01%，农村为1.41%。

城乡人口增长率的差异，表现出的一个问题就是，两地人口年龄结构产生差别。从国际角度看，当发展中国家还处于人口过渡的较低级阶段，人口年龄结构尚呈年轻化的态势时，经济较发达的国家，通常率先步入人口老年化的行列。

随着人口过渡的提前完成，中国人口年龄结构发生了很大的变化。即从相对年轻型的人口结构，逐渐转变为相对老年化的人口结构。根据第一次（1953年）、第二次（1964年）、第三次（1982年）和第四次（1990年）全国人口普查，以及1995年1%人口抽样调查数据，1953年65岁及以上人口占总人口的比重为4.41%，1964年为3.54%，1982年为4.91%，1990年为5.57%，1995年达到6.70%。

根据预测，大约在2003年中国人口中65岁及以上老年人口将超过7%。按照联合国1956年的划分标准，中国届时将成为老年型人口的国家。到2020年，中国人口中65岁及以上老年人口将达到10.85%，2050年老龄化水平将达到20.43%。[①]

虽然中国人口的老年化程度并不是最严重的，但其老年化速度在发展中国家中却是最快的。考虑到中国目前和未来几十年的经济发展水平，老年化所提出的挑战是十分严峻的。这种挑战主要表现为对养老保障的需求迅速增加。

在中国人口的老年化过程中，有几个特别值得注意的特点，对养老保障也提出特别的要求。

第一是老年化程度在城乡之间和地区之间表现得相当不平衡。例如，1995年北京、天津和上海三个直辖市65岁及以上人口的比重高达9.35%，比全国平均水平高2.65个百分点。从地区类型来看，东部地区人口老年化系数为7.43%，中部地区为6.23%，西部地区最低，只有6.09%。由此造成城市和经济相对发达地区的老年化问题更加突出。

第二是女性老年人口比重大大高于男性人口。1995年全国人口的性别比（女性为100）为103.67，而65岁及以上人口的性别比仅为86.36。因

① 《中国人口与发展：数据与事实》，《当代中国人口》1994年第3期，第25页。

而，妇女老年化以及女性的养老保障问题值得给予特殊的关注。

第三是家庭规模趋于缩小。1986 年全国平均家庭规模为 4.24 人，1990 年减少到 4 人，1995 年则只有 3.7 人。中国传统的三世同堂，甚至四世同堂类型的家庭模式逐渐被夫妻加独生子女式的核心家庭所替代。这种状况对传统的以家庭为主体的养老保障方式提出了挑战。

在中国人口向老年化过渡的同时，养老保障体系也在经历体制的转变。在 20 世纪 80 年代以前的计划经济体制下，城镇企业采取的是统收统支的财务体制，企业退休职工的养老基金由国家统一筹集和统一负担。因而在改革前的几十年时间里，国有企业并没有为职工积累起这种基金。

国有企业改革开始以后，这部分费用转为由企业支出，成为国有企业的沉重负担。1995 年国有单位离退休人员总数为 2401 万人，其中 1/2 左右是 1988 年以前离退休的，接近 1/3 是 1985 年离退休的，1978 年以前离退休的不到 6%。目前，大约 4.6 个在职职工要负担 1 个离退休人员。

在农村，传统体制下的人民公社具有一定的养老保障职能，成为家庭养老模式的重要补充。实行家庭联产承包制后，人民公社解体，相应的，集体养老保障也就大大削弱了。由于农村的养老保障更加依赖于家庭，“养儿防老”的现实刺激了农村的生育愿望，加大了计划生育的难度。

由于以上揭示出来的中国城乡人口的二元结构特征，所以城市比农村较早地向老年化人口结构过渡。

从 1990 年全国人口普查数字中，我们已经可以看到城乡人口年龄结构不对称的这种端倪。1995 年全国 1% 人口抽样调查进一步显示出这种特征。图 6－2 和图 6－3 很好地刻画了城乡人口年龄结构的金字塔。图 6－2 刻画了城市人口的年龄结构，图 6－3 揭示了农村人口各年龄组的百分比。对比观察两个图，从两者之间的形状差异，我们不难看出农村比城市人口更加年轻化，而城市人口趋于老年化。在这个资料中，城市人口的年龄中位数（指把全部人口划分为两等份的临界人口年龄）约为 31 岁，农村人口的年龄中位数约为 26 岁。

这种城乡人口年龄结构的差异趋势，同时表现为东部地区与中西部地区之间的差别。1995 年全国 65 岁及以上的人口占全部人口的比例为 6.70%，东部地区为 7.43%，中部地区为 6.24%，西部地区为 6.09%。国际上，一般以 65 岁人口占全部人口比重超过 7%，作为人口老年化的标

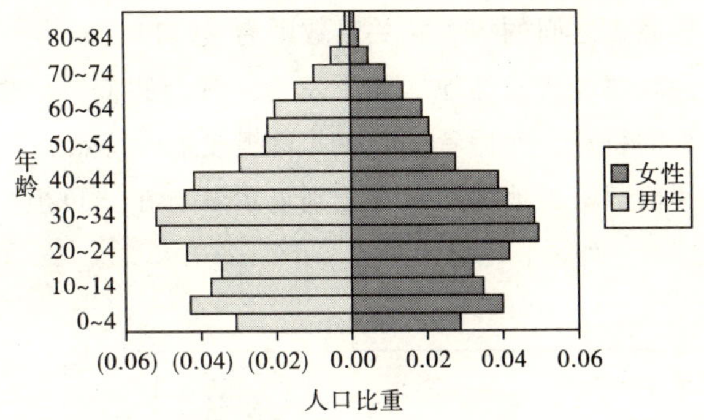

图 6-2 城市人口年龄结构

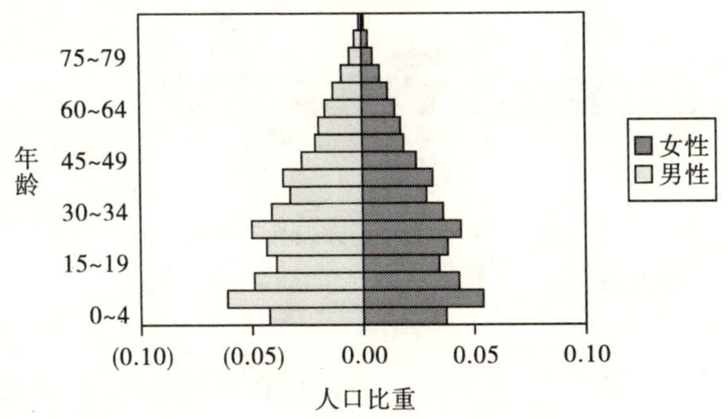

图 6-3 农村人口年龄结构

资料来源：全国人口抽样调查办公室编《全国 1% 人口抽样调查资料—1995》，中国统计出版社，1997。

志。由此可见，中国人口结构正在趋向于老年化，而城市和东部地区人口已经处于老年化的阶段。

我们知道，人口并不等于劳动力。那些在生产年龄以下或以上的人口，都构成生产年龄人口的负担。所以，目前城乡人口问题的不对称，一个很重要的含义就是显示出不同的人口结构所引起的各类负担问题。

根据 1995 年 1% 人口抽样调查，全国 14 岁以下人口数与 15 ~ 64 岁人口数的比例（负担少儿系数）为 40.16%，65 岁以上人口数与 15 ~ 64 岁人口数的比例（负担老年系数）为 10.06%，两者相加，总负担率为 50.22%。从全国来看，人口负担主要是由少儿负担造成的。分省区计算负担少儿系数与总人口负担系数之间的等级相关系数为 0.97，而负担老年系数与总人口负担系数之间的等级相关系数则为 -0.11。

然而，分别观察经济发达地区和不发达地区，我们可以发现，前者具有老年负担较重的特点，而后者具有少儿负担较重的特点。图 6-4 把全国按东部、中部和西部三类地区划分，分别显示各自在“负担少儿系数”和“负担老年系数”上面的平均排序。

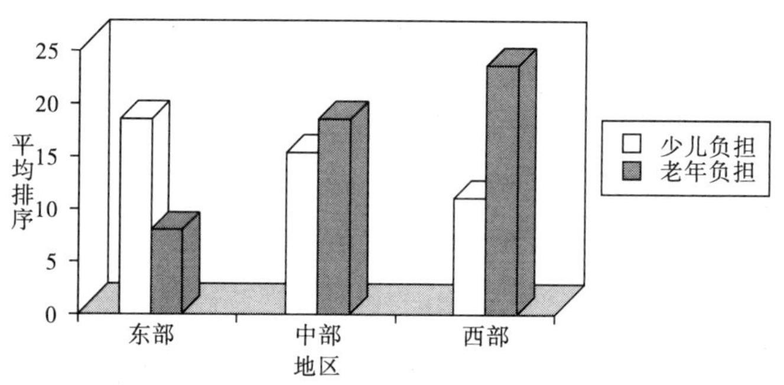

图 6-4 分地区人口负担特征

资料来源：根据《中国统计年鉴—1996》中数据计算。

图 6-4 中，越是较低的方框，表示排序越靠前，意味着该类负担越重。我们发现，越是发达地区，老年化造成的负担越是沉重。其中直辖市表现得最为显著。而越是相对落后的地区，对少儿的负担越重。

从图 6-4 我们还可以观察到一个现象，就是负担少儿系数与负担老年系数之间呈相反的变化。分省区计算的负担少儿系数与负担老年系数之间的等级相关系数为 -0.31。也就是说，目前的人口增长不平衡在不同的地区分别造成了不同的人口结构性矛盾。对于那些生育率仍然较高的地区，少儿负担较重，降低了整个人口的生产能力。而对于生育水平已经降低的地区，人口老年化的问题已经显示出来。

因此，城市和农村的现实，都对社会化的、多元化的养老模式提出要求。近年来，除了继续提倡家庭养老模式外，一个涵盖范围更广的社会化养老体系正在建立过程中。然而，在城市社会化养老保险体制尚未建立和完善之前，城市以及东部发达地区呈现出的老年人口与工作年龄人口的比例失调，使养老问题在这些地区显得格外突出。

这样一种趋势，显然不能依靠目前各个地区人口的自然增长予以解决。也就是说，按照目前城市和农村各自的人口自然增长率，城乡之间在年龄结构上面的差异，从而在社会的生产性及养老负担等方面的差异，将越来越大。

一方面，城市里因严重缺乏青壮年劳动力而变得暮气沉沉；另一方面，农村中又有上亿年富力强的劳动者得不到充分就业。这是多大的人力资源的浪费和资源利用的无效率。因而，无论从社会公正出发，还是从资源配置效率出发，人口迁移对于调整和平衡这种城乡人口结构的差异，都是必要的补充手段。

特别是，由于农村向城市转移的劳动力年龄构成比较轻，其大规模转移到城市，必然具有降低城市人口平均年龄的作用。所以，轻型化的年龄结构，也成为流动劳动力实现地域和职业转移的宝贵人力资本财富。下一章，我们将重点考察劳动力转移过程中人力资本的作用。

第七章
人力资本与“靓女先嫁”

中国人传统上讲安土重迁。“父母在，不远行”的伦理背后，自有其经济逻辑。在小农化的自然经济条件下，土地不仅是农民赖以生存的生产资料，还是他们最安全的保险手段。在他们对其他经济活动机会知之甚少的前提下，只要不失去这块土地，农民愿意选择祖祖辈辈留在土地上，并且把土地一代一代传下去。只有当天灾人祸夺去了这块安身立命的土地，自给自足的小农才会变为“流民”而流离天涯。

这种传统还表现在农民背井离乡的心理负担很重。同样，这种心理上的承受能力弱，也是他们对外界所知不多，从而不确定性甚强造成的。由此，使得农民面对迁移这种选择，通常表现出很大的脆弱性和敏感性。

其实，这并非中国人独特的表现。既然问题在于信息是否充分，有没有或有多大的不确定性，所以任何面临迁移抉择的人，无论他是中国四川的农民还是印度旁遮普的农民，都必然呈现出进退维谷、欲进还退的行为特征。

在这种艰难的抉择中，谁掌握更多的信息，谁对于迁移后的改善越看好，谁的心理承受能力就越强。自然，迁移者需要基本的人力资本禀赋。本章拟从考察迁移者人力资本“三大法宝”（教育、年龄、性别）着眼，揭示在面临着同样的推力和拉力的条件下，究竟是谁先从农村迁移出去。

7.1 歧视、冲击与“固”土难离

古今中外，在文学作品、史书和民间传说中，与迁移有关的离情别恨俯拾即是。如果你是一个背井离乡的外出打工仔或打工妹，你绝不会怀疑《旧约·出埃及记》中描写的古代希伯来人，在迁往迦南福地的历程中所遇到的艰难困苦，以及经历的疑惑、彷徨和踯躅不前的真实性，你也不会嘲笑民歌《走西口》中那种荡气回肠、一步三叹的真挚情感。我们能够从这样的艺术作品和叙事史诗中受到感染，是因为我们中的大多数人的祖先都是从大槐树下走出来的。

不过，更有意义的工作是，揭示人口流动或迁移中的各种影响因素，以便在这个永恒的主题中，提炼出现代的涵义。正像我们在前面讲到的，理智比情感更有助于使事情朝好的方向变化。

今天的农村劳动力，当他做迁移与否的决定时，他受到哪些事情的困扰呢？首先是城市就业政策的歧视对待。如前所述，近年来城市失业率大幅度上升，城市政府自然承担着重大的安置城市职工再就业的责任。大量失业和下岗职工的产生，使全国一下子冒出许多职业介绍所。到1994年年底，全国已有2.5万个正规的职业介绍所。

此外，国有企业冗员现象日益显露出来。由于企业独立利益的增强，以及承包制、工资包干等，大大削弱了企业无限吸纳劳动力的动机。今天的企业富余人员，就是明天潜在的失业者。据世界银行对中国国有企业的一项调查反映，无论是目前严重冗员的企业，还是劳动力雇用与实际所需大约相等的企业，都有在第二年裁员的计划，裁员规模在20%～35%。[①]

在这种情况下，城市政府为重新安置本地职工就业付出的努力越大，对于外地打工者的就业排斥就越强烈。在一些流动人口进入较多的城市，对外地民工的就业限制或就业歧视，已经成为普遍的政策倾向。

例如，上海市劳动管理部门就把全部职业岗位划分为A、B、C三类，规定A类岗位可根据需要雇用外来劳动力，B类谓之可调剂适当使用外来

① The World Bank, Chian: Reform of State-Owned Enterprises, China and Mongolia Department, East Asia and Pacific Region, Report No. 14924-CHA, June 21, 1996.

劳动力，C类则严格禁止雇用外来劳动力。关于C类行业的范围，上海市规定了23个该类行业：金融保险业、各类管理和业务人员、调度员、商场营业员、星级饭店前厅服务员、话务员、核价员、司磅员、出租车司机、售票检票员、保育员、电梯工、设备保安员、绘图员、文印工、抄表员、仓库工、门卫、分析员、检验工、计量工、调试工。

上海市劳动管理部门列举的上述23种岗位，绝非随意而为，其中大有学问。一言以蔽之，就是说，凡是城里人愿意干的工作，就不允许外地人干。更令人难以置信的是，这样一个不可理喻的举措，居然被一系列大中城市视作经验，纷纷效仿。

目前，城市住房、医疗、养老、失业保险的社会化和商品化程度甚低，相关的职能还主要是由企业的内部机制承担，而其中很大的部分仍然带有排他的性质，即外来民工不能享受与城市职工相同的福利待遇。

一项调查反映了外来就业民工在企业中享受的福利待遇。在这项调查中，企业为外来民工办理退休养老保险的，占样本总数的3.9%；办理医疗保险的占11.9%；办理工伤保险的占25.4%。而外来工生病，能够得到生活补助的只有12.9%。[①] 众所周知，在国有企业和城市集体企业中，上述福利待遇对于城市正式职工来说，是百分之百得到提供的。由于这种差别待遇，使外来民工的工作、生活十分不便，并感到精神上的压抑。

到城市里打工的迁移者，面临的工作条件相当恶劣。据一项在珠江三角洲进行的调查，打工者普遍抱怨其劳动场所充满了难以忍受的噪音、粉尘、高温、毒性。必要的照明、通风、作业空间和防火设施也普遍缺乏。对于这些劳动者而言，劳动法规所规定的每日8小时和每周5天的劳动时间，常常形同虚设，加班加点是家常便饭。[②]

迁移者遇到的另一个困扰是文化冲击。虽然城里人和乡下人同宗同祖，讲着同样的语言，同样生活在960万平方公里土地上，共同为国家工业化牺牲和奋斗了几十年，但由于长期的户籍隔离，使他们基本上处于完全不同的文化环境之中。这种文化上的隔阂，在一个昨天的农民迁移到城市里面时，表现为他所面对的无法排解的困惑。洋人发明的词汇称这种现

---

① 农业部农村经济研究中心编《农村劳动力流动研究通讯》，1996年第3期。

② 参见中国社会科学院社会学研究所课题组撰写的《珠江三角洲外来农民工状况》，中国农村劳动力流动国际研讨会论文，1996年6月。

象或感受为“文化冲击”。

这种文化冲击，一方面表现为迁移者的独立感受。就是说，假设他或她并未受到任何有形的侵害，仅仅由于远离亲人、没有朋友、缺少共同语言而产生孤独感。文化上的隔阂甚至冲突，使得即使是适应能力颇强的年轻人，也不能融入城市的生活圈子，以致在迁移的年轻人中，物质方面的改善与精神方面的缺失形成强烈的对比，构成一种矛盾现象。

在济南市对流动民工进行调查的过程中，当我们提出7个问题，让受访者依次选择在城市遇到的最大困难时，大约1/4的人回答是“社会关系少，感情孤独”。孤独感对于民工们来说，成为仅次于“城里物价太高”之后的“最大困难”（参见表7－1）。

表7－1 进城民工心目中的最大困难

单位：%

	男 性	女 性	合 计
没有困难	1.78	1.40	1.67
住房困难	6.73	11.42	8.07
感情孤独	20.75	32.40	24.08
生活艰苦	26.92	9.56	21.95
本地人排挤	6.54	3.96	5.80
找不到工作	0.56	1.63	0.87
物价太高	34.86	37.06	35.49
其 他	1.87	2.56	2.07
合 计	100.00	100.00	100.00

资料来源：山东省济南市抽样调查（1995）。

另一方面，文化冲击表现为城里人对于外来者，在文化上不予接受。尽管外来民工大多并不抱怨受到城里人的排挤，但他们确确实实无法进入城里人的社交圈子，在感情上和自尊心上，实际上是受到排挤的。

当向民工们问出来打工在城里最亲密的朋友是谁时，55.7%认为是“一同来打工的老乡”，加上“进城后认识的农民打工朋友”，占到他们所交朋友的77%以上。他们感到了与城里人的不同，以及生活方式上的差异，以致很少人（只有6%）对城里的生活感到满意，也有很少人（只有

3%）认为进城后所受到的待遇“很公平”。他们中有不少人可能把这种差异归结为是户籍制度使然，因而急切地想要获得与城里人同样的户籍身份。①

除了进城后遇到的就业歧视和文化冲击外，每个迁移者的家里，也各有一本难念的经，足以使他牵肠挂肚。一个具有普遍性的问题是如何处置家里的承包田。

由于家庭联产承包制的实行，每个农户从而每个农民都成为一块土地的长期经营者，使中国的劳动力从农村流入城市的过程，大大不同于其他许多发展中国家所发生的情景。与那些国家相比，中国农民并非因失去土地而被迫流离失所，拥入城市，融入城市贫困人口的行列。这种情形对于中国农民来说，本来是件美事。但美中不足的是，也正是由于有这块承包田，使迁移者的行为陷于一种瞻前顾后、一步三回头的处境。

这里，为了说明问题，我们不妨做一个不太恰当的类比。实行联产承包制以后，每个农户获得的那块承包田，除了作为基本生产手段和主要衣食之源外，还有一个相当于城市职工在企业享受的各种保险一样的作用，而其中最为重要的作用就是提供了就业保障。

当劳动力做出转移的决策时，理论上他有两种办法把这种职能转换。其一是把土地留在家庭内部，由家庭其他成员耕种，从而继续掌握着这种保险职能；其二是把土地转让出去，把土地物质形态的保险职能，转换为价值形态的保险职能。前一种办法以家庭成员有能力继续耕种好这块土地为前提，后一种办法则有赖于一个有效的土地市场，以及政策的认可。

目前就大多数地区来说，政策状况是怎样的呢？虽然不能说它不允许土地有偿流动，但说它尚不能为这种流动创造良好的机制和环境，并非言过其实，甚至外出劳动力常常有丧失土地承包权之虞。于是，要想外出的劳动力只有把土地留给家里人。也就是说，转移不转移、转移多少人的决策，都要考虑到土地的问题。

在一项抽样调查中，当问及外出劳动力家中的责任田由谁耕种时，

① 当问及“最需要政府提供的帮助”时，回答“不需要帮助”的有0.7%，回答“与本地人享有相同的户口政策”的有58.7%，回答“招工信息和统一的劳务市场”的有20.3%，回答“住房、医疗保险”的有14.2%，回答“解决子女上学、入托”的有2.6%，其他回答为3.6%。

83.6%称由家庭其他成员耕种；3.8%称请别人帮忙种；7.1%称出租给别人；10.7%宣称土地没有人耕种（撂荒）。另有1%称土地已被村集体收回。①

可见，“固”土难离，确实是农民外出打工的一个实实在在的难题，而并非纯粹是某种观念的效果。土地撂荒和被村里收回，都不是他们愿意看到的结果；请人帮忙和把土地租赁出去，又受到政策和土地流转机制的制约；而由家里人耕种，则限制了劳动力外出规模。家庭劳动力的转移，由此受到了土地制度的制约。

即便在劳动力外出以后，他也要时时关心着这块土地。据我们对济南市民工的调查，本省农民每年春耕季节回家帮忙的占30.1%，每年秋收季节回家帮忙的占52.7%，无论如何每年一定回家探望的高达96%。

就业歧视，文化冲击，以及与家庭经济扯不断的千丝万缕的联系，使流动劳动力在城市就业面临重重困难。迁移者心理上感到前途未卜，行动上表现为踯躅不前，以致我们由此观察到两个颇具中国特色的迁移特征：

一个特征是迁移的非家庭化。在我们所调查的济南市民工中，自己一人或与老乡、朋友一道流入城市打工的，占到全部样本的90.6%，与配偶一道流入的只占3.9%，而与其他家庭成员或亲属一道流入的也只占3.4%。可见，家庭化的迁移目前是可以忽略不计的。

另一个特征是迁移的短期行为化。济南市民工在问卷中明确表示“只要能挣钱，在城市待的时间越长越好”的，不到调查对象总数的一半。而另一项调查则更有说服力，外来民工中只有15.5%的人表示愿意长期留下来。所以，目前这种规模庞大的劳动力流动大军，实际上形不成真正意义上的人口迁移。正像马克思所说，客店总是客满，而客人不断更换。

7.2 教育水平与迁移概率

离开自己熟悉的故土，走进一个完全陌生的环境——新的面孔、新的工作、新的生活。这种全新的环境，的的确确足以使潜在的迁移者成为一个天生脆弱的群体。这种脆弱性相应地诱致出他们对于目的地的种种条件

① 农业部农村经济研究中心编《农村劳动力流动研究通讯》，1996年第3期。

变化，有比对自己家乡的相应变化远为敏感的反应。

无论是国际迁移的经验，还是我们在中国观察到的现实，都显示出这样一个规律，在潜在的迁移目的地，经济和社会状况的一个微小变化，往往比迁移者家乡的很大变化，对于迁移者迁移决策的影响要大。从这个意义上说，在迁移的决策过程中，“拉力”的作用，通常比“推力”的作用要重要得多。

其实，这种情形也不难理解。在潜在的迁移目的地，如果经济状况变坏，一个小小的失业率上升，势必更多地降落到外来者的头上，而不是平均地由外来劳动力和本地劳动力分摊。于是，能够在多大程度上了解目的地有关就业和工资的信息，以及具有多大的对于变化情况的承受能力，对于迁移者来说是至关重要的。

早在 1966 年，国外一位人口学家埃维利茨·李在研究了迁移现象后，概括出若干迁移规律：人口迁移规模大小，与克服迁移中的中介障碍有关。也就是说，在迁移过程中，障碍因素的多少及其被克服的程度，直接影响到迁移的数量。同时，人口迁移规模的大小，又随着经济的增长或衰退而发生变化。经济繁荣时期人口迁移数量大，经济萧条时期则恰好相反。①

我们很容易想到，农村那些受教育程度较高的人，能够比别人掌握更多的信息，从而受城市经济状况的不利影响也就小一些。所以，在其他条件相同的情况下，应该是这些人，也常常正是这些人，率先从农村转移出去。这个结论与我们实际观察到的事实是一致的。

我们先来利用 1990 年的全国人口普查资料，观察迁移人口的受教育程度。从这个资料中可以发现，初中以上文化程度的各组别所占比重、迁移人口都高于全国人口的平均水平，而小学及不识字组的人口比重，迁移人口则大大低于平均水平。

为了印证上面讨论的结论，我们应该更关心迁移劳动力相对于他们家乡没有迁移的劳动力，所具有的在教育水平上的优势。根据调查得知，与农村劳动力的平均状况相比，农村外出打工劳动力的文盲、半文盲率很低，而具有初级和中级文化程度的比重较高（表 7－2）。我们同时也看到，

---

① 马侠主编《中国城镇人口迁移》，中国人口出版社，1994。

外出者在高中及以上教育程度上面，并不具有优势。根据我们了解的农村情况，主要原因是农村具有高中及以上文化程度的劳动者，一般已经占据了农村的较好就业岗位，因而迁移动机相对弱。

表 7－2 迁移和流动人口的受教育程度

单位：%

	文盲	小学	初中	高中以上
6 岁以上人口	20.9	41.2	28.6	9.2
迁移人口	8.3	23.0	35.7	33.1
农村劳动力	13.0	33.7	40.1	13.2
民工	0.8	15.6	71.2	12.4

资料来源：国务院人口普查办公室、国家统计局人口统计司编《中国 1990 年人口普查资料》第一、四册，中国统计出版社，1993；山东省农村抽样调查队编《山东省农村统计年鉴—1993》，中国统计出版社，1993。

仔细地观察上述两种情况，我们可以发现，人口普查资料所反映的比较固定的迁移人口，与有关调查得出的流动性较强的农村外出劳动力，在教育水平分布上面又有所不同。前者受教育程度比较高，而且在各种教育层次上，都高于平均人口。这与此类人口迁移的正规特征有关，即他们中包含了干部调动、升学等类迁移人口。

而对于流动中的农村劳动力来说，一方面文盲率较低，另一方面小学和高中以上程度的比例也低，主要集中在初中程度这一组别。这种结构与农村青年受教育的状况密切相关，因为目前农村青年最为普遍的正是接受初中教育。

由于潜在的迁移者对于迁移目的地的信息，在了解程度上参差不齐，他们对于不确定性的心理上和实际的承受能力，也不尽相同。所以，他们在做出迁移决策时，分别需要大小不同的拉力。

换句话说，对于一个受教育程度较高，因而对目的地了解较多，对迁移中的不确定性承受能力较强的人来说，如果能够增加 20% 的收入，就会做出迁移的决定的话，受教育程度较低，信息获取能力和承受能力都较差的人，则可能需要 30% 的收入差别，才肯下决心迁移。

考察一下不同受教育程度组别，在流动之前对收入的预期，以及流动以后他们实际收入的差别，饶有趣味。

根据作者在山东省济南市对1500名农村外来打工者所做的调查，不同受教育程度的民工，在迁移之前对迁移后收入的预期各不相同，而迁移后实际获得的打工收入也不相同。有趣的是，那些预期高的人，并不恰好是后来真正挣得多的那些人。事实是，结论恰好可以倒过来。

我们根据调查得出的数据，推算出文盲、小学、初中和高中以上三个组别的潜在流动劳动力，在转移之前对收入的预期，并以之与转移后的实际收入做比较。结果如图7-1所示。

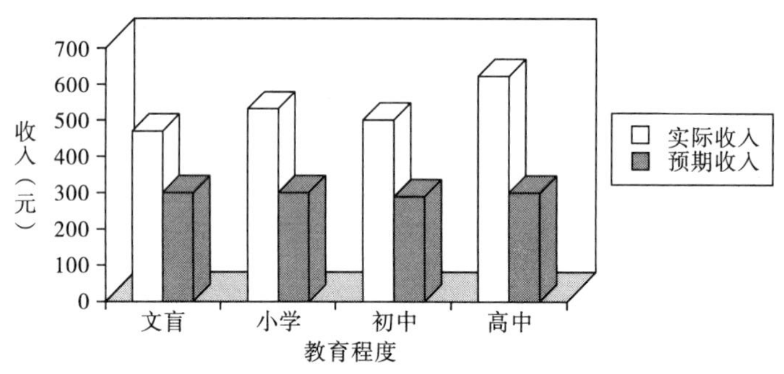

图7-1　迁移收入：预期的与实际的

资料来源：济南市抽样调查（1995）。

在迁移之前，受教育程度低的潜在迁移者，相对而言对收入的预期较高，而转移后的实际收入较低；而受教育程度较高的潜在迁移者，相对而言对收入的预期较低，而转移后的实际收入则较高。转移后实际收入与转移前收入预期之比值，文盲组为1.54，小学组为1.76，初中组为1.73，而高中以上组为2.00。

从上面这个比较中，我们可以印证三层含义：

第一，相对于具有信息优势和承受能力较强的较好教育组来说，受教育程度较低的迁移者，需要有一个更大的外部拉力，才肯做出迁移决定。

第二，以转移后的实际收入做参照标准，高教育组比低教育组的收入预期更实际，说明具有较高的理性判断力。

第三，随着流动劳动力受教育程度提高，收入水平倾向于提高。教育水平与收入之间的显著正相关性，更明显地表现在高中以上这一组劳动力上面。

小学和初中两个教育组之间的反常关系，可能是由于小学组流动者年龄偏高，以及迁移时间较长，从而有助于收入提高。又由于初中组是人数最多的一组，占全部调查样本数的71%，因而无论是其在劳动力市场上的相对稀缺性，还是其较高的教育水平，可能都不足以补偿上述因素的作用。

7.3 “拿青春赌明天”：用终身收入解释

借助于对迁移和流动人口的观察，我们还可以发现另一个特征，足以将这个人群与留在家乡的农村劳动力区别开来。这就是迁移者的年龄偏小。以济南市调查的外来劳动力，与山东省农村劳动力的年龄结构相比，结论十分明显（图7－2）。

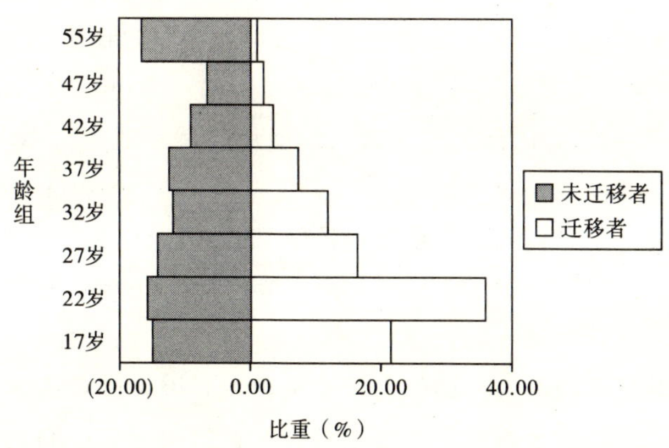

图7－2 民工与农村劳动力年龄比较

资料来源：济南市实地调查（1995）；山东省农村社会经济抽样调查数据库（1993）。

人们通常把15～60岁的人口视为生产年龄人口，如果他们参加有报酬的经济活动，则他们就成为统计意义上的劳动力。图7－2中对比的两组人群都是农村劳动力，前一组为转移到城市做工的流动劳动力，后一组为平均的农村劳动力，我们假设其能够代表未迁移的劳动力。从图中可以清晰地看到，未迁移的劳动力年龄分布比较均匀，而转移到城市做工的劳动力，则主要为年轻人，其中35岁以下者占到全部的86%。

很显然，我们无须赘述流入城市的劳动力这种年龄特征，作为城市经济活动的一种十分积极的因素所起的作用；而其所具有的对于城市人口结构改造的积极作用，已经在前面一章进行了讨论。这里，我们关心的是，为什么年轻人更倾向于从农村转移到城市，或者不如说，是什么因素使得他们这一组劳动者，具备了比年龄稍长的劳动者更大的转移优势。

我们又一次要用到关于劳动力迁移的“托达罗解释”。当托达罗用两地间预期收入差别解释为什么劳动者要从农村转移到城市时，他同时使用了一个概念，即贴现值。就是说，他所说的预期收入，实际上是一种贴现的收入。其涵义是：当一个劳动力考虑是否迁移时，他是把从今以后的全部预期收入折合成现在的收入来做判断。于是，决策者的年龄在这里就起了关键的作用。

譬如，对一个20岁的劳动者来说，在退休之前他尚有40年的机会挣取城市工资，因此他是把今后40年在城市可能挣取的收入，与如果他留在农村，今后40年可能挣取的收入做比较。而对一个40岁的劳动者来说，他只剩下20年的工作时间。他的收入预期比较就是把今后20年在城市或在农村所能挣取的收入做个权衡。

毋庸置疑，谁笑到最后，谁笑得最好。把40年的收入预期放在今天来考虑，与把20年的收入预期放在今天来考虑，决策的结果显然不会是一样的。

按照这种把终身收入预期作为迁移决策主要因素的理论解释，我们可以设想到，对于年轻人来说，在决定是否转移出去时，他们比年长者更能够接受当前较低的预期收入。在济南市的民工调查中，我们确实观察到了这样的事实。

先来看民工离家前对收入的预期。我们把接受调查的民工，按离家前的职业身份划分为三组：(1) 离家前主要务农，(2) 离家前主要从事非农劳动，(3) 离家前为学生。

这三组人对于外出务工的预期月收入，第一组为283元，第二组为344元，第三组为242元。其中第二组劳动力离家前从事非农劳动，收入水平较高。所以，不足为奇，他们需要一个较大的预期收入差别来拉动，才肯外出打工。而即使离家前务农，收入较低者，对迁移后的预期收入也高于学生组。学生组的平均年龄无疑低于前面两组，他们对迁移后的收入预期也低得多。

再来考察一下流入城市的劳动者中，按年龄分类的实际收入情况。表7－3的结果显示，年轻的外出劳动力，比之年长者来说，实际收入水平较低。横着看这个表，表明越是年轻人，越是落在较低的收入水平上。竖着看则发现，随着收入水平上升，年轻人所占的比重渐次降低。这与我们从迁移决策的生命周期理论中推出的结论，是高度一致的。

表7－3 各个收入组中民工的年龄分布

单位：%

月净收入	25岁以下	26～35岁	36岁以上	全部样本
200元以下	94.7	3.2	2.1	100
200～300元	80.1	16.4	3.6	100
300～400元	72.9	20.6	6.4	100
400～500元	24.3	51.3	24.3	100
500～600元	30.3	46.1	23.6	100
600元以上	27.5	42.5	30.1	100

资料来源：山东省济南市的抽样调查（1995）。

7.4 迁移决策：家庭角色和性别特征

让我们暂且回到本章第一节的问题，即为什么农户要选择部分劳动力外出，而另一部分劳动力留在家庭农业活动中。我们假设一个简单的两个成员的农民家庭，同时假设这两个人都是有劳动能力的，耕种着从集体承包来的两个单位的土地。我们暂且称之为农户甲。

中国农业资源的典型特征是人均耕地量很少。从各种调查可知，平均每个农户承包的土地规模也十分狭小，大约为10亩。所以，在我们所举的2个人农户例子中，假设一共只有2个单位土地。按照从古典经济学家开始就为人们熟知的原理，较少的耕地数量与相对多的劳动力数量相结合，必然导致劳动报酬的边际递减现象。

这就是说，在这个2人的农户中，如果说第一个劳动力与这2个单位的土地相结合时，能够获得一个说得过去的收入，那么一旦第二个劳动力参加到土地规模不变的生产过程中，平均每个劳动力的报酬就会降低。

为了简单起见，我们假设一个劳动力耕种2个单位的土地，他的报酬为2个货币单位，第二个劳动力加入以后，他的劳动的边际生产力很低，低于第一个劳动力。譬如说他的贡献是增加了一个货币单位的家庭报酬，这时全家的总收入为3个货币单位，因而这2个劳动力的平均报酬只有1.5个货币单位。如果存在外出就业机会，而报酬水平又高于1个货币单位，譬如说是3个货币单位，则家庭中的第二个劳动力可能会放弃农业劳动，而选择外出打工。此时，家庭总收入为5个货币单位，家庭收入水平得以提高。

让我们按照农户甲的情况，再复制几个农民家庭，譬如农户乙、农户丙、农户丁……如果存在有效的土地流转机制的话，农户甲可以选择把土地有偿转让给农户乙，然后举家外出打工，则前者家庭总收入可提高到6个货币单位，而后者全家2个劳动力耕种4个单位的土地，也可以获得4个货币单位的家庭总收入。

如果农户乙羡慕农户甲的情况，他完全可以照此办理，把自己原来的2个单位土地，以及从农户甲那里购买或租赁来的2个单位土地转让给农户丙。此时，农户甲和农户乙都有了6个货币单位的家庭总收入。而由于农户丙不是增加1倍的土地，而是增加了2倍，家庭总收入也会超过4个货币单位。

事实上，农户丙也可以模仿前面两个农户的做法，把土地转让给农户丁。对于农户丁也是一样。如此调整下去，最后必然达到一种状态，大家的家庭总收入都得以提高，并趋于相等，同时实现了家庭间的劳动分工。

这种理想的状态，因为没有一种有效的土地转让机制，从而只是一个理论上的“模型”而已。现实的情形是，所有的农户都变为一种家庭内部分工，一个劳动力务农，另一个劳动力外出打工，家庭总收入都是5个货币单位。

在这一节，我们关心的是家庭成员中，谁留下来种田，谁外出打工。这里，涉及的不再是一般性的迁移决策，而是一个农民家庭内部劳动分工决策的问题。不过，前面所讨论的受教育程度、年龄等因素在迁移决策中的作用，仍然是有效的。只是在这里加入了一个家庭成员之间或性别之间关系的考虑。

经济学中的理论模型，总是简而又简的。它通过一系列严格的假设，先给我们一个便于理解问题的思维框架，接下来必须放宽这些假设，才能进入到现实世界中来。无论对于农户甲、农户乙，还是对于农户丙、农户丁来说，并不是任意家庭成员外出打工都可以挣得同样的收入，谁留下来，谁走出去，是要按照家庭收入最大化的原则做出决策的。必须考虑的因素，归根结底是家庭成员作为劳动力的比较优势。

有必要用鲁滨逊在荒岛上的故事，先来解释一下什么叫比较优势，以及人们是如何用比较优势原则进行劳动分工的。

作为一个被抛弃于荒岛的文明人，鲁滨逊的最大愿望有两点，一是活下去，二是逃离这蛮荒之地。所以，我们假设他日常所要做的工作只是两件，一是采集和制作食物，二是伐树造一条船。

后来，他有了一个帮手——“星期五”。鲁滨逊懂得分工能提高效率，但如何与“星期五”分工，是个头疼的事。鲁滨逊本人花一整天的时间可以制作5个面包，或者不做面包，他可以砍5棵树；“星期五”一天的劳动可以制作2个面包，或者砍4棵树。同是一天的劳动，鲁滨逊可以比“星期五”多制作3个面包或多砍1棵树。这在经济学中叫做鲁滨逊的人力资本对“星期五”的人力资本的绝对优势。如果只看这一点，似乎工作都由鲁滨逊一个人干最合适。

不过，聪明的鲁滨逊看到了自己与“星期五”之间在人力资本上的比较优势。这就是，他自己少做1个面包，可以多砍1棵树；而“星期五”少做1个面包可以多砍2棵树。相比较而言，制作面包需要更多的智力，砍树更像是一种纯体力劳动。于是，鲁滨逊决定发挥自己的智力优势，专门制作面包，让“星期五”发挥体力优势，专门砍树。

试比较一下这种分工与两个人同时干同样的工作时的效率。如果两个人同时每天干半天厨房里的活儿，干半天树林里的活儿，则他们每天的总产量是3.5个面包和4.5棵树。而在分工的情况下，他们每天的总产量是5个面包和4棵树。用鲁滨逊的劳动价值来衡量，1棵树与1个面包是等价的。所以，分工的结果是效率提高。

把鲁滨逊和“星期五”看做同一家庭中的两个成员，把制作面包和伐树两种劳动分别当做留在家庭农业劳动中和外出打工，就可以了解到，谁留谁去，在家庭内部是根据对劳动力之间的人力资本比较优势进行比较后做出决策的。这里，要比较不同家庭成员留在土地上的生产率，以及外出的挣钱能力。所以，分别要对每个成员留去之间的相对收入进行比较。这里的比较仍然要考虑到时间的因素和各自承受的心理成本。

从上面两节的分析看，在家庭成员中，受教育程度越高，年纪越轻，外出后的终身预期收入越高，承受的心理成本也越低。因而，具有这样的人力资本比较优势的家庭成员外出，而另一部分成员留在土地上，可以使家庭总收入最大化。

下面，我们来看家庭劳动分工的性别角色。从外出打工者的实际收入看，女性比男性低得太多。山东省济南市的调查表明，打工者的每月净收入在200元以下的，男性占23%，女性占77%；收入在200~300元的，男性占64%，女性占36%；收入在300~400元的，男性占82%，女性占18%；收入在400~500元的，男性占94%，女性占6%；收入在500~600元的，男性占85%，女性占15%；收入在600元以上的，男性占77%，女性占23%。这种情况明显表现出，女性在外出打工的收入方面不占优势。

与此同时，女性外出者在迁移前对于外出的预期收入水平，也大大低于男性（参见表7-4）。这就足以允许我们预期外出打工者中，女性人数应该低于男性。事实正是如此。济南市的问卷调查显示，调查样本中男性民工占71.3%，女性只占28.7%。

表7-4　按性别迁移前与预期收入分布

单位：%

收入＼性别/时间	男性		女性	
	迁移前	预期	迁移前	预期
100元以下	28.3	2.4	49.5	7.5
100~200元	47.5	9.7	32.3	26.5
200~300元	14.1	33.1	11.6	44.0
300~400元	6.9	37.3	1.4	14.8
400元以上	3.2	17.5	0.7	7.3

资料来源：济南市抽样调查（1995）。

所有其他类似的调查，几乎都显示出同样的结果。例如，1990年全国人口普查资料中，迁移人口的性别比（以女性人口为100）为123，大大高于同年全国人口106的性别比。1992年38万人口调查中的外出人口性别比为119，同年全国人口性别比则为104。我们在山东省青岛市的调查表明，该市暂住人口的性别比为356，而其中从事经济活动人口的性别比为212。

对迁移进行研究的一位先驱者英国统计学家拉温斯坦曾经观察到，迁移人口中女性多于男性。这个观察结果与中国的情形恰恰相反。有些国家的事实表明，情况往往依特定的条件而变化。例如在印度，人们观察到的现象是：在一定的距离内，迁移者中女性多于男性；而随着迁移距离的增加，迁移者中女性的比例下降，男性比例上升。[①] 在大多数场合，这种情形也不适用于中国的情形。从这一点来看，中国的劳动力迁移颇具特殊性。

然而，无论何时何地，毕竟有女性劳动力流动的情况发生。对于这个问题的解释，就要使用劳动力人力资本禀赋的比较优势概念了。我们先来考察一下全部迁移者在迁移动机上面的差异情况。

如果把民工按迁移前家庭经济在农村当地所处的地位，分成“上等”、“中上等”、“中等”、“中下等”和“下等”五个等级，我们会发现，家庭对子女外出打工所持的态度，在“上等”和“下等”这两级上最为积极，即绝大多数持“鼓励”或“无所谓”的态度，很少持“反对”态度。由于这两组家庭的经济状况十分不同，就意味着他们实际上对外出流动持不同的动机。

在济南市的问卷中，我们设计了7种迁移动机（见表7－5）供被调查者选择。根据调查结果，我们把结论比较显著的4个迁移动机做个分类，其中“生活所迫，靠在农村挣的钱无法生活”和“在农村没有工作机会”作为生存动机，分别记为“生存1”和“生存2”；把“到城市能多挣些钱”和“为了个人的发展”作为发展动机，分别记为“发展1”和“发展2”。图7－3显示的趋势十分明确：随着迁移前月收入水平的提高，生存动机的作用下降，发展动机的作用提高。

---

① 考姗姆比：《印度的人口流动、扶贫和城市社区》，中印城市发展与挑战研讨会论文，1997。

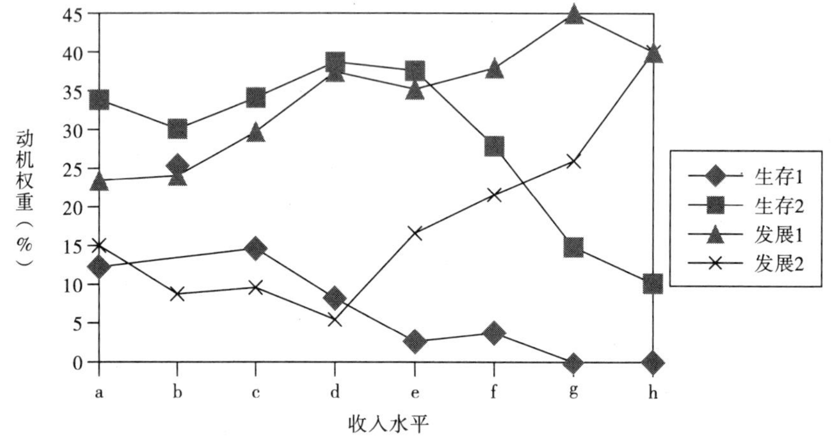

图 7－3　迁移前收入与迁移动机

注：a. 月收入 50 元以下；b. 月收入 50～100 元；c. 月收入 100～150 元；d. 月收入 150～200 元；e. 月收入 200～300 元；f. 月收入 300～400 元；g. 月收入 400～500 元；h. 月收入 500 元以上。

有趣的是，与男性相比，女性的迁移动机更接近于以发展为主，而不是生存所迫（表 7－5）。为了对此做出解释，我们首先需要区分两种情况，一种是迁移的女性需要对家庭总收入负较大责任的情形，这对年龄稍长以及已婚女性十分适用；另一种情况是家庭对该女性成员的贡献率要求不高，但求其自身的发展。这种情形适用于年轻和未婚女性。

对于那些对家庭总收入提高负有较大责任的女性，我们不仅要看她们迁移后的收入状况，还要将迁移后收入与迁移前收入进行比较。一般来说，迁移妇女具有的农业劳动经验和农村非农劳动经验，都低于男性。

例如，如果以参加劳动的月数计算劳动经验，济南市调查的迁移女性，在农业劳动经验和农村非农劳动经验方面，都要比男性少一半上下。表 7－4 显示，迁移前女性大多分布在较低收入组中。由于妇女在农村挣钱能力较低，相应地提高了她们迁移后收入增加的价值。

事实上，我们遇到的情况绝大多数属于后一种。各种调查表明，平均来说，女性流动劳动力明显比男性年轻。济南市样本中的女性，平均比男性年轻 6 岁。在同一样本中，女性与男性的受教育程度却不相上下，平均都在 8～9 年。而女性民工的已婚率仅为 13.4%，男性则超过 50%。

表 7－5 迁移动机的性别差异

单位：%

迁移动机	女 性	男 性	合 计
生活所迫，靠在农村挣的钱无法生活	8.1	15.1	13.1
在农村没有工作机会	38.0	32.3	33.9
躲避在农村惹下的麻烦、责任等	1.9	0.8	1.1
到城里能多挣些钱	20.1	34.4	30.3
向往城市的生活方式	11.3	3.4	5.7
为了个人的发展	17.8	9.2	11.7
别人都外出挣钱，本人也想试试	2.1	4.6	3.9
其 他	0.7	0.3	0.4
合 计	100	100	100

资料来源：济南市抽样调查（1995）。

至于迁移前家庭经济状况，女性民工家庭在农村当地处于中等水平以上的占24.5%，男性则只占19.8%。依据这个分析结论来理解女性的迁移动机，上面得出的结果就丝毫不显得突兀。对于那些年纪较轻、家庭经济条件较好，从而不必对家庭经济改善负很大责任的女性来说，她们对迁移到城市的选择，预期实际上更高、更广泛，显然超出了生存的需要。

第八章

就业寻求中的理性

对劳动力市场的排斥，以及就业安排的严格地域性限制，几乎是中国传统体制的专有特征。因为即使在传统计划经济体制原版的产地——苏联，劳动力跨地区流动也是习以为常的。

不过，任何制度约束也从来不可能是铁板一块。计划外或体制外的劳动力流动，即便在中国计划经济实行最严厉的时期，也从未真正被杜绝。那时，对于这种违背法规而私自流走他乡的人群，官方的用语是“盲目流动人口”或简称“盲流”。

如今，当市场经济体制逐渐替代计划经济体制，并且劳动力流动涉及中国农村每一个家庭时，人们自然会发觉，“盲流”这个称呼既是不合时宜的，还具有某种对农民兄弟的不尊重。所以，在官方的以及大多数公开的场合，人们不再使用这个说法。至少在法律上和道义上，流动着的劳动力尽可以挺起胸脯，理直气壮。

但是，由于对于劳动力流动或迁移的科学研究，远远与这种现象发生的迅雷不及掩耳性质不相适应，市民也好，政府官员也好，甚至一些理论研究者和政策研究者，从心里面仍然以为这种劳动力的流动是盲目的。从北上京城和南下羊城超载的列车，从大上海和深圳特区爆满的火车站，这种认识似乎得到某种印证。

然而，理论研究的特殊贡献应该在于，透过普通人也可以看到的事情表面，揭示出事物内部的规律性或逻辑性。本章试图从经济学理论中的传统教条谈起，通过对中国劳动力迁移现象的考察，揭示出外出农村劳动力在流动择业过程中所表现出的微观理性，从而否定劳动力流动的“盲目”说。

8.1 “托达罗教条”和“盲流”观念

虽然大多数普通百姓，甚至政府官员并不知道托达罗是何许人也；说到了解托达罗关于劳动力迁移的理论模型，对绝大多数人来说，更如天方夜谭。但有趣的是，托达罗教授恰恰是“盲流”观念的首倡者。在过去的几十年里，“托达罗教条”影响了不少经济学家和政策制定人的观念，并使后者做出的政策决定及实施的政策手段，也深深地打上了这一教条的烙印。

不过，使用“托达罗教条”这样一种表述，并将其与托达罗本人联系起来，实在有点冤枉这位美国大教授。这是因为我们称之为“托达罗教条”的东西，并非由托达罗本人直接阐述的，而且实际上他还明确表示过不赞成其中的观点。由于一些思想是后来的经济学家从托达罗模型中推论出来的，虽然不应该由他负责，但冠以他的尊姓大名，也算名至所归吧？

按照逻辑，所谓“托达罗教条”，通常包含两个结论：

第一，迁移数量或迁移率直接随着就业概率的变化而变化，因而城市就业机会越多，来自农村的劳动力移民规模也就越大，从而再次扩大城市的失业率。

第二，既然城市就业机会影响或决定迁移行为，农村劳动力基本上是按照对于城市就业概率的了解而做出迁移与否的决策的，从而迁移在相当大的程度上是“盲目的”。

读者大概还记得，当托达罗用城乡预期收入差别来解释劳动力迁移时，是用城市实际收入乘以城市就业概率来表示城市的预期收入的。由于城市就业概率与失业率，是同一事物的正反两面，于是，假设城市实际收入水平不变，失业率越高，预期收入越低，对农村劳动力的吸引力越小，因而迁移规模也相应地较小。

反之亦然。城市就业概率越大，预期收入越高，对农村劳动力的吸引力越大，迁移规模相应扩大。由此推论，城市当局任何创造就业的努力，都只会吸引更多的移民进城，而不会真正降低城市失业率。所以，如果不对迁移施以有效的约束，任何试图扩大城市就业的努力都会付之流水。

一个为托达罗所津津乐道的例证，是1964年发生在肯尼亚的一次政策实验。当时，国际劳工组织提出一个建议，主张发展中国家政府通过税收杠杆和补贴手段，鼓励私人企业多雇用一些劳动力。也就是说，通过给私人业主一些利益上的好处，诱使他们雇用超过其实际需求数量的工人，以便降低城市失业率。肯尼亚政府响应了这个建议，同私人雇主及工会签订了一个“三方协定”，宣称要增加15%的雇用水平，以消除以首都内罗毕为中心的整个地区的失业现象。

其结果如何呢？这种超过需求的雇用水平，如一块磁铁吸引了大量农村劳动力流入城市，希图进入到这种新增加的雇用行列中。结果不到几个月的时间，绝大多数参与该项目的企业，都因不能承受增加了的劳动力雇用而把雇用数量重新降低到原先的水平。城市失业率不仅没有真正降低，反而提高了。由“创造”新的就业机会这块磁铁所吸引到城市中的农村劳动力，由于不能得到他期望的就业机会，而变成“盲目流动的”劳动力。

饶有趣味的是，托达罗对这个所谓的“托达罗教条”持强烈的怀疑态度。针对一些人从他的模型推演出这个结论，托达罗在一篇文章中极力表白自己：“我当时并不打算走向这个极端，现在仍不打算这样做，而且我认为，一经就业创造水平提高就会使城市失业率上升的说法，从经验上看是不正确的。”① 然而，从托达罗模型中关于就业概率与迁移规模之间关系的说法、所引用的事例，以及某些语焉不详，演绎出以上结论也算符合逻辑。

不过，无论是托达罗本人，还是他的批评者或“歪曲者”，都常常把城市非正规部门的就业等同于失业，并且大大低估了这个部门的作用。这与许多发展中国家的事实是不相符合的。

所谓非正规部门，从表面上看确实不够光彩夺目，人们很容易联想起夫妻小店、家庭女仆、擦鞋小厮等等。然而，不少经验研究表明，非正规部门所涉及的行当范围远为广泛，并且具有很高的生产性和效率，其中自

① 转引自 Bhattacharya，“Rural-Urban Migration in Economic Development”，*Journal of Economic Surveys*，Vol. 7，No. 3，September 1993.

我雇用者常常表现出杰出的企业家精神。从劳动力市场的角度看，非正规部门的特点是工资水平由市场决定，相对于所谓的正规部门来说，更容易进入。而这恰好是其优越于正规部门之处。

在中国，新生部门的体制优越性更为明显。它不仅在劳动力市场发育程度上高于传统部门，而且在经济增长中起着无可比拟的作用。而根据我们在前面章节的讨论，这个部门与传统部门形成不同的劳动力市场，其发展过程中的劳动扩张，并不会侵害传统部门中的就业。国外的经济学家不了解中国经济转轨中的特殊现象，自然无法理解新生部门的作用。

就算不应该让托达罗对“就业机会越多，失业率越高”这个教条负责，让他对“城乡迁移须加控制”的教条负责，该是不冤枉的。1970 年，在托达罗与另一位经济学家哈里斯合作的一篇著名文章中，他们提出的政策主张就包括从数量上对农村劳动力迁移规模进行控制。[①] 10 年之后，托达罗的观点更加旗帜鲜明了。在一篇文章中他写道，第三世界的移民，是城市劳动力普遍过剩、城乡经济不平衡，以及城市失业问题日益严重化的原因。[②]

对于农村劳动力向城市的迁移，政府要出面给予某种限制这种教条，无论其发明专利属于谁，可谓十分流行，影响深远。它潜在的理论依据则是认为这种迁移中的劳动力，即使不是盲目的，至少也是在仅仅对城市就业市场有个相当模糊的了解便蜂拥而至，以致一旦城市就业市场不如其所想的那样，拥有足够的吸纳能力，就只好处于失业状态，或者拥入非正规部门暂且栖身。由此，实际上大多数迁移者仍然被看做是盲目的。

按照上面的逻辑，当直接的当事人缺乏经济理性时，政府的干预就有了充足的口实。就中国目前的情况来说，出于保护城里人的地区性利益动机，以及对农村民工流动盲目性的看法，城市政府采用了各种各样的手段限制劳动力迁移到城市。许许多多的研究者也似乎是天然地接受了同样的“托达罗教条”，以忧国忧民的态度，为如何控制劳动力流动规模而出谋划策。

---

① Harris and Todaro, “Migration, Unemployment and Development: A Two-Sector Analysis”, *American Economic Review*, Vol. 60, March 1970.

② Todaro, “Internal Migration in Developing Countries: A Survey”, in R. A. Easterlin (ed.), *Population and Economic Change in Developing Countries*, University of Chicago Press.

关于政府在对待农村劳动力迁移问题上，到底应该怎样做才对，目前实施的种种限制劳动力流动的措施是否真正奏效，其代价有多高等问题的讨论，我们将留待以后的章节进行。这里，按照思维的正常逻辑，我们应该讨论的是，关于劳动力流动盲目性的“托达罗教条”错在了哪里。

莎士比亚借用《哈姆莱特》中奸臣波格涅斯的嘴说：“求出这一结果的原因，或者不如说，这一种病态的原因，因为这个病态的结果不是无因而止的。”[①] 采用严谨的逻辑、提出充分的论据来批评“托达罗教条”，显然还不足以求出限制劳动力流动这一“病态的原因”，但至少使这种冠冕堂皇的政策倾向，减少一层科学的外衣。

8.2 迁移理性：靠契约还是靠投机？

作为理性的人，一个典型的迁移者寻找就业的过程，与任何经济行为一样，是一个在成本和收益之间进行权衡的选择过程。通常，在考虑到留在家乡的终身预期收入的情况下，他的心目中首先有了一个概念，即在减去迁移成本之后，有多大的预期收入他就愿意迁移。

或者说，在他的头脑里，事先已经有了一个“保留工资”，即愿意接受的工资水平，作为对迁移出去与否做出决策的依据。而且，这个保留工资并非心血来潮、漫无边际，而是有所依据的，且常常是可行的。

例如，从图7-1看，迁移者在迁出之前都有一个对迁移预期收入的估计，而且事后的结果表明，这个预期水平都未超过实际可能获得的工资水平。

在心存可行的保留工资的条件下，迁移者开始其寻找就业机会的过程。值得注意的是，这个寻找工作的过程并不等于流动过程。也就是说，他不一定非要先流入城市或外地，才开始他的寻职过程。迁移出去之前，在家乡同样可以开始他的寻职过程。通过一系列努力，当这个迁移者或潜在迁移者发现了能够获得超过他头脑里的保留工资水平的工作，一般来说他就会接受这个机会，作为他第一个工作。至此，第一次寻找工作的过程就结束了。

---

① 《莎士比亚全集（九）》，人民文学出版社，1978，第41页。

在以前的讨论中，我们曾经涉及了有关劳动力流动面临的种种不确定性。也就是说，潜在的迁移者并不知道自己能否取得迁移的成功。他迁移的目的，是要在异地得到一个优于原先就业岗位的新工作，取得更高的净收入。

一般来说，要想取得迁移的成功，依次取决于三个条件：

第一，潜在的迁移者能否流动起来；

第二，在他流动起来以后，能否寻找到一个新的就业岗位；

第三，在存在着一个新的就业机会的条件下，是否适合于他的人力资本和期望。

以上三个条件分别又取决于一系列外部的经济、社会环境。对于潜在的迁移者来说，最为重要的是他是否能够获得足够的信息，从而抓住并利用这些条件。这些条件是一个客观存在，关键在于谁能把握住它们。

我们知道，掌握信息和利用信息的能力，是劳动者人力资本素质的一个重要体现。由于迁移是否成功在于迁移者是否得到了预期的收入提高，所以一个想要成功地实现迁移的劳动者，他必备的人力资本是能够获得两种必要的信息：目的地相应岗位的工资水平和他本人获得这个岗位的可能性。

根据这种必要信息的说法，一个潜在的迁移者，最终能否实现迁移，迁移的成功性如何，通常依迁移者的人力资本、迁移距离和迁移者在寻找岗位过程中所付出的努力，而有不同的结果。

上一章，我们已经对体现人力资本差异的受教育程度、年龄和家庭角色等方面的特征所具有的不同迁移行为做过论述，其中也包含着具有不同的人力资本特征的人们，对于迁移和寻找岗位所愿付出努力的差异。这里，我们拟对迁移距离在迁移决策和迁移成效中的作用，再做进一步的讨论。

迁移距离最能体现信息在迁移决策中的作用。在通讯手段尚未达到如此现代化的程度，以致整个地球如同一个村庄的情况下，人们对于外界信息的了解程度，与他们距离目的地的远近恰好成反比关系。也就是说，距离越远，信息的获得越困难。

特别是，对于一个潜在的迁移者来说，作为理性的经济人，像托达罗描述的，仅仅对目的地的工资水平和就业概率有一个一般性的了解是不够的，他所要知道的除了上述信息之外，更为重要的是自己是否能够找到适合的工作。所以，突破距离障碍，获得充分的信息，是十分必需的。

如果一个劳动者仅仅知道一个有关目的地的一般性就业和收入信息就足够了的话，距离确实不那么重要。一个识字的劳动者，要想了解一般性的信息，尽可以通过读报做到。而身在山东省的农民，既可以读到济南市的报纸，也可以读到上海市或深圳市的报纸。显而易见，一般性信息是不够的，从而读报不能解决潜在迁移者的全部信息需求。单单依靠一般性信息而做出的迁移决策，倒是会成为盲目的流动劳动力。

相当大量的国内外证据表明，以寻找就业为目标的劳动力迁移不是盲目的。在这方面国外的学者已经积累了不少资料。在发展中国家，无论是整个城市范围的调查，还是对城市贫民区的专门调查，结论都显示，迁移者通常是在较短的时期里，就获得了在迁移地的就业机会。

让我们先到拉丁美洲考察一番。在智利的圣迭戈市，调查者曾经请那些在过去10年内迁入该市的劳动者回忆，迁移来以后用了多长时间获得了第一个工作。回答说在2天以内的累积比率为43%，在1个月内找到工作的占66%，在6个月内找到工作的为85%。

在包括里约热内卢和圣保罗在内的巴西6个城市所做的调查表明，迁移者在1个月内找到工作的，男性占85%，女性占74%；不到6个月就找到工作的，男性概率为95%，女性为90%。秘鲁首都利马的迁移者中，3个月内找到工作的超过75%。

亚洲、非洲与拉丁美洲的情景没有大的差别。据对韩国首都汉城迁移家庭的户主调查，声称迁移前事先安排好工作的占26%，声称“很快”找到工作的占64%，6个月内找到工作的为76%。再看坦桑尼亚的情形，那些从农村迁移到城市的13岁以上男性迁移者，80%在3个月内找到了工作，6个月内找到工作的则超过90%。

对城市贫民区所做的调查，得出了同样的结论。圣迭戈贫民区以手工劳动者和自我雇用的手工业者为主的迁移人口中，47%承认他们一到城里就“立即”找到了工作，91%在3个月内找到工作。阿根廷首都布宜诺斯艾利斯以零工和粗工为主的移民，同样有74%在两星期内获得就业，85%在1个月内找到工作。巴西里约热内卢贫民区有粗工经验的移民，以及过去从事技术工作的移民，在1个月内找到工作的概率，分别为85%和65%。[①]

中国的劳动力迁移也表明，迁移者并不是靠一般性信息做出的决策。相反，他们在做迁移决策时，一般性信息并不重要。从济南市的问卷结果可知，民工迁移前对济南市劳动力市场的了解程度很低。声称“了解”的只占7.2%，宣称“了解一些”的占51.8%，宣称“不了解”的高达41.1%。

然而，他们并不是在缺乏信息的情况下就贸然迁移，而是需要更为具体、更为直截了当的有用信息，目的是实实在在地获得济南市的就业岗位。在调查中发现，本省民工中74%是在迁移前已经找到了工作。外省民工迁移前找到工作的比例也达30%以上。而把迁移前已经找好工作的与迁移后1个月之内找到工作的加起来，占全部民工的95%以上。

我们还发现，接受调查的民工在外出时，绝大多数随身携带的生活费不超过400元。按照他们在济南市的最低生活标准为200元算，意味着他们随身带的钱不可能支持其2个月内仍未找到工作。由此反过来推测，应该做出这样的判断，即流动劳动力通常在事先已经找好了工作，或者至少得到了确切的就业机会信息，以及获得了最初生活的保障。由此，关于盲目性的说法就十分站不住脚了。

8.3 信息、距离与人力资本

上面所揭示的劳动力迁移的非盲目性，得益于他们获取信息的实用性，即主要通过其在城市的社会关系，获得关于能否找到工作这样的信息。例如，在济南市打工的省内外民工中，依靠亲友提供就业信息的，占我们调查民工总数的80%以上（表8－1）。或者不如说，农民向城市的迁移，在相当大的程度上是靠他们的社会关系帮助实现的。

从迁移者寻找工作的实际过程看，显然不是一种“风险投机型”的，而更接近于是一种“契约型”的。也就是说，潜在的迁移者，经常是在迁

① Yap，“The Attraction of Cities：A Review of the Migration Literature”，*Journal of Development Economics*，No.4，1977.

移之前就获得了一个就业“契约”，或者至少是一个就业“期货契约”。从而，盲目地流入城市却找不到工作而成为失业者的风险被最大限度地减小了。

表 8-1　迁移者决策的信息来源

单位：%

	本　省	外　省	合　计
城市居住的亲属或朋友	31.3	24.5	30.9
在城市打工的同乡或朋友	31.5	51.0	32.9
村里的亲属或朋友	13.0	5.9	12.5
外地亲属或朋友	4.6	6.9	4.8
新闻媒体	2.7	4.9	2.9
招工广告	2.1	2.0	2.1
当地政府	3.1	0.0	2.9
招 工 队	10.3	2.0	9.7
其　　他	1.3	2.9	1.4
合　　计	100	100	100

资料来源：山东省济南市抽样调查（1995）。

在劳动力市场发育水平较低而且不规范的条件下，以亲缘、地缘为主要维系方式的社会关系，在帮助迁移者获得就业机会方面的作用十分重要。

济南市调查的民工反映，他们中有75%以上，是通过老乡或亲戚帮助找到进城后的第一份工作，通过城市劳务市场找到工作的不到5%，雇用方到农村招工的不到7%，当地政府组织帮助的约为8%，其余诸种方式就都微不足道了。其他关于外出打工者获得工作的调查，显示出几乎同样的特征，甚至同样的比例。①

不仅中国的情况如此，许多对于发展中国家迁移的研究也表明了社会关系对于迁移决策的显著影响。20世纪70年代对非洲一些国家迁移的调

① 国务院发展研究中心编《农村劳动力流动的组织化特征》，中国农村劳动力流动国际研讨会论文，1996。

查发现，到城市寻找就业机会的劳动者中，大约2/3宣称亲戚、朋友是其最重要的信息来源，50%以上的迁移者在刚刚来到城里时，获得了亲友在食品和居住方面的帮助。[①]

毕竟，与目的地的距离越近，有亲属、朋友或老乡等社会关系的机会越多，反之亦然。距离和社会关系之间呈现出某种相关关系。所以，距离也成为十分重要的影响迁移决策的因素。也就是说，当迁移的目的地与家乡的距离增加之后，潜在迁移者在迁移目的地有社会关系的机会就少了，获得信息和其他帮助的可能性也降低了，所以迁移数量也会相应减少。

在济南市打工的外地劳动力中，外省流入的只占6.7%，而且这部分人事先找好工作的比例，较之本省流动劳动力低了许多，只有30.4%。按照这个道理，我们可以对以前章节关于劳动力流动范围的讨论做出进一步的解释。反过来，那些现象也证实了这种理论假说。

国外的一项研究表明，迁移距离每增加1英里所造成的迁移成本，需要5美元的预期收入差别才能予以补偿。另一项研究也十分有趣，在其他因素不变的条件下，对一个想要迁移到瑞典的北欧国家居民来说，到迁移目的地的距离每增加1倍，他选择迁移到该地区的可能性降低50%。[②] 那么，另一个50%的可能性意味着什么呢？换句话说，谁最有可能突破距离的障碍，实现范围更广阔的迁移呢？

在上一章，我们已经一般性地回答了这个问题。就是说，突破迁移距离障碍的法宝，同样是迁移者所拥有的人力资本。在劳动力市场上，对于寻找合适的就业机会来说，谁的看家本领越强，谁获得的机会越多，谁选择的范围就越广泛，从而谁就最可能突破距离的阻碍。

这里所谓的“看家本领”，包括获取和理解信息的能力、更为广泛的社会关系网、较强的风险承担能力，以及对于各种职业的适应性等等。所以，一般地讲，教育、年龄就不够了，而是适应于不同的机会，不同的人力资本则各显神通。

所以，凭借自身特定的人力资本条件扩大流动范围，就成为提高迁移

① Yap, “The Attraction of Cities: A Review of the Migration Literature”, *Journal of Development Economics*, No.4, 1977.

② Mamermesh and Rees, *The Ecoonomics of Work and Pay*, Harper Collins College Publishers, 1993, p.241.

者收入水平的一种寻职策略。我们的调查显示，越是寻职范围大的劳动者，越能获得更高的收入。观察一下图 8－1 中左面的图框，可以很清晰地看到跨省迁移次数与平均收入水平之间的正相关关系。此外我们还发现，外省迁移者中 53% 成为雇主，而本省迁移者中成为雇主的只有 8.6%。如果把当上“老板”看做比“受雇于人”更为成功的迁移结果，则跨省迁移者具有更高的能力和成功概率。

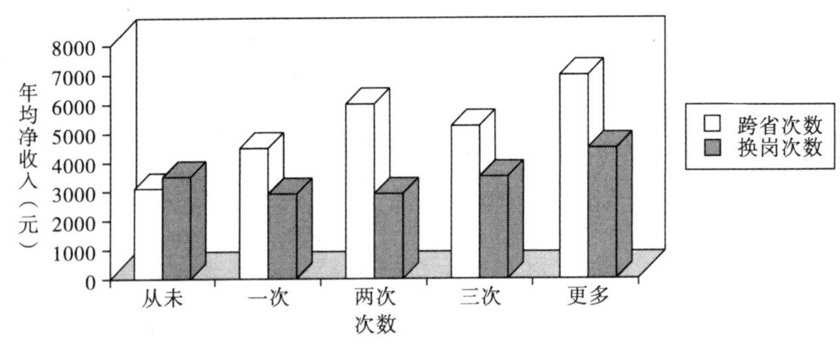

图 8－1　跨省、换岗与收入

资料来源：济南市抽样调查（1995）。

把这种跨省次数对收入水平的正面影响，与不离开本地而改换工作岗位的情形做一个比较，十分有意思。从图 8－1 右面的图框看，在改换岗位三次以上之前，换过工作的劳动者收入，还不如从未换过岗位的劳动者收入高。

回想一下前面谈到的迁移者寻职过程。一般来说，当一个迁移者遇到第一个与心目中的保留工资相吻合的就业机会时，他会接受这个机会。特别是，大部分迁移者是依靠亲戚、朋友的帮助，在尽可能短的时间内找到工作，他倾向于只以心目中的保留工资做判断。所以，我们可以想象得到，他接受的第一个工作通常是收入较低的。

一旦迁移者在第一个工作岗位上停留下来，他的现有收入就成为一种资本，可以增强他在下一步寻职过程中用来支付寻找、等待、培训等费用的承受力。同他从家乡迁移出来之前相比，情况已经发生了一些变化。这时，他结交了一些打工的朋友，还认识了一些城里人，意味着他的社会关系网络扩大了，对于原先的社会关系的依赖程度相应降低。

对于这个打工者来说，第二个工作机会不像第一次那样生死攸关。现在，他既可以等待，也可以接受培训，并且在工作中增强技能，从而他在信息获取方面的能力也会不断提高。因而，发现更加适宜于自己工作的机会也就增加了。

无疑，这些人只要发现更加适宜于自己的工作，或者收入更高的工作，按照正常的理性判断，他们一定会做出更换岗位的决策。在济南市调查的外地迁移者中，本省民工更换过工作的比例为15.8%，外省民工更换过工作的比例为19.6%。

其他调查发现，即使在那些政府组织的以扶贫为目的的劳动力输出项目中，劳动力转移到就业地之后，也具有与上述比例相近的劳动力流失率，其中80%以上不是回到家乡，而是“跳槽”找到了其他工作。

对于这些“跳槽”的人来说，第二次选择与头一次选择在性质上有所不同了。其不同之处在于，这一次的选择既可以是增加收入取向的，也可以是提高工作满意程度取向的。而第一次选择的目标幅度要狭窄得多。

与那些第一个工作不尽满意的迁移者相反，如果一个人因凑巧或因转移前的选择更加慎重，而获得的第一个工作机会比较令人满意，他从第一个岗位上“跳槽”出来的可能性就大大减小。“跳槽”三次以下的民工，收入水平反而低于那些没有更换过工作岗位的民工，原因在于第三次以前的换岗，通常更多的是以提高工作满意程度为取向的。

8.4 都市里的村庄：制度需求与供给

在上一章中，我们了解到流动中的劳动力面临着一系列迁移障碍，他们要承受经济的和心理上的成本，面对就业歧视。我们也欣慰地看到，流动民工是如何利用自身的人力资本突破这些障碍的。本章进一步讨论了信息和社会关系对于实现迁移并取得成功的重要性。至此，可以发现，突破现行政策、制度、法规以及社会习俗所设置的障碍，不仅依赖于迁移者个人所具有的人力资本，还需要种种制度和组织提供服务。

所谓制度，就像人们从事体育活动时需要遵守的规则一样，实际上就是社会中人们行事的游戏规则。体育、游戏中如果没有了规则，不仅胜负、输赢无从谈起，还会因种种争端而使过程中断。制度则是保障人们在社会中的行为有据可依，从而减少争端造成的两败俱伤。

如果说制度是人们的社会行为超过个人的限度后，为了降低交易费用而产生的，则组织便可以被看做既是个人能力的一种延伸，也是为执行制度所设立的一种形式。由此可见，人们对于制度和组织都是有所需求的。劳动力迁移和流动作为一种社会现象、经济过程，同样必然会产生对制度和组织的需求。

迄今我们已经可以肯定的是，为了实现迁移和寻职的成功，流动劳动力需要个人力量所不能及的一系列制度和组织服务。

例如，当人们问到济南市流动民工最需要当地政府提供哪些帮助时，他们中答曰“不需要”的不到1%，希望“与本地人享有相同的户口政策”的占58.7%，需要政府提供“招工信息和统一劳务市场”的占20.3%，急需解决“住房和医疗社会保障”的占14.2%，需要解决“子女上学或入托”问题的占2.6%，其他占3.6%。

这里列举的问题小到芝麻蒜皮，大到国家政策，都是流动人口对于政府提供服务的需求。换句话说，就是该利益集团的特定的制度与组织需求。反过来，上述方面又可以看做目前政府未能提供的服务。

制度和组织，如同莎士比亚眼中的“病态”，既不是无因而生的，也不会无因而止。正如已经论述过的，国家为了推行重工业优先发展战略，而形成了抑制劳动力流动和保护城里人福利不外溢的制度“三驾马车”。这套制度结构具有一定的完整性，当城市政府尚未把农村来的劳动力看做城市发展不可或缺的组成部分时，抑制甚至歧视政策就很难根本改变，从而指望城市政府自觉地提供上述服务，还为时尚早。

有强烈的制度和组织需求，但政府还没有准备好提供这种服务，就意味着产生了一个制度和组织空白点，就会生长出一种替代。作为政府的替代，流动劳动力自己出来制定规则，形成组织。作为正规性制度和组织的替代，非正规性制度和组织应运而生。

其实，从最原始的社会到最先进的社会，非正规性制度和组织，总是与正规性的制度和组织相安并存的。一位以研究制度经济学著称的经济学家说道：“即使在最进步的经济体系里，正式法规只是决定选择的整体限制之一部分（虽然是很重要的一部分）。稍微静思一下就能发现非正式限制普遍存在。在我们平日与别人的来往中，不论是家庭内、外界社会关系，或事业活动中。规范结构几乎全部是由行动准则、行为规范和习俗所决定。”①

不过，我们这里所说的非正规性制度和组织，除了那些人们习惯于遵从的关系准则之外，还指与大的政策环境不相吻合的一系列自发性的制度安排和组织建设。本节所要介绍和讨论的重点在于后者，即作为政府提供的制度和组织服务不足的替代，流动民工是怎样自我服务和自我组织的。

流动民工自我提供组织服务的第一种形式，表现在组织外出方面。前面已经谈到，济南市民工寻找到的第一份工作，有不少于75%是通过老乡或亲属介绍的。而在他们外出时，也有56.5%是与老乡或朋友结伴而行。

另一项研究由于分类更为细致，因而得出的结果更加显著。把其中家庭成员带出、本地亲戚带出、本村村民带出和外地亲友介绍等四种情形相加总，则类似的外出方式占到全部外出民工的83%。② 这种情况并非只是反映劳动力转移对亲友的依赖和乐于结伴而行，而是在一定程度上反映了民工自发的组织形式。

北京市约300万的外地民工中，有50万人是以建筑队的方式，成建制地迁入到城市的，其中也不乏大量靠朋友介绍、引荐的例子。另有20万~30万人是通过政府有关部门，经过比较正式的劳务渠道进入城市的。其余近200万民工，都是通过同乡、亲友介绍而来。

有的研究③把劳动力外出中“外地亲友帮助联系”、“本地外出民工介绍”和“跟随他人一道外出”三种情形定义为外出民工的自组织的形式；把“劳动服务组织介绍”、“外地企业来招工”和“村集体组织外出”三种情形定义为有组织的形式；把“无人帮助、自己闯荡”定义为无组织的形式。如果我们能够接受这种分类和定义，则从三种情形各自所占的比重看（图8-2），民工外出的自组织形式占主导地位。

由于这种自组织形式占据了迁移方式的主导地位，所以一个村子里外出的劳动者常常有着相同的目的地，甚至是同一就业单位，由此相应，从

---

① 道格拉斯·诺斯：《制度、制度变迁与经济成就》，时报文化出版公司，1994。

② 农业部农村经济研究中心课题组：《中国农村劳动力流动研究：外出者与输出地》，中国农村劳动力流动国际研讨会论文，1996。

③ 国务院发展研究中心：《农村劳动力流动的组织化特征》，中国农村劳动力流动国际研讨会论文，1996。

民工第一次外出的规模看，采取一人独行方式的是少数，大多数人倾向于几人同行（图 8－3）。类似的自组织外出方式，在某些行业表现得更为突出。例如，外出民工的一半左右从事建筑业，而这个行当通常较大地依赖于包工头所做的组织工作。同一调查显示，外出民工中有 38.6% 曾经带出过其他人，其中带出过 10 人以上的竟达 21%。

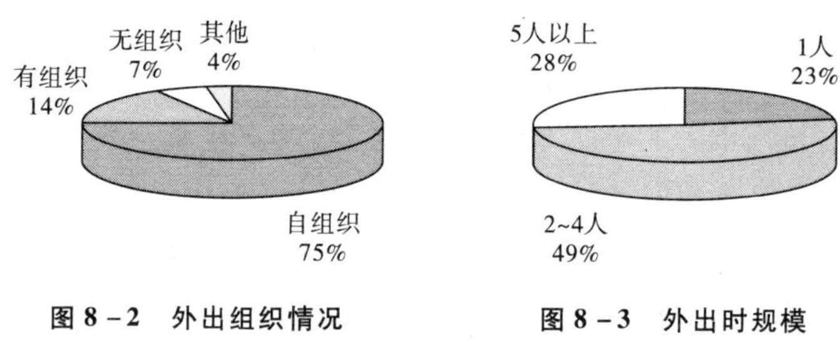

图 8－2　外出组织情况　　**图 8－3　外出时规模**

资料来源：国务院发展研究中心：《农村劳动力流动的组织化特征》。

流动劳动力自我服务、自我组织的另一种表现形式是外出后互相帮助解决住房问题，从而形成在城市的外地人聚居现象。既然他们常常是乡里乡亲结伴外出，到达目的地后很容易聚居在一起。一种情形是几个人共同租住本地民房，分摊房租，形成小型聚居点。另一种情形是从小型聚居点开始，逐渐介绍更多的同乡来同一社区租房，从而使聚居点不断扩大，最终连成一个以地缘为核心的聚居区，形成一种新的景观——“都市中的村庄”。

北京城南的“浙江村”就是一个远近闻名的例子。这是一个庞大的流动人口聚居区，跨度为当地的 26 个自然村，外来人口达到本地居民人数的近 7 倍。其中半数以上的外来人口是浙江籍人。他们居住在这个地区，生意也做在这个地区。目前已自发地建起了 16 个大型市场，成为中国北方地区中低档服装业加工和批发基地。据不完全统计，1995 年这个“小村庄”的经营额达 15 亿元，可谓“京城第一村”。

无论是自组织外出，还是在城市形成聚居区，都意味着流动劳动力以亲缘和地缘为纽带，形成了集体行动。一个进了城并且找到工作的劳动者，在工作时间与上级和同事打交道，下班后就回到了这种集体行动网络中，往往不可避免地要与这种自发的组织打交道。

其实，既然相当一部分流动劳动力是以自组织方式出来的，他们往往在同一行业甚至同一企业打工。工作中的麻烦也常常需要自己的非正规组织帮助解决。在这种具有集体行动特征的组织中，必然要有自己的规则，以便约束每个成员的行为，无论所谓的成员与这些组织的关系是紧密型的还是松散型的。

因应迁移者的需要而形成的民工组织及其规则，因其处于正规性制度安排和组织之外，可以被看做制度外现象，或者说是制度与组织形式上的“都市里的村庄”。这种制度安排或组织建设的基础来自于三个方面：以行业为中心的，以聚居区为落脚点的，以及以共同家乡为纽带的。其通常履行的职能包括以下几个方面。

其一是利益保护型的。以亲缘、地缘为纽带的连锁流动，本身也要符合利益原则，即通常是以带动者和追随者共同有利可图为前提的。鉴于此，聚居更多的表现在相同行业的迁移者。具有相同行业、彼此有亲缘和地缘关系，又常常聚居在一起，就产生了这些流动劳动者之间在行业中维持竞争规则，以及谋求共同利益的需要。因此，相当一部分流动人口的自发组织，是为保护共同利益的目的而形成的。

建筑行业的包工队是这种组织中最紧密的一种形式。流动劳动力从事建筑行业的比重最高，而该行业要求成规模、成建制地参与，所以，一定的组织形式是必不可少的。在这种组织中，与雇主的交道，完全是包工头的专门职能，劳动者的工作机会、报酬水平和福利条件，都取决于包工头的安排。在不同的安排下，劳动者报酬可以相差数倍。例如，北京零点市场调查与分析公司在一项研究中显示，同样是农村劳动力组成的包工队，壮工的工资最高可以相差3倍。①

其二是信息服务型的。除了流动者外出之前需要获得有效的关于迁入地就业、收入和生活信息，在迁移者完成第一次流动之后，仍然需要类似的信息，以便不断改进他们的生活和就业状况。在市场发育不完善的条件下，信息的获得也不可能完全得自市场，因而信息既是稀缺的，又是内部化的。一定的组织形式就应运而生，通过互助的方式，形成内部信息共享

① 北京零点市场调查与分析公司：《裸人——北京流民的组织化状况研究报告》，中国农村劳动力流动国际研讨会论文，1996。

单位，从而降低信息获取费用。

其三是生活服务型的。正如前面谈到的，流动人口在获得社会服务等方面，常常不能享受到与城市人口相同的待遇。在聚居的情况下，自我组织、自我服务的需求越加增强，并且从规模上也比较经济。所以，一系列类似的组织产生。例如，在北京市外来人口居住最为集中的所谓“浙江村”里，专门为流动人口服务的幼儿园、诊所大量出现，更不要说那些商业性特征明显的饭馆、理发店、修理铺，以及娱乐场所了。

其四是谋求私利型的。有些以保护特定集团利益出发形成的自发组织，当其越来越集中服务于最小范围的私利，并且愈益倾向于采用不合法的手段达到目的时，一些组织就沦为类似于黑社会性质的。欺行霸市、索取不义之财，甚至违法乱纪，是这类组织区别于一般的自发组织的主要特征。但在流动人口处于城市生活的边缘地带，其利益有时不能通过合法的渠道获得保护，或者这种合法的渠道交易费用过高的情况下，某些黑社会的组织形式，有其特定的市场。

此外，还有一些组织具有多样化的目的，可以称为综合服务型的。例如，某些以地缘为纽带形成的行商公会，并不局限于某个特定的行业，实际上是从资金融通、生活服务、感情交流，以及公共关系等多方面为同籍流动人口服务的松散型组织。但它又是比较全面地针对流动者需求而产生的，具有一定的号召力。

8.5 自组织——企业家的摇篮

在流动人口的这种自组织的过程中，那些有能力并且热心于出面组织相关活动的人，便成为流动人口这个群体中享有权威地位的人物。按照零点调查公司的归纳，因应流动人口的组织需求而形成的这种权威人物，大致可以分为三类：机会供给权威、危机处理权威和群体形象整合权威。①

古今中外的知识分子，往往习惯于把传统农业社会的农民看做愚昧、落后的象征。在舒尔茨以前的发展经济学家也概莫能外。在汗牛充栋的文献中，农民总是缺乏理性，对经济刺激不能做出正确的反应，资源的使用

① 袁岳、王欣：《北京外来人口中的权威》，中印城市发展挑战研讨会论文，1996。

是低效率的。在这个落后的群体当中，自然不能产生真正意义上的企业家或精英人物。

是舒尔茨力排众议，从“一个便士的资本主义”这样的事例中，概括出“贫穷而有效假说”，证实了传统社会的农民尽管贫困，资源的配置效率却绝非低下。[①] 因而，农民天生可以成为企业家，在他们中间，也不乏可以与其他社会群体媲美的精英人物。

费孝通先生在著名的《江村经济》一书中，揭示了传统中国农村中基层社区领导人的基础——“不论他们代表社区面向外界时，或是他们在领导社区的事务中，都能得到公众的承认和支持”。[②] 这种承认与支持，来自于他们为他们所代表的集团或集体提供了某种特殊的服务。

同时，费先生也观察到另外一种农村基层行政体制——保甲制。如果说前面那种社区组织是以为社区群众服务而得到事实上的承认，其领导人是靠个人威望而得到人民拥戴的话，则后一种组织则是因其履行政府的行政职能，而具有法定地位的。这种行政性体制起源于宋代，基本职能是代表国家政权对农村社区实行控制，其中最主要的职能是向农民征税。因此，费先生称之为“强加于村的组织之上的”行政体制。

黄宗智在比较华北农村的“超族村社组织”与江南农村的“同族集团”这样两种类型的社区组织时，用土地占有形态及其与国家征税职能的关系来解释。[③] 他同样看到了社区组织因其履行不同的职能，而存在两种可能的形态。

在人民公社的体制下，农村基层组织的设立，是为传统的经济发展战略服务的。也就是说，为了在资源稀缺的条件下推动国家工业化，需要最大限度地动员农村资源，转移农村经济剩余。为此，这种社区组织需要履行以下几种职能：

（1）控制农村生产资源，使之既不能外流，又要使用到国家要求的生产领域。例如，保证农村劳动力不会转移到农村外部或非农产业；保证农业生产的剩余和积累控制在国家的财政盘子里，等等。

（2）控制农产品的出售和农业税的缴纳。其中最为重要的是保证主要

---

① 舒尔茨：《改造传统农业》，商务印书馆，1987。

② 费孝通：《江村经济》，江苏人民出版社，1986。

③ 黄宗智：《长江三角洲小农家庭与乡村发展》，中华书局，1992。

农副产品，要以规定的价格出售给国家流通组织，以便使国家通过工农业产品剪刀差，获得直接税之外的一个“超额税”。

（3）类似职能逐渐增加，甚至包括农村社会、政治、经济生活的几乎所有领域。计划生育就是一个典型的例子。

为此而形成的农村基层组织，便在一定程度上失去了其社区群众承认与支持这个基础。作为社区领导人，他们的基础与其说是社区群众承认的，不如说是制度安排的。

随着农村经济结构逐渐趋于多元化，即农村非农产业占据越来越大的比重，农业经济逐渐从处于资源净流出的地位，变为与国家工业化处于平等交换的地位，农村社区组织的性质也在发生变化，从而社区领导人的群众基础重新得到确认。

然而，由于农村正规的社区组织仍然执行着一系列外加的职能，譬如说粮食国家定购任务的落实，计划生育政策的执行，以及征收各种摊派等，这种组织同时体现了两种性质。所以，除了村、组干部这样的正规组织领导人之外，农村还产生了乡镇企业家、私人企业家等，从组合社区经济资源，为社区提供特定服务的角度来看，他们都是农村组织精英。

在许多地方，劳动力输出已经成为农村经济活动的一个重要组成部分。因而，能够在这个过程中提供组织服务的人才，自然成为农村执行特定功能的企业家或精英。农村劳动力要实现一个成功的迁移与流动过程，面临着一系列的障碍要克服。为此，一定的集体行动或协作成为必要。在这个集体行动或协作中，那些能够提供组织服务的人才，就成为某种非正规组织的领导人。

人地两生、信息缺乏无疑是潜在的迁移者所面临的最主要障碍之一。对打工仔或打工妹来说，哪里能够找到工作，应得什么样的工资；对自我雇用者来说，什么样的业务有市场，产出品如何销售，投入品从何处取得，都是现实中不可回避的问题，也是颇难解决的问题。

那些具有更高的获取信息能力的人，便成为机会供给型的权威。在北京零点调查公司的调查中，遇到了一大批这样的权威人物。有专门为同乡介绍就业机会的（最多的一个人介绍了几十位老乡到北京，并找到工作）；有专门提供特定生产资料的（如在修理行业中，提供价格低廉的零件）；还有靠提供业务机会，以及住房等而取得相应地位的。

外来人口在一个新的环境里，常会遇到歧视甚至欺辱。有时，事情的发生也许仅仅是竞争中自然而然的。而那些外来人口往往一筹莫展，无所适从。这时，危机处理型权威便应运而生。他们，依靠的是自己的经验、信息和人际关系，提供的服务是降低解决外来者与本地人及地方权力结构中间冲突的交易费用。

当然，交易费用最低的情形，是不发生这样的冲突。而这与外地人被本地人理解的程度，以及外地人自身的形象与表现直接相关。于是，便出现了另一类权威，专司群体形象整合之职。这种职能不仅通过教育自己的集体或社区，还包括支持其他的集体和社区实现。例如，零点调查公司发现，参加“光彩事业”、制定社区规范、职业道德等，都是这类行为的具体表现。

从个人行为上看，劳动力迁移或流动的过程，是符合经济理性的。从集体行动上看，同样也是符合经济理性的。迁移者中的精英人物提供的组织服务，归根结底使这个群体获得整体收益。而事业做得越大，从这种集体行动中获益也就越大。如果说，对于这种可以提供整体收益的集体行动，无关紧要的打工仔倾向于免费搭车的话，事业有成的迁移者便格外需要这种服务，必要时或者具备一定的条件时，他们本人便成为这种服务的提供者。

所以，我们看到，流动人口中的权威人物，常常也是迁移的成功者。我们曾经观察到，中国目前的迁移者，往往不以永久的定居为目标。而改善生活和生产条件、积累资本以便在农村创业，几乎是所有外出农村人口的迁移梦。这些流动人口中的精英，不仅今天发挥着他们的组织职能，也将成为未来农村经济活动、社会组织以及政治行为的权威人物。从他们将来可能执行的重新组合农村经济、社会和政治资源的角度来说，这些人将是明日的农村企业家。因而，今天的劳动力迁移过程，自然就是企业家成长的摇篮。

第九章
劳动力流动的宏观效应

迄今我们已经能够确信，农村劳动力向城市的迁移，既是一个不可回避的发展主题，迁移过程也是充满理性的。但是，倡议对这个过程加以控制的观点，常常以微观理性与宏观效应的不相一致作为论据，认为即使退一步说，劳动力迁移的过程在微观层次上是理性行为，对于劳动者个人或迁移者家庭来说有其合理性，但其宏观层次上导致的问题，也足以支持对其加以控制和限制的主张。

有下列一些常见的说辞，被用来作为否定劳动力流动具有积极的宏观效应的理由。

最为常见的指责是，男性、年轻劳动力外出减少了农业生产中的劳动供给，部分本来可以用作农业投入的资金，现在被作为迁移成本支付了，从而降低了农业生产能力。

从另外的角度做出批评的也大有人在。一位美国记者在 1994 年 6 月 29 日《纽约时报》上面载文，一方面把人口迁移称作“经济发展的引擎”，另一方面又忧心忡忡地称之为“社会负担”。这确实反映了许许多多中国人的忧虑：大规模、同方向的人口流动，造成对交通运输的巨大压力，干扰了经济生活的正常秩序；城市暂住人口激增，增加了城市基础设施的负担，减少了城市居民的安定与宁静，甚至还产生了某种程度的竞争压力。

我们在本书的各个部分，都已经涉及了对以上似是而非的疑虑的回应。这一章将把重点放在劳动力外出对于农业生产到底有什么样的影响。换句话说，就是讨论在中国目前的情况下，农业发展的源泉究竟是什么；除了迁移者个人和家庭的收益，农村经济从劳动力的流动过程能够获得什么；整个中国经济又能从这个过程中得到什么助益等相对宏观的问题。

9.1 可冲减的成本——劳动力过剩

要想做一个关于民工外出是否会造成农村劳动力短缺的判断，首先需要看一看：中国农村到底是一个劳动力短缺的经济，还是一个劳动力过剩的经济。在这方面，刘易斯模型已经为我们树立了一个经典的方法论典范。

刘易斯把整个经济区分为传统经济和现代经济两个部门。在传统经济（或农业经济）中，劳动力的供给几乎是无限的。随着现代经济部门的扩大，原先在传统部门中就业的劳动力相应转移出来，而不会减少传统部门的产出水平。

从刘易斯爵士那里，我们所要学习的是他把劳动过剩经济作为分析经济发展的出发点的方法。这并非意味着我们要同意刘易斯的所有结论，或赞成他得出的政策含义。实际上，对于他认为农业中劳动力转移出来而不会减少农业产出的结论，遭到了许多经济学家的批评。其中最著名的是舒尔茨在《改造传统农业》一书中所做的批评。

舒尔茨与刘易斯在世界范围内拥有同等的知名度，但对于经济发展过程，却分别持相当对立的观点。从理论上，舒尔茨批评刘易斯认为农业中劳动边际生产力为零的假说，是错误地认为落后经济中农民不会对经济机会做出适当的反应；从实践上，他利用印度在1918～1919年流行性感冒之后发生的情况，证明了这种假说是不符合实际的。

不过，舒尔茨是针对处于特殊的均衡状态中的传统农业做这种分析的，而没有考虑在一种变化的不均衡状态中，以及对劳动力流动人为地施加了制度性障碍的状况下可能出现的情形。

正如本书的最初章节已经揭示的，由于长期执行重工业优先发展战略，以及相应的制度安排，导致农村劳动力被滞留在农业中，累积起规模庞大的剩余劳动力。即使是经济改革以来发生了大规模的农村劳动力向乡镇企业转移，仍然未能把剩余劳动力的池塘掏干。

对于目前农业中到底剩余了多少劳动力资源，人们曾经尝试过各种办法进行估算。其结果众说不一，但大致的估计数通常表明剩余率在 1/3 左右。

为了把家底摸清，这一节将使用一种博采众长的方法，尝试估算出一个比较可信的农业劳动力剩余数量和剩余率的结果。我们采取的估计步骤如下：

首先，计算种植业劳动力的需求数。第一步，使用生产既定面积作物所需劳动日总数，分省计算一年农业劳动力最低需求量。为了把劳动日的需求折算成每年需求的劳动力总数量，我们假设一个劳动力每年可提供 300 个劳动日。就是说，每 300 个劳动日可折算为 1 个劳动力。

第二步，根据季节性劳动力需求，对每个省的劳动力最低需求数量进行调整。劳动力需求季节性高峰所追加的需求数字是由劳动力的年中数（7 月 1 日）与年底数（12 月 31 日）之差估计得来的。7 月 1 日的劳动力需求数取自第四次人口普查所记载的 7 月 1 日种植业中的劳动力数。12 月 31 日的劳动力需求数则是利用《中国统计年鉴》中年底劳动力就业数估计的。两者之差，就是农业高峰期返回农业生产中的劳动力数。

其次，计算种植业劳动力总供给。先利用全国人口普查中的人口数除以农民家庭劳动力负担系数，得出农村劳动力总供给数。然后把农村非种植业劳动力需求数（非种植业活动主要包括畜牧业、水产业和林业），以及非农产业的劳动力数（农村非农产业劳动力主要指乡镇企业中的职工），从农村劳动力总数中减去，即得到种植业劳动力总供给数。

再次，用每个省、自治区、直辖市的种植业劳动力总供给数，减去种植业劳动力总需求数，即得出各省的种植业劳动力剩余数。

我们已经讨论过，劳动力剩余是一种制度现象，即由特定的制度所造成，并逐渐累积而成。改革以来，农民的劳动积极性被激发出来，但又由于没有足够的时间进行调整，因而劳动力过剩的现象愈益显得严重化。

种植业与农村非种植业以及农村非农产业，在使用劳动力方面的差别在于，前者仍然受到国家农业政策的干预，而后面两类产业则是自主地选择使用多少劳动力。所以，我们假设在非种植业中和非农产业中不存在剩余劳动力。因而，种植业中的劳动力剩余，就可以被看做农业中的劳动力剩余，或者说农村的劳动力剩余。

从计算结果看，农村剩余劳动力总规模很大，剩余比率很高，而且各省之间差异很大，中西部农业劳动力剩余比率高于东部地区。无怪乎人口迁移和劳动力流动主要表现为从中西部向东部和从农村到城市这样一种基本走向（表9－1）。

表9－1　分地区农业剩余劳动力估计（1990）

地　区	剩余量（百万人）	剩余率（%）	地　区	剩余量（百万人）	剩余率（%）
北　京	0.91	34.35	河　南	15.27	34.00
天　津	0.56	23.11	湖　北	5.95	22.53
河　北	8.05	25.71	湖　南	12.41	39.56
山　西	4.23	30.97	广　东	11.19	34.29
内蒙古	1.91	22.06	广　西	8.33	37.82
辽　宁	4.23	30.41	四　川	19.00	34.59
吉　林	3.83	41.47	贵　州	9.26	54.20
黑龙江	1.70	14.14	云　南	9.53	49.03
上　海	0.27	9.48	西　藏	0.66	60.04
江　苏	5.80	17.80	陕　西	6.00	37.34
浙　江	8.06	38.95	甘　肃	2.68	23.17
安　徽	10.93	37.51	青　海	0.66	34.96
福　建	6.81	45.55	宁　夏	0.74	36.21
江　西	5.14	27.43	新　疆	1.49	22.99
山　东	9.95	22.94	全　国	171.53	31.53

资料来源：《中国1990年人口普查资料》，美国农业部数据库。

由于剩余劳动力普遍存在于各地农村，并且劳动力剩余比例甚大，意味着在耕地总量不变的情况下，农业中劳动的边际生产力降低。通常表现为，农业劳动力从种植业获得的收入提高缓慢，以及农产品成本不断上升；同时，农产品生产成本的提高，为农产品价格的上涨提供了强大的压力，从而使中国农业的比较优势迅速下降。

经济学用一个国家或地区所具有的生产要素禀赋解释比较优势。在不同的国家或地区，在土地、劳动力和资本这三种基本生产要素的拥有水平上，总是存在着差异的。

例如，发达国家通常拥有比较丰富的资本，发展中国家则拥有丰富的劳动力资源；美洲、大洋洲一般以土地资源丰富著称，而亚洲特别是东亚地区则人均耕地较少。同时，不同种类的产品又具有不同的生产要素含量，譬如说农产品含有的土地要素就较丰富，重工业产品含有的资本要素较丰富，服装、玩具等产品则是劳动密集型的产品。所以，拥有不同生产要素禀赋的国家或地区，分别在不同的产品上面具有比较优势。

由于中国农村劳动力过剩，耕地资源的相对稀缺性就显得日益突出，农产品的比较优势就趋于降低。也就是说，把中国农业放在世界范围来比较，其越来越不具有竞争力。人们经常用一个国家某种产品的出口比重，与全世界该种产品的出口比重相比较，其比值称为“显示性比较优势指数”。

不难理解，一种产品的比较优势指数越大，该产品越具有比较优势。如果在一个国家，某种产品的这个指数大于1，则意味着这个国家在该产品上面具有较强的比较优势。

表9－2列出了1978年以来主要粮食和经济作物的显示性比较优势指数。从表中所反映的数字来观察，小麦和水稻已经失去了比较优势，玉米的比较优势十分不稳定，较高的出口份额可能并不意味着仍然保持比较优势。即使像油料、棉花和麻类这样的使用较多劳动力、使用较少耕地的经济作物，比较优势也大大降低了。

表9－2　农业的显示性比较优势指数

年　份	小　麦	水　稻	玉　米	油　料	棉　花	麻　类
1978	0.04	13.36	0.14	1.17	0.25	3.47
1980	0.00	4.46	0.15	1.88	0.21	12.54
1982	0.00	3.87	0.10	2.13	0.18	9.89
1984	0.00	2.84	0.51	2.87	3.07	2.50
1986	0.01	2.89	3.24	3.60	6.14	6.33
1988	0.03	1.19	1.11	2.57	4.28	3.61
1990	0.00	0.71	2.31	1.15	3.54	
1992	0.00	0.51	2.99	1.48	1.07	1.18

资料来源：澳大利亚国立大学国际经济数据库。

1978~1994年，中国小麦的收购价格以每年9.0%的平均速度上升，水稻收购价格的年均上升速度为10.9%，玉米则为10.3%。与此相应，小麦、水稻和玉米同一时期的年均产量增长速度仅分别为3.9%、1.6%和3.7%。也就是说，以如此大幅度的价格上涨，并没有能够刺激起粮食生产的同比例增长。

这种情形意味着有一种力量，以较之价格刺激强度更大的程度，影响中国农业和粮食经济的发展前景。这个与价格刺激方向相反的力量，就是农业和粮食比较优势的下降。而相对于耕地资源来说农业劳动力的剩余，则是农业比较优势下降的主要原因。

在此情况下，我们可以做出判断：农村劳动力在一定程度上转移出来，对农业生产不应该产生不利的影响。至少从劳动力供给的角度来说，应该如此。

一项调查比较了四川和安徽1995年有外出劳动力的农户与没有外出劳动力的农户，在每亩平均产量和收入上面的一些指标的差异。[①] 这些指标是：（1）种植业收入（元/亩）；（2）粮食收入（元/亩）；（3）粮食总产量（公斤/亩）；（4）棉花总产量（公斤/亩）；（5）出售粮食数量（公斤/亩）；（6）出售棉花数量（公斤/亩）；（7）出售油料数量（公斤/亩）。该研究用外出户指标与非外出户指标之比减1，作为差异系数，以百分比表示。

很显然，如果该系数大于0，说明外出户具有优势；如果为负数，则表明非外出户有优势。在图9-1中，横轴依次表示上述两个省份7种指标的差异系数。从中可以看到，对于这些做比较的指标来说，外出户和非外出户交互处于优势地位，而外出户更占优势。所以，至少人们无法证实劳动力外出会降低农业生产这样一个判断。

9.2 农业发展究竟靠什么？

担心农业劳动力外出会影响农业发展，以致造成农产品供给水平降低

① 农业部农村经济研究中心：《中国农村劳动力流动研究：外出者与输出地》，中国农村劳动力流动国际研讨会论文，1996。

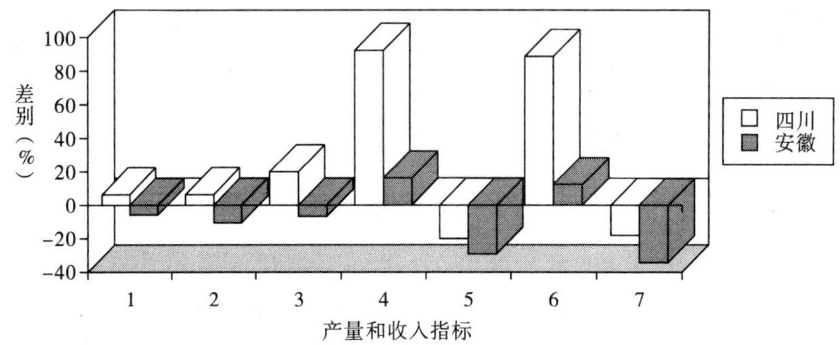

图 9-1　外出户与非外出户的农业效益比较

资料来源：农业部农村经济研究中心：《中国农村劳动力流动研究：外出者与输出地》，中国农村劳动力流动国际研讨会论文，1996 年。

这样一种忧虑，与美国一位大名鼎鼎的人物——莱斯特·布朗对中国粮食供给的预测有关。布朗预测，中国到 2030 年人口将增加到 16 亿，而由于经济增长和人均收入增长迅速，食物结构改变也加快，粮食需求将大幅度提高。与此相对应的供给潜力则不乐观：耕地和水资源日益转为非农使用，靠扩大播种面积增加产量的潜力很小，单产的提高也是有限的。由此，他预测，从 20 世纪 90 年代开始，中国粮食产量将以每年 0.5% 的速度下降，到 21 世纪 30 年代，粮食缺口将为 2.16 亿～3.78 亿吨。布朗警告说，届时全世界都无力养活中国（Brown，1995）。①

其实，自从大约两百年前英国牧师马尔萨斯发表了他的著作《人口原理》以后，人们总是习惯于交替地用时而悲观、时而乐观的情绪看待世界粮食供需状况，以致使对于粮食的关心，成为一种“卡桑德拉与波利安娜之争”。②

第二次世界大战一结束，曾经有过对全球食物短缺的深切担心，但由于 20 世纪 50 年代和 60 年代初食物生产及储备的丰富，这种担心很快销声匿迹了。1965～1966 年南亚季风失常，再次唤起人们对饥馑的忧心忡忡。

① Lester Brown, *Who Will Feed China? Wake-up Call for a Small Planet?* World Watch Institute, Washington, D. C., 1995.

② 波利安娜是美国作家波特小说中的人物，代指遇事过分乐观的人。卡桑德拉是希腊神话中的悲观女神，传说为特洛依国王之女，能预知祸事。

这种忧患意识突出地表现在风行一时的畅销书《饥馑——1975!》中。这本书预测，在1975年会发生世界性饥荒。1972～1974年由于若干地区减产（特别是苏联）和需求的突然扩大，导致世界食品市场的恐慌，粮价在8个月内上涨了3倍。当时，普遍预计会发生全球性食品短缺，以致美国农业部长劝诫美国农民要“未雨绸缪”。然而，20世纪80年代初再次出现农产品过剩，以致当1983年美国农产品储备爆满时，开始了有史以来最为广泛、昂贵的供给控制计划——实物支付计划。

从世界食品供需情况看，至少从20世纪60年代以来没有受到“马尔萨斯陷阱”的困扰。我们用1961～1992年食品生产的年平均增长率与同期人口年平均增长率相比，作为食品增长对人口增长的领先系数（表9－3）。经观察可知，马尔萨斯所预见的人口增长快于食品增长[①]的现象并未发生，全世界平均的这个领先系数为1.26，发展中国家平均达到1.39。换句话说，如果根据每个人的需要来分配的话，全球食品供给是可以满足人们生存所需的。

表9－3 分地区食品和人口的年平均增长（1961～1992）

	食品（%）	人口（%）	食品领先系数
世　界	2.4	1.9	1.26
发达国家	1.5	0.9	1.67
发展中国家	3.2	2.3	1.39
非　洲	2.2	2.9	0.76

资料来源：联合国粮农组织编《食品与农业状况数据带·1993》。

对于一定的发展阶段来说，一个国家的食品增长与人口增长的协调，不仅在于满足生存需要，还在于满足改善营养状况的需要。因此，食品增长率不仅需要快于人口，还要有所超前。这个超前的幅度用公式表示为：

食品需求增长率＝人口增长率＋（收入增长率×食品需求的收入弹性）

① 值得指出的是，这只是马尔萨斯起初的观点，而事实上他很快修正了这一观点，但没有人给予注意，也没有人记住。参见：Gale Johnson，“Population，Food and Trade”，*Australian Journal of Agricultural and Resource Economics*，Vol. 40，No. 1，March 1997.

食品需求的收入弹性在各国不尽相同，一般来说，越是处于较低的收入水平上，越是需要一个较大的超前幅度。对于发达国家而言，食品的收入需求弹性已经降低到可以忽略的水平。对于发展中国家满足生存与改善的需要来说，食品增长比人口增长高出 1 个百分点，足以视为适当的超前幅度。从表 9 - 3 看，发展中国家作为一个整体，基本满足了这种双重需要，但非洲国家显然还不能依靠自己的生产满足生存需要。

然而，从世界整体、发展中国家甚至非洲国家来看，人们的营养满足程度都在提高。全世界平均的人均食物卡路里摄取量，从 1961 年的 2246 千卡提高到 1990 年的 2712 千卡，年平均提高 0.7%。其中发展中国家从 1893 千卡提高到 2495 千卡，年平均提高 1%。非洲国家相对来说改进较小，平均从 2106 千卡提高到 2182 千卡，年平均提高 0.1%。

据估计，18 世纪后期欧洲的人均营养水平，比现在的大多数发展中国家还低得多。例如，法国当时人均每天卡路里摄入量仅为 1753 大卡，而从 1965 年来看，世界上只有两个国家（莫桑比克和索马里）低于这一水平。到 20 世纪 90 年代，只有少数长期战乱频仍的非洲国家低于这个水平。当时英国的日卡路里生产量，比今日印度还低 10%。

世界粮食供求状况良好的另一个标志，是世界粮价长期呈现出下降的趋势。以 1985 年不变价计算的小麦、水稻和玉米的国际市场价格，自 20 世纪 70 年代以来始终趋于下降。这主要是由供给状况决定的。例如，我们用 1970 ~ 1992 年 3 种主要粮食的全球产量，与各自国际市场价格之间的相关系数，来观察供给与价格水平之间的关系。小麦和水稻都是 - 0.71，玉米为 - 0.81。即随着产量的提高，价格相对下降。

综上所述，一位资深的美国农业经济学家约翰森，对今后至少 30 年世界粮食市场的估计是有充分根据的，即世界粮食市场不是技术或供给约束型的，而是需求约束型的。[①] 在不考虑分配问题的条件下，全世界每一个人都有机会获得温饱。

与此相反，布朗眼中的中国粮食问题是供给制约型的。从他反反复复发表关于中国粮食预测观点以来，中外学者已经从理论上揭示其观点是不

① Gale Johnson, "Population, Food and Trade", *Australian Journal of Agricultural and Resource Economics*, Vol. 40, No. 1, March 1997.

符合经济发展逻辑的，并用实际证据证明其预测是站不住脚的。

从理论上来说，布朗实际上假设在中国农业发展过程中，面对食品需求的增长和资源压力的增强，农民、消费者、政府以及贸易伙伴皆不做出反应。这显然不符合经济逻辑。众所周知，任何经济情形的变化，都会表现为产品和生产要素相对价格的变化。对此，所有的经济当事人都会做出相应的反应。技术创新、贸易扩大等一系列因素都足以应付任何可能出现的问题。他所描述的中国农业供需特征，至少在过去十几年中始终存在。然而，我们不仅在20世纪80年代创造了让世界震惊的农业奇迹，而且一直保持全世界最高的农业增长速度，远远超过人口增长率。

从各种对中国粮食产量的预测来看，绝大多数中外专家与布朗的结论都是不一样的，而且差异颇大。不同的预测不仅源自采用模型结构的不同，更重要的是预测者所依据的宏观经济思想，从而选用的不同经济参数。在表9－4中我们列举了一些最有代表性的预测，用来与布朗的预测比较。结果表明，如果以布朗对2030年中国粮食生产总量的预测数为1的话，其他学者和机构的预测数则高达1.54～2.45。这不能不使我们对布朗预测所持的方法论和所依据的事实及资料表示怀疑。

表9－4 对中国粮食生产的几种预测结果

单位：亿吨

年份	布朗	罗赛格朗特等	黄季昆等	美国农业部	海外经合基金会	世界银行
1995	3.55	3.55	3.55	3.55	3.55	3.55
2000	3.42	3.85	4.10	3.62	4.11	3.67
2005	3.29	4.18	4.38	3.82	4.45	3.82
2010	3.17	4.53	4.69	4.03	4.83	3.89
2020	2.94	5.41	5.52	4.49	5.68	4.03
2030	2.72	6.46	6.50	5.00	6.67	4.18

资料来源：Fan et al.，"Why Projections on China's Future Food Supply and Demand Differ?"，paper prepared for the international conference on "Food and Agriculture in Chian：Perspectives and Policies"，Beijing. 1996.

具体来说，布朗预测的错误，除了他不恰当地把中国内地的情况与日本、韩国和中国台湾省相类比之外，还在于大大低估了中国及世界的粮食增产潜力。他拒绝承认或不愿意承认的事实是：

（1）国际粮食市场仍然有惊人的能力，对粮食短缺而导致的高价格做出反应，从而大量增加供给。在供给做出反应之后，国际粮食价格又会迅速降下来。

（2）中国有相当大的技术潜力，可以对任何可能的粮食短缺和高价格做出自己的反应，从而增加产量。目前中国科技对农业的贡献份额只有35%，主要粮食作物的单产只有高产国家水平的50%左右。由此，低者说，粮食单产尚有0.3～1.0倍的增产潜力；高者说，粮食单产的增长潜力可达1.5～3.5倍。①

可见，我们既没有必要对中国粮食供给表示悲观，也应对农业的发展源泉具有正确的认识，即对中国这样一个劳动力丰富的国家来说，农业发展不是靠劳动力的投入，而应该靠科技的投入。显然，加大科学技术投入的力度，需要更多的资金。

9.3 城乡资源流动与反哺农业

已有的分析与实证，可以澄清“劳动力外出会伤害农业发展”这样一种普遍存在的误解。至少我们可以说，由于农村中劳动力大量剩余，劳动力外出打工不会造成农业中劳动力供给不足的现象。或者说，剩余劳动力的存在，冲减了劳动力外出可能造成的成本。

不过，问题多多少少是存在的。由于现有的农村土地制度不能提供有效的流转机制，使得劳动力外出后不能相应地把土地集中起来。各种调查都表明，当前农村发生的土地转包或转租现象还十分少见，从而导致从事种植业的劳动力出现女性化和老年化的倾向。

据调查，种植业中女性劳动力比重普遍超过一半，高于农村劳动力中女性的比重。尽管在目前农户承包的土地规模十分狭小，人均承包田只有1亩左右的情况下，女性劳动力和老年劳动力也足以满足种植业中的劳动力需求，但由于农村妇女和老年人受教育程度较低，降低了农业中的劳动

① 王晓方、王宏广、王志学：《中国粮食增长大有潜力》，“中国粮食及农业：前景与政策”国际研讨会论文，1996，北京。林毅夫等：《关于主要粮食作物单产潜力与增产前景的研究》，1994年课题报告。

力素质。同时，年轻人普遍外出，则显示出今后农业生产后继乏人的态势。

如果我们仅仅静态地观察到以上现象，仍然会产生一定的悲观认识。然而，一旦我们能够动态地做出分析，应该很快重新振奋起来。

农村劳动力迁移是一种城乡资源流动现象。如果只看到劳动力从农村流动到城市这种单向的资源流动，就容易产生对于农业前景的担忧。然而，事实上农村劳动力迁移出去的同时，还必然形成另一个对应的资源流动，即他们的打工收入作为一种货币流，会相应地回流到农村。

劳动力是人们从事经济活动的一种基本生产要素。而货币，既可以用做消费从而成为劳动力再生产的投入资源，也可以直接转化为生产投资资源。所以，劳动力流动本身，创造的是一种双向的资源流动。在中国劳动力流动主要是一种家庭决策的结果，同时迁移者实际上是作为家庭内部资源配置的一个环节外出的情况下，这种判断更为确定无疑。

在我们调查的济南市民工中，82%声称每年往农村老家带钱或寄钱，平均每年带（寄）回家里的货币总值为1776元，占他们在城市所挣总收入的30%以上。其他调查显示的上述两种比例和绝对数甚至更高。由此推算，平均每个流动中的农村劳动力每年大约带（寄）回农村的货币为2000元。

按全国8000万流动劳动力计算，每年返回农村的打工收入总数可以达到1600亿元。这个数字不可小看，它相当于1995年全国农村个人用于生产性固定资产投资和建房总支出的79.7%，是1995年国家财政用于支援农村生产支出和各项农业事业费总额的3.7倍。

在劳动力流动过程中回流到农村的货币，在多大程度上被配置到农业生产中，是一个难以直接观察的现象。迄今为止的各种调查，结论纷纭不一。

例如，前面曾经提到的四川和安徽的调查，列举了四种类型的农业生产投入指标：（1）种植业生产支出（元/亩）；（2）种植业生产现金支出（元/亩）；（3）购置生产性固定资产支出（元/亩）；（4）年末农业生产用固定资产原值（元/亩）。图9-2显示了在这四个指标上面，有劳动力外出户超出或低于没有劳动力外出户的情形都存在。从这里看，结论是不甚明确的。

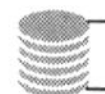

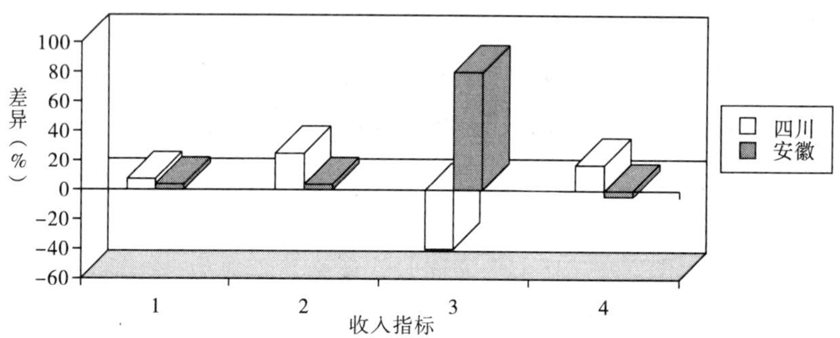

图 9－2　外出户与非外出户生产投入比较

资料来源：农业部农村经济研究中心：《中国农村劳动力流动研究：外出者与输出地》，中国农村劳动力流动国际研讨会论文，1996。

其实，问题要简单得多。中国是一个资金相对稀缺的经济，农村中资金的短缺状况更为严重。同时，处于比较优势逐渐下降状态中的农业，倾向于资金外流。在这种情况下，只要有一个面向农村的货币流动发生，总是具有积极意义的。也就是说，既然总体上讲农村具有劳动力过剩而资金稀缺的特征，劳动力外流而资金回流的城乡资源流动，自然对农村、农业是有百利而无一弊的。

我们看到的劳动力外出户，有时在某种指标上面，显示出对农业投资下降的趋势。这也不足以证明劳动力外出对农业投资不利。情况是十分复杂的，而已有的资料尚不能使我们进行充分的实证工作。

例如，农户的需求是多样化的，也是分层次的。外出打工所挣的钱，第一位用途是改善生活水平，如增加食品消费、供子女读书、修盖房屋等。进一步是追加对最稀缺要素的投资，比如购买化肥、农药等流动性生产投入品。再后是对固定性生产资料进行投资，如购买农业机械等固定资产。四川农户收入水平平均要低于安徽，按照特定的序列使用新增资金，四川必然在固定资产投资上面，相对落后于安徽。农业部农村经济研究中心的研究也间接证实了这一点。

除此之外，既然新增资金回流到农村，不论是外出户自己使用，还是通过某种直接或间接的融资渠道提供给其他农户，资源确确实实是存在的。正像马克思曾经说的：“货币没有臭味”，货币是一个均质、划一的一般等价物，这笔钱或那笔钱，无论是从来源上，还是从用途上，往往是区分不清的。但可以肯定的是，货币按照与劳动力相对应的方向，从农村外面流到了农村。

9.4 劳动力回流与无形的回报

与劳动力流动相伴而来的，还不只是资金的回流。更为重要的一种回流财富却是无形的。这就是外出劳动力的回流，带回提高了的人力资本。在西方关于迁移的文献中，回流的迁移者意味着迁移的失败。在一般情况下，国外学者描述的迁移，总是以沉淀在迁移目的地为取向的。一旦未能达到目的，就意味着失败。

所以，人们通常会发现，归纳起来，回流的迁移者往往是与下列个体特征相联系：(1) 回流迁移常常发生在生命周期的较早阶段；(2) 教育水平与回流迁移者有强烈的负相关关系；(3) 回流迁移者通常不能将其人力资本转换到城市经济活动中。①

中国的劳动力迁移或流动，与其他许多国家相比具有十分不同的特征。正如前面已经讨论过的，鉴于现行户籍管理体制、就业政策和农村土地制度的约束，中国的劳动力流动从目标上就并非全部以定居在目的地为导向。

例如，在济南市接受调查的民工，回答“打算在济南停留多久”这个问题时，只有 49.4% 的人声称“只要能挣钱，越久越好”，39.8% 回答“视情况而定”，5.5% 回答“挣一笔钱就回家”，5.3% 声称“只是季节性打工”。由此可见，流动劳动力中的很大一部分，从一开始就未打算或者说没有奢望留在城里。

本来，伴随着经济增长和产业结构的变化，城市也应该得到发展，农村人口向城市做永久性的迁移也是符合规律的。但是在特定的政策条件下，既然定居是不现实的愿望，以一定条件为前提而回流农村，也是合乎理性的。在回答一个类似的问题时，有超过 1/4 的人声称“只要家乡有发展、能挣钱，我就不进城了”。因此，在中国的情形下，劳动力回流农村，

---

① Li, W. L., *Models of Migration*, Monograph of the Population Studies Center, Taipei, 1994.

并不意味着迁移的失败，而是城乡资源流动的题中应有之义。

这些回流的劳动力，除了带回资金之外，还带回增值了的人力资本。如前所述，人力资本表现在劳动者能力的各个方面。比如特定的技术、社会经验、创业精神和教育水平等等。其实，对许多外出打工者，特别是那些年轻的外出者来说，提高人力资本素质本身就是其迁移的动机之一。

在济南市的例子中，11.6%的打工者把“为了个人的发展”作为流动的第一动机，将其置于诸如仅仅为了挣钱和寻找就业机会之类的动机之上。另一项调查显示，有52%的打工者抱着在城市闯荡一回，以后回家乡办企业或找个好工作的意图。①

这种迁移动机也是现实的。外出打工者通过在城市闯荡，素质得到提高的事例不在少数。人力资本增值的方式包括：

第一，通过接受进一步教育和职业培训。关于教育与生产率或收入水平之间相关性的研究，提供了智力方面人力资本投资效益的信息。

表9-5总结了三个主要发展中地区教育投资对社会和私人的回报率。这里，教育投资的私人回报率，是指个人因为受了教育而得到的货币回报，与他为了受教育而花费的金钱及损失的挣钱机会之间的比率。教育投资的社会回报率，则指个人受教育的货币回报，与为了提供这种教育服务社会全部投资之间的比率。

表9-5　教育投资的平均回报率

单位：%

回报率 项目 / 地区	社会回报率			私人回报率		
	初等教育	中等教育	高等教育	初等教育	中等教育	高等教育
非　洲	27	19	14	45	28	33
亚　洲	18	14	12	34	15	18
拉丁美洲	35	19	16	61	28	26

资料来源：联合国粮农组织：《农业：面向2010年》。

① 劳动部课题组：《机会和能力：中国农村劳动力的就业和流动》，中国农村劳动力流动国际研讨会论文，1996。

有关劳动力流动的各种调查也发现，迁移者受教育程度与其打工收入呈正相关关系，因此打工者有很强烈的动机接受继续教育和职业培训。劳动部课题组的调查表明，50%以上的民工进城后接受过各种职业培训，有80%表示希望得到培训机会，甚至有67%的民工愿意自费参加必要的培训。

第二，通过“边干边学”的方式掌握必要的技能。一项调查告诉人们，在迁移到乡镇之外的劳动者中，一半以上掌握了某种技能。他们中，2.3%掌握了农业技能并获得农业技术职称；1.5%掌握一项农业专门技术，曾被聘请当师傅负责技术指导；8.5%掌握工业、建筑业的一项或更多的技术，获得技术等级证书；19.4%掌握工业、建筑业的一项或更多的技术，虽然未经正式考核，但曾被聘请做师傅或带工者担任技术指导；19.1%有从事工业、建筑业某项劳动的较长期经验，熟练掌握劳动技能，并获得相应的技术工资；19.9%掌握一项或更多的服务业专门技能，有一定资格证明，或虽无资格证明却获得与该技能相应的工资；7.5%掌握驾驶技术并持有相应执照。[①]

第三，通过一系列潜移默化的方式，改变思维和生活方式，以及增长创业精神和风险承担精神。与一家一户的农业劳动相比，城市就业具有更多的现代化特征；与农村特别是中西部地区农村相对封闭的生活环境相比，城市的生活方式和社会风气也更加有助于突破传统。劳动力在受到文化冲击的同时，也不可避免地接受某些新事物。

农业部农村经济研究中心在一个著名的劳动力输出地——安徽省无为县做了这方面的调查，发现外出劳动力与非外出农民相比，生活方式更加城市化，事业与成就感增强，更加重视对子女的教育，婚恋和生育观念发生了变化，乡土观念也弱化了。

所有这些发生在劳动者身上的变化，都可以看做他们拥有的人力资本的增值，无疑是农村经济发展无法估价的财富。新的观念、新的技能与新增加的资金相配合，形成了农村新的创业源泉。

据1996年10月30日《经济日报》报道，截至1996年下半年，劳动力输出大省四川已有30万名流动劳动力回乡，从打工仔变为创业者。回乡民工大多活跃在建筑、安装、食品、皮革、采矿、化工、纺织、酿造、农

① 农业部农村经济研究中心编《农村劳动力流动研究通讯》，1996。

业综合性开发等十多个行业。在这些创业者所创办的企业中，年收入上亿元的已有7家。这种从打工仔到创业者身份的转变，又带动了一大批农村剩余劳动力就业。

在江苏北部，许多县市的返乡民工，在人数上已相当于外出打工者的1/4。在苏北的建湖县，以返乡民工为主体或骨干创办的乡村两级企业，数量已达771个。这些企业共吸纳就业8万多人，年产值达33亿元，实现利税总额2.7亿元。又如前面提到的无为县，主要依靠外出劳动力返乡投资，使1995年全县乡镇工业总产值比1990年增加了10倍多。[①]

打工妹在这个潮流中也不让须眉。人们观察到，女性外出劳动力中，90%向往城市的文化生活和精神生活，60%对城市的科学技术发展表现出兴趣，50%留心观察过自己打工单位的经营管理方式。[②] 女性的这种更为细腻的精神特征，对她们回乡后的作为无疑有所助益。一般来说，女性打工者每年回流的比例约在5%～10%。其中许多人已经表现出企业家精神，成为农村的创业先行者。

中国农民脱贫致富、实现小康生活的一个制约因素，就是地区发展的不平衡。在沿海发达地区，经济发展水平几乎可以与亚洲四小龙相媲美，而在中西部地区，数千万农村人口仍然处于贫困状态。因此，如何建立一种机制，把发达地区的资本、技术、管理和观念，嫁接到贫困地区，是20世纪末消除绝对贫困，进而实现共同富裕的关键。包括打工妹在内的许许多多从贫困地区走出来，最终又回到家乡的农民，就起到了这种桥梁的作用。

深圳，与香港毗邻，自20世纪80年代中期以来一直是改革开放的先驱、区域经济发展的先行者；罗田，地处湖北省内陆，是一个名不见经传的国家级贫困县。按照激进的发展经济学的说法，这两个地区恰恰可以作为“中心”与“边缘”的典型。在这种发展经济学思想看来，发达与不发达，如同一枚硬币的两面相辅相成。也就是说，罗田的不发达，恰好应该由深圳的发达加以解释。

---

① 陈德美：《潮起潮落：看民工返乡创业》，《中国农民》1997年第3期；农业部农村经济研究中心：《中国农村劳动力流动研究：外出者与输出地》，中国农村劳动力流动国际研究会论文，1996。

② 陈本立、冯桂林：《民工潮与中国农村女性》，中国农村劳动力流动国际研讨会论文，1996。

然而，一群打工妹把这两极联系起来。我们有罗田的一个乡镇——三里畈镇的具体事例。20 世纪 80 年代中期以后，这个镇有大批农村劳动力外出打工。90 年代初，在陆陆续续的回流劳动力当中，有 47 名女青年从深圳打工回乡。为了改变家乡穷困的面貌，他们用打工的辛勤所得，集资 30 多万元，购置设备 31 套，创办起三里畈镇床上用品厂。投产后的第一年就创造产值 500 多万元，实现利税 60 多万元。①

在讨论决定经济发展的根本因素时，古典经济学家特别强调土地这种生产要素的作用，而后来的经济增长理论则偏爱资本要素。只是由于人力资本理论的出现，经济增长理论进入到更加科学的阶段，看到人的素质对于经济发展起着至关重要的作用。著名的发展经济学家熊彼特，更是直截了当地把经济发展看做生产要素新的组合的结果，而在这种生产要素新组合中，关键则是企业家精神。

在劳动力流动中提高了的教育水平、劳动技能以及新的风险态度，从总体上增长了农村劳动力的人力资本素质，创造了劳动者参与生产要素新组合的能力和机会，从而有助于形成农村经济发展的新的生长点。

9.5 劳动力迁移：悬剑，抑或优势？

人们在看待今日中国的流动人口问题时，往往有意无意地将其与历史上频频发生的流民问题相提并论。在中国历史上，特别是在封建社会，流民这个概念，常常可以涵盖四种类型的农民。其一，丧失土地而无所归依者；其二，因天灾人祸而流走他乡者；其三，四出求乞者；其四，盲目进城者。对于这些类型的流民而言，推力是主要的，即造成流民四出的主要原因，不外乎土地兼并、苛政猛于虎和天灾人祸。②

中国历代封建王朝，乃至近代社会，流民现象都是引人注目的社会问题，因此统治者总是把“安辑流民”作为一项重要的事项。针对这样的流民，救助是政策之手段，还籍便是政策之目标。当人们把当今的流动劳动力视同于历史上的流民时，不可避免地要把限制流动规模当做一项政策目标。然而，这种政

① 田则林等主编《走向市场——农村剩余劳动力转移、就业研究》，鄂省图内字第 56 号，1994。

② 池子华：《中国近代流民》，浙江人民出版社，1996。

策倾向对于劳动力流动所显示的经济规律来说，不啻南辕北辙。

正如已经讨论过的，造成20世纪90年代劳动力流动的原因，既不是丧失土地而生活无靠，也不是横征暴敛或天灾人祸，而是顺应于产业结构转换和城市化的规律，农民寻求更高的收入和更好的生活方式的过程。他们流出农村后，也不是以乞讨为生或沦为盗贼，而是成为新生经济部门劳动力的主要来源。更为重要的是，劳动力从农村到城市、从中西部地区到东部地区的流动，对于中国经济发展具有至关重要的意义。让我们先从一位经济学家的警世之言提出问题。

在香港大学任教的张五常教授，应邀描述今后30年的世界图景时语出惊人。他说："高工资、高福利的国家有麻烦了。"[①] 据张教授估计，由于20世纪后期以来，原来实行计划经济的国家开始进行了方式各异的改革和对外开放，世界上突然冒出一大批廉价劳动力，人数之众竟达20亿人。

这是个什么概念呢，又是何以使高工资、高福利国家陷入麻烦的呢？首先是其数量之庞大。出现在世界劳工市场上的这些廉价劳动力的数量，是目前高收入国家和地区劳动力总数的近5倍。其次是这种劳动力价格之便宜。正如张五常在加拿大多伦多市观察到的，当地雇用的劳动力，如果以俄罗斯同等能力的劳动力替代，雇主们可以节省工资支出2/3以上。

也就是说，随着世界经济开放程度的提高，其他国家的劳动力价格会通过劳动力流动或产品贸易，而对一国经济产生巨大的影响，使其在劳动密集型产品的生产上面丧失比较优势。更具体地说，由于中国、俄罗斯、越南和墨西哥等国廉价劳动力的存在，一旦这些国家对外开放，北美和西欧的工人就业就会感受到压力，他们的竞争力就大大地被削弱。

在世界经济中情形如此，在一个国家内部，由于在各个地区之间不存在实质性的产品贸易和劳动力流动壁垒，情形更是如此。换句话说，任何一个地区都不可能脱离整个国家的资源禀赋条件而独自发展。如果中国某些经济相对发达地区，幻想脱离中国劳动力丰富的现实而人为拔高自身的产业结构，搞产业升级，势必会陷入张五常所说的"麻烦"之中。

实际上，如果我们细心地观察一下，无论是珠江三角洲模式、苏南模式、温州模式这样一些乡镇企业的发展类型，还是深圳、珠海、厦门、烟

---

① 张志雄主编《财经丛书》第一辑，上海财经大学出版社，1995。

台这样一些经济特区和沿海开放城市，过去十几年领先于全国水平的快速发展，并不是这种“赶超”的结果，而恰恰是利用了中国劳动力丰富的比较优势。中国经济外向型程度的提高，及其对于整个经济的促进作用，也主要是通过劳动密集型产品的出口而带动的。相反，那些囿于资本密集型产业而不能自拔的传统国有企业，则因缺乏比较优势而陷入深深的困境。

例如，国有企业资本有机构成明显高于其他经济类型的企业，相对于劳动密集型产业，资金密集型产业投资的初始额大，建成和回收周期长，占用资金多，技术改造资金要求也多，因而资金使用成本很高。利用1994年独立核算工业企业的数据，我们可以计算一个有关国有企业与非国有企业资本相对密集度的指标（表9－6）。

表9－6　各种经济类型工业企业的资本相对密集度

单位：%

	固定资产原值比重	工业增加值比重	资本相对密集度
全国独立核算企业	100.00	100.00	1.00
国有企业	69.08	53.76	1.28
集体企业	15.08	28.05	0.54
股份制企业	4.94	5.73	0.86
外商投资企业	5.71	6.22	0.92
港澳台投资企业	4.30	4.94	0.87

资料来源：国家统计局所编《中国统计年鉴—1995》，第388～389页。

按照比较优势理论，一个国家的产业结构乃至出口结构，应该反映该国各种生产要素的相对稀缺程度。即以其丰富的生产要素密集型的产品生产为主导。相应的，则要减少那些稀缺的生产要素密集型产品的生产。中国目前从整体上来讲，显然仍处于劳动力相对丰富而资本相对稀缺的发展阶段，劳动密集型产业是比较优势所在，从而也应该是中国产品的国际竞争力所在。

以中国特定工业产品出口的比重与全世界同种产品出口比重相比，可以得出一个有关中国生产该产品在国际市场上竞争力的指标，通常称作“显示性比较优势指数”。由定义可知，如果某种产品的这个指标大于1，则意味着该产品在国际市场上具有竞争力，如果小于1，则意味着该产品在国际市场上不具有竞争力。

图9-3显示的是中国1982~1992年，资本密集型产品、矿产密集型产品和劳动密集型产品的“显示性比较优势指数”。从中可以看出，对于中国来说，资本密集型产品和矿产密集型产品的该指标皆小于1，1992年分别为0.47和0.45，且没有明显的上升趋势。这表明这两类产品的生产，距离国际竞争力尚十分遥远。

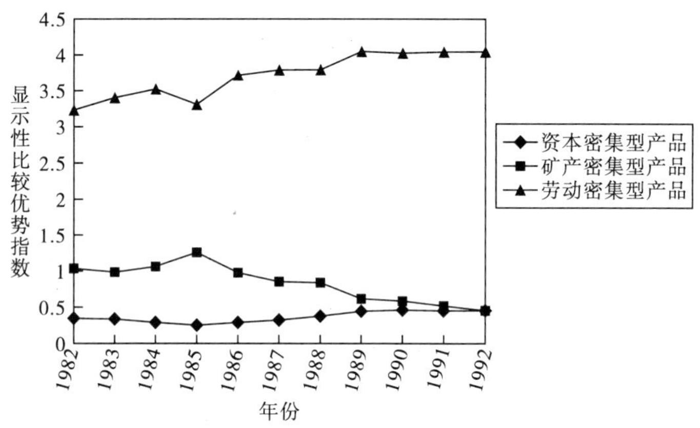

图9-3 中国产品的比较优势

资料来源：澳大利亚国立大学国际经济数据库。

然而，中国劳动密集型产品的比较优势指数大大高于1，并且呈逐年上升的趋势。这表明，在这类产品上面，中国具有较大的国际竞争力，以及进一步提高竞争力的潜力。所以，如果我们做一个判断，即不仅在目前，而且在最近的将来，中国仍然将保持在劳动力资源方面的比较优势，应该是恰如其分的。

既然劳动力仍然是中国具有比较优势的生产要素，则劳动密集型产业无疑应该是中国产业的竞争力所在。凡是那些企图通过设立劳动力流动障碍和产品贸易壁垒，规避廉价劳动力造成的竞争局面的地区，都不可避免地要陷入麻烦。因此，开放劳动力市场，把流动民工纳入区域经济发展战略中来看待，将是一种具有远见卓识的政策。

从全国的角度来看，扩大劳动力流动的规模和范围，将会抑制那种在农村剩余劳动力尚未吸纳殆尽时，工资水平便上涨的倾向，从而保持中国经济发展的后续力。

第十章 政府管理所面临的挑战

我们已经有相当多的事例，揭示出流动劳动力自发创造的制度和组织形式及其功能，说明这些看似盲目的流动群体，实际上对于相关的制度、必要的组织有着强烈的渴望。对于这种需求如何给予满足，表现为不同的制度服务质量和成本。此外，我们也曾探讨了影响劳动力流动的原因。流动的原因不同，表现不同，结果也不同，自然也应该采取不同的对策。

对于社会与经济生活中各种制度和组织服务的提供，政府当然有不可推卸的责任与义务。人们观察到的，并且常常归咎于人口流动本身的一系列问题，例如对交通运输造成的压力，社会经济生活秩序的紊乱，城市基础设施负载过重等，归根结底都是由于政府的服务没有到位。

与此同时，我们还发现，各地、各级政府部门绝对没有放弃对于劳动力流动的管理。相反，种种不恰当的管制、干预可谓多矣。所以，当我们看到政府对劳动力流动的管理出现问题时，不该匆忙做出政府管多了或管少了这样的结论，而是要看相应的管理是否恰如其分。

政府对于流动人口的管理到底面临着哪些挑战，如何调整其职能才能应对这些挑战呢？本章将主要着眼于回答这方面的问题。

10.1 短期适应和长期调整

更为确切地说，流动人口在社会经济生活现实中表现出来的种种问题，可以归结为短期适应和长期调整这样两个主要内容。

正如我们在以前的章节中已经反复揭示的，劳动力从农业经济活动转向非农产业就业、人口从农村转移到城市居住，以及人们追逐更高的收入水平、更现代化的生活方式而迁移，是经济发展、结构变化和文明进步的必然过程。因而，长期来看，社会对这样的过程所做的调整无疑将是自然而然的。

但是，调整作为一个自然的过程仍然是有条件的，即需要以社会经济环境没有扭曲为前提。如果存在着各种各样的政策环境扭曲，这个长期调整就真正成为一个漫长的过程，由此会产生一系列的短期不适应。

例如，交通运输以及城市基础设施与城市人口的增加就是一个需要进行政策调整的过程。在传统的体制下，为了与城市职工的低工资制度相适应，基本生活必需的产品和服务价格都被人为地压低。低价格的后果就是需求大于供给，产生供需缺口。

如果说，在计划经济条件下，通过实行诸如票证配额等严格的资源计划配置手段，使这种供需缺口大致可以形成一种均衡的话，则传统计划配置格局一旦被打破，短期内，相应的产品和服务就会产生严重的短缺。

我们这里所说的生活必需品和服务，可以分成两类。一类是可以通过价格的调整迅速改变供求状况。譬如说粮食及副食品，以及诸如理发、修理等日常生活服务，只要使其价格符合市场决定的水平，生产者就会提供更多的产品和服务，消费者也会量入为出，供给与需求便达到均衡。

这类产品和服务的生产过程具有一个特点，用经济学中的术语来形容，就是这类产品或服务的供给具有较大的价格弹性。所谓供给的价格弹性，也就是供给对价格变动做出的反应。意思是说，当价格以某种百分比提高或降低时，产品或服务的供给相应地增加或减少一定的百分比。当我们观察到某种产品或服务供给的价格弹性大时，也就意味着一旦价格发生变化，这类产品和服务的供给会相应地进行调整，而且这种调整比较及时，调整的幅度与价格变动的幅度具有较大的关联程度。

经过 17 年的经济改革，通过双轨制的过渡方式，这类产品和服务的价格形成，已经在很大程度上转向了市场机制，相当大部分产品的价格已经基本由市场上的供求关系决定。截至 1994 年，零售商品由市场调节的价格已达到 90.4%，农副产品达到 79.3%，生产资料达到 80%。图 10 - 1 显示了 1990 ~ 1994 年国家定价、国家指导价和市场调节价三种定价机制的消长。

另一类产品或服务正好相反，供给的价格弹性较小，即对应于一定百分比的价格提高或降低，产品或服务的供给增加或减少，在幅度上大大低于价格变动的幅度。换句话说，价格调整后需要一定的时间才能增加供给量。譬如，就交通运输部门的服务、能源类产品等来说，生产规模的扩大不仅需要价格刺激，也需要大量的资金投入和较长的建设周期。

不仅如此，由于这类产品往往关系国计民生的稳定，并且涉及的产业链条较长，其价格提高往往会影响一系列其他产品价格的稳定。所以，决策者在价格调整的决策中，常常将这类产品或服务的价格改革拖延到较晚的时间来进行。

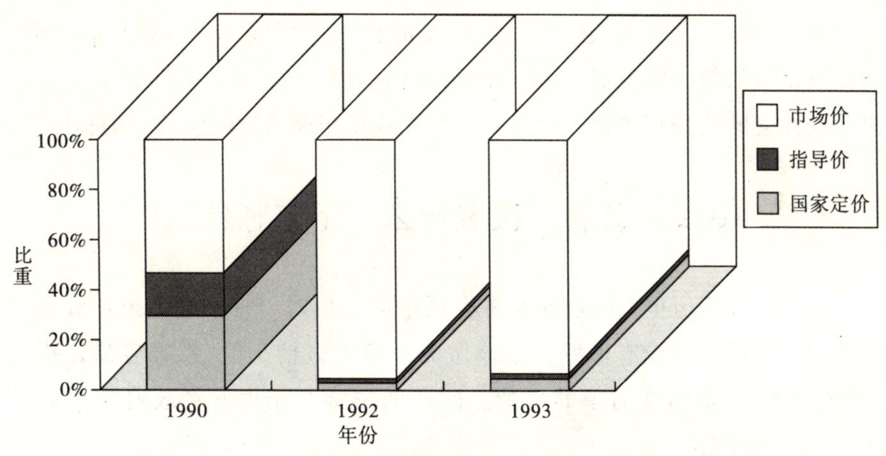

图 10-1　零售商品价格形成机制变化

资料来源：郭剑英：《三种价格形式所占比重及其变化》，《中国物价》1995 年第 11 期。

因此，这类产品或服务迄今为止尚未实现价格形成机制的转变，也没有调整到适当的水平。从一些部门产品的生产者价格与经过多次“倒腾”后，到达最终消费者手里的价格之间的巨大差额，我们不难判断，其产品价格调整仍然是不到位的。

例如，煤炭价格直到 1994 年才放开。而截至 1994 年年底，电力、原油、天然气、成品油和少数化工、机电设备、钢材等的价格，以及重要的交通运价和公用事业收费等仍由国家管理。①

不难观察到，对于人口流动规模的扩大和城市人口的增加，粮食和副食品以及日常生活用品，都已经不构成任何制约。正是因为这类产品的供给特征和迄今所进行的改革，使其供需状况可以按照市场的变化而进行不断的调整，从而在短期内就可以实现适应。

真正制约人口流动，或者说因人口流动规模扩大和城市人口增加所不堪负担的，恰好是那些供给的价格弹性较小的产品和服务，集中表现在交通运力不足、城市基础设施拥挤和住房紧张等方面。

造成这种局面的原因有两点：

其一，这些产品或服务的价格大部分尚未由市场决定，因而供给与需求的平衡还不能自动地形成。所以，对于政府来说，控制人口机械增长的速度，似乎就成为唯一可用的手段。

其二，由于这类大型服务设施需要的投资规模较大，投资周期较长，所以仅仅依靠单一的投资主体，不足以迅速地改变供求不平衡的局面，而需要全社会的投资积极性。这又是需要以价格扭曲状况的消除为前提的。

10.2 政府：该做什么，不该做什么？

人们在评价历史上政府在经济发展中的作用时，常常批评道：政府往往是“该做的事情没有做好，不该做的事情则做糟了”。批评容易，指出问题所在则不是同样简单的事情。问题的关键在于回答：政府应该做什么，不该做什么。

我们首先要把讨论的范围限制在市场经济条件下。如果这里讨论的是计划经济条件下，政府该做什么，不该做什么，答案是直截了当的，即政府理所当然包揽一切。但在市场经济条件下，资源配置的基本手段是市场机制，则政府的职能是受到限制的。

人们在社会生活和生产中有所需求的各种产品或服务，通常可以由两类生产者来提供。一类是我们通常从百货商店、超级市场或小商贩手里购买的产品，或到修理店、理发馆或电影院所购买的服务。这些产品或服务

① 郭剑英：《三种价格形式所占比重及其变化》，《中国物价》1995 年第 11 期，第 9 页。

的提供者，通过向我们出售他们的商品或劳务而获得收入，补偿其生产成本后获得利润。这里的利益关系简洁而明了。这些生产者既可以是个体的劳动者，也可以是成些气候的企业，但都可以是以赢利为目的的。

另一类产品或服务则有所不同。通常，以赢利为目的的企业或个人不愿作为这类产品或服务的提供者。在经济学家那里，这类产品或服务被看做是具有外部性的。什么叫具有外部性呢？就是说，当一个生产者支付了成本，生产出这类产品或服务时，他却不能得到确实的保障，通过出售它们而弥补成本，获得利润。

最典型的这类服务是一个著名的例子——灯塔。灯塔的功能是为夜色中航行的船只指点迷津。任何一只夜航的船舶都需要导航服务，通常船的主人也愿意为此而支付费用。不过，如果问题到此就结束了，灯塔也只是前面所说的一种普通的服务而已。

但是，人们常常发现这样的情形，提供灯塔服务的生产者，实际上是无法识别哪只船利用了灯塔的导航服务，哪只船没有。他也没有能力去找到每一只经过灯塔的航船。而既然提供灯塔服务是需要成本的，则如果不能获得补偿并有所赢利，任何私人都没有兴趣干这件事。

这里，生产者不能从收费中补偿成本并赢利的这种性质，就是灯塔这类产品或服务的外部性。毕竟，灯塔是为人们所必需的。于是，解决的办法就是由政府出面，通过对所有的船只（不管它是否在夜间航行）收费，用以支付灯塔的经营费用。立法、执法、国防，某种程度上教育、卫生等都是这种具有外部性的服务。通常，提供这类服务属于政府必要的职能。

从上述例子中，我们可以通过具体观察某些类型的服务，来认识政府履行职能的领域。但仅仅如此还是不够的。我们有必要从中寻找到某种规律性。这就是，判定政府的职能是否恰到好处的标准是，凡是私人不愿意做，而且做不好的，就是政府该做的。

对于劳动力流动这个经济过程来说，政府应该做的是什么呢？首先是制定必要的法规，并将其有效地付诸实施。但是，这里所说的法规，应该是有利于劳动力流动的。正如对于夜航的船只来说，所需要的服务是导航的灯塔，而不是耀眼的烟花。所以，所谓的制定法规也包括废除不必要的和伤害劳动力流动的法规。

下面，我们从现实出发，以几个法规为例来说明，政府的有所作为既可以是恰到好处的，也可能是不恰当的。

把城乡人口隔绝起来的户籍管理体制，从今天的立场来看，既是不必要的，也是不适当的。我们前面已经回顾过这一体制形成的历史。当时，为了与农产品统购统销政策、人民公社制度以及城市的低工资、高就业制度相配合，以便阻断以劳动力为主的农村生产要素的流动渠道，限制享受传统福利补贴的规模和范围，就要求形成这种户籍管理体制。

既然在选定了重工业优先发展战略的前提下，建立上述几种体制环境是符合逻辑的，则户籍管理体制在当时是有其历史意义的。至少，在几乎全部资源都是由高度集中的计划体制来配置的条件下，把人口和劳动力资源纳入这个计划盘子中，并不出乎人们的预料之外。

但是，自从 20 世纪 70 年代末农村实行家庭联产承包制以来，人民公社制度、农产品统购统销政策都陆续被废除，过去十几年中国经济高速增长恰恰应该归功于以劳动力为主的生产要素的跨地区、跨行业流动。因此，时至今日，传统的户籍管理体制，因为其阻碍最活跃的生产要素进行流动，因而已经成为经济增长的制度桎梏。

许多作为劳动力迁入地的城市，其地方政府所实行的一系列对外来劳动力采取歧视态度的政策，也同样是不适宜的。这类政策包括：(1) 对多达数十种就业岗位做出限制使用外来劳动力的规定；(2) 对雇用外来劳动力，甚至对使用原籍不在本地的大学毕业生的单位征收城市增容费；(3) 对用人单位给予不适当的补贴，引导其优先雇用本地劳动力；(4) 对人口和劳动力的流动本身设置种种借口，征收高额“管理费”，加大迁移成本。

这类提高劳动力迁移成本的举措，与中国整体的经济、社会目标是相抵触的。江泽民总书记在党的十五大报告中，描述了 21 世纪中国经济发展和改革的宏伟目标：“第一个十年，实现国民生产总值比 2000 年翻一番，使人民的小康生活更加宽裕，形成比较完善的社会主义市场经济体制；再经过十年的努力，到建党一百年时，使国民经济更加发展，各项制度更加完善；到世纪中叶建国一百年时，基本实现现代化，建成富强、民主、文明的社会主义国家。”

然而，中国尚有数千万农村贫困人口，生活在温饱线之下。他们不脱贫，全国的小康生活水平就会姗姗来迟。从党中央和中央政府来看，农村贫困问题始终受到高度重视。1995年3月，在丹麦首都哥本哈根，国务院总理李鹏向全世界宣布，中国将在20世纪末消除绝对贫困人口。在有117个国家的政府首脑参加的这次世界社会发展首脑大会上，中国是仅有的一个国家，制定并在世人面前宣布了有纲领、目标明确、时间明确的扶贫战略。这个扶贫战略就是“国家‘八七’扶贫攻坚计划”，即从1994年开始到20世纪末，用7年的时间使8000万农村绝对贫困人口摆脱贫困。

1996年9月，在首都北京召开了由中共中央和国务院联合主持的全国扶贫工作会议。这次会议的规模和规格都是史无前例的。这次会议通过了《中共中央、国务院关于尽快解决贫困地区群众温饱问题的决议》，重申了国家“八七”扶贫攻坚计划的奋斗目标，做出了一系列重大决策，出台了一系列重要战略性措施，以保证“八七计划”的实施和实现。

除了国家和贫困地区政府在财力、物力和人力上加大扶贫力度外，“八七计划”还号召党政、企事业机关及全社会，以各种形式参与扶贫事业。20世纪90年代以来，这类形式得到进一步的要求和鼓励。包括政府机关从其预算中划出部分款项，用于对口扶贫；鼓励东西互助；提倡个人捐款；实施“希望工程”、“光彩事业”；等等。据估计，这一系列社会努力所动员起的扶贫资源，相当于国家投入水平的1/3。

主管科技、工交、商贸、电力、邮电通讯、劳动、民政、民族事务的政府部门，从其预算中拨出一部分经费用于对口扶贫；妇联、共青团、科协等组织都通过动员民间捐助的方式参与扶贫活动。在这个活动中，干部、科技人员到贫困基层蹲点扶贫，成为一种有特色也有效果的形式。据不完全统计，1996年全国有10万名以上的党政机关干部到贫困村蹲点。在中央领导同志“规范化、制度化，长期坚持，不脱贫不脱钩”的指示下，1997年这个数目进一步增加。

东部发达地区与西部贫困地区进行扶贫协作，是党中央和国务院做出的一项具有战略意义的决策。1996年国务院确定了具体的协作安排，决定由北京帮内蒙、天津帮甘肃、上海帮云南、广东帮广西、江苏帮陕西、浙江帮四川、山东帮新疆、辽宁帮青海、福建帮宁夏，以及深圳、青岛、大连、宁波帮贵州等等。通过这种协作安排以及具体的协作形式，一大批发达地区的资金流入贫困地区。

其实，每个人都不会否定，贫困地区劳动力转移，或者用这些地区政府的说法——“劳务输出”，是一个十分有效的脱贫方式。贫困人口之所以穷，关键在于他们缺少某些条件。这些条件一方面包括那些人们直接观察到的“传统条件”，也包括现代研究所阐明的“人文条件”。下面，我们分别列出这些条件，并给予说明。

第一类为“传统条件”。长期以来，无论是研究者的描述也好，还是政策解释也好，都看到了贫困人口首先缺乏的是基本的生产和生活条件。贫瘠的土地、不卫生的水源、没有资金积累，都是造成贫困的原因。反过来，贫困使得穷人始终摆脱不了上述环境。于是，诸如“贫困的恶性循环”这样的理论，便成为对贫困问题的经典解释。

第二类为“人文条件”。联合国开发计划署发表的《人文发展报告·1997》提出了一个概括贫困的新概念——人文贫困。其含义是包括寿命、健康、居住、知识、参与、个人安全和环境等方面的基本条件得不到满足，因而限制了人的选择。也就是说，主要由于人的能力的缺乏，造成了持续的贫困现象。

以上两种对贫困成因的解释，可以互相补充，相得益彰。无论是哪种条件得不到满足造成的贫困，都有一个共同的结果，就是这些条件同时也是制约劳动力转移的因素。我们已经知道，迁移或流动，都不是一种不需要付出代价的活动。相反，迁移本身就是一种经济活动，同样需要一定的物质资本和人力资本条件。

问题由此而来。穷人之所以贫困，在于不具有上述各种条件。而由于缺少这些条件，穷人又不能利用迁移这条途径来脱贫。地方政府在已有的迁移成本上面，再追加了一笔不小的费用，无异于雪上加霜，丝毫不符合东西互助的原则。

在市场经济条件下，产品和生产要素的价格，必须由它们的供求关系和相对稀缺程度来决定，才可能有真正的资源配置效率。上述政策的效果恰恰是扭曲劳动力这种重要生产要素的价格，因而必然会降低资源配置效率，最终受到伤害的仍然是作为劳动力迁入地的本地经济。

诸如此类对外来劳动力的就业歧视政策，实际上是一种“损人而不利己”的政策。对于用人单位来说，采取对外来劳动力的歧视政策，意味着提高其雇用劳动力的成本；对于城市政府当局来说，实行歧视政策也会提高本地经济发展的成本。所以，就业歧视政策是一种奢侈，而不会产生经济收益。那么，为什么城市当局还会纷纷出台这样那样的具有歧视内容的政策呢？这需要从政治经济学的角度做出回答。

经济学的诱人之处在于，它寻求用一个基本的分析框架来解释各种看似无法理解的现象。不懂得经济学或不信任经济学的人们，当他们遇到要解释诸如“损人而不利己”的就业歧视政策时，最省事也是最容易引起普通人共鸣的说法，常常是用譬如“愚蠢”、“有偏见”等尖刻的词语指责有关政府部门。

这种做法固然痛快，但往往无济于事。经济学家则假设政府或政策制定人，与我们每一个人一样，并不愚蠢。任何政策的制定，都有其背后的道理存在。我们已经指出过，政府是政策法规这类公共产品的生产者。政府提供这种政策服务，不像私人生产者那样，以寻求利润最大化为目标，而是以政策制定人能够尽可能长久地在位执政为目标。于是，他们的产品或服务——例如政策，相应地就有了成本和收益。

政府出台一项政策，其政治收益是该政策获得的欢迎程度，以及由此而来的一部分利益集团对政府支持程度的提高；其政治成本则是该政策招致的反对，以及由此而来的另一部分利益集团对政府支持程度的降低。我们否认政府或政策制定人是“愚蠢的”这种说法，意味着任何出台的政策，总是考虑到了该政策获得的政治收益大于政治成本。

现在，我们可以使用这个分析框架来解释，何以“奢侈的”就业歧视政策能够存在。众所周知，地方政府是由地方人民代表大会选举产生的，而地方人民代表又由当地居民选举产生。所以，地方政府政绩如何，人民代表是否称职，最终是要由本地居民来评价的。退一步说，至少本地居民比外来人口，在评价地方政府政绩和人民代表资格方面，更有权威性。因此，政策偏向于本地居民，而歧视外来人口，更符合政策制定人的政治目标。

在存在着地区性失业现象、城市基础设施压力的情况下，控制外来劳动力和流动人口的政策，显然是符合城市居民利益的。同样的逻辑，可以解释为什么在东南沿海地区和城市的政府纷纷出台限制外来劳动力政策的同时，作为劳动力输出地的中西部地区政府，恰好采取的是相反的政策，即鼓励本地劳动力外出。因为劳动力外出是符合这些地区居民利益的。

当我们解释了劳动力迁入地政府的歧视性政策的经济理性后，并不意味着我们赞成这种政策倾向，也不意味着我们对这种政策倾向的改变失去了信心。相反，我们认为，只有了解了某种政策为什么产生之后，问题的解决才可能是现实的。

对社会中的一部分人采取歧视，就意味着对另一部分人采取保护。歧视政策是不好的，那么保护政策就是“好的”吗？回答是否定的。歧视与保护，作为一种特定政策的两个方面，正如一枚硬币的两面一样，具有一损俱损、一荣俱荣的性质。

一方面，我们采取一种看似“保护”城市居民的政策，实际上会通过对地区经济的不利影响，归根结底伤害居民利益。另一方面，我们寻求的是对外来劳动力一视同仁的政策，也并不需要对这些人进行特殊的保护。

1995 年开始实施的《劳动法》规定了实行最低工资制度，其标准由各省、自治区、直辖市确定。目前，绝大多数地区已经公布了当地的最低工资标准。显然，《劳动法》作为法律，是超脱了地方政府利益倾向的，所以，其不仅适用于当地居民的就业，也适用于外来劳动力就业。但是，这种最低工资规定，实际上无论对于本地职工来说，还是对于外地劳动力来说，都很难说是一种“福音”。

由于本书关心的只限于流动劳动力，所以这里仅仅考察一下最低工资标准的出台（假如能够真正落实的话），对流动劳动力会有什么影响。直截了当地说，我们要看一看，最低工资制度的实施，能否提高在城市打工的农村劳动力的收入和就业机会。

外来劳动力与城市职工，在劳动素质上是存在区别的。这一点似乎不必讳言。就拿教育水平来说，1995 年城镇人口中每 1 万人有普通中学毕业生 202 人，其中高中毕业生 48 人，而在农村人口中，这两类毕业生分别只有 84 人和 4 人。尽管外出劳动力集中了农村最年轻、教育水平最高的人口部分，但仍然弥补不了这个总体的差距。

尽管差别处处存在，外来劳动力中也不乏高素质人才，城市劳动力中也有素质较低者，但作为两个总体，劳动力素质是有差异的。所以，作为两个劳动者群体的比较，我们仍然可以做出判断，平均而言，外来劳动力素质低于城市劳动力素质。

对于雇主来说，在雇用某个工人之前，通常难以识别出其是否具有特殊的人力资本素质，因而只能根据特定组别劳动力的平均素质来支付工资。既然平均而言，外来劳动力的素质低于城市劳动力，因此，一般来说前一组劳动力获得较低的工资。目前外来劳动力之所以受到用人单位的欢迎，恰好是因为可以根据特定素质劳动力的供给和需求，由市场决定工资水平。

一旦按照《工资法》的规定，对外来劳动力和城市劳动力实行统一的最低工资标准，就意味着用人单位雇用整体上素质有所差异的不同劳动力，却要支付同样的最低工资，必然会提高用人单位雇用外来劳动力的成本。

现在，我们来看一看，对外来劳动力实行最低工资标准，能否真正保护他们的利益。不妨假设几种情形：第一，如果最低工资标准恰好定在目前城市劳动力工资水平上，意味着外来劳动力的实际工资低于最低工资标准。雇主要继续使用外来劳动力，就只好提高他们的工资。于是，这些工人的廉价优势就荡然无存了。结果是，只要城市具有潜在的劳动力供给，雇主就不会继续雇用外来劳动力。

第二，如果最低工资标准低于城市工资水平，却高于目前对外来劳动力支付的工资水平，用人单位也会减少对外来劳动力的雇用量，其减少的幅度，取决于最低工资接近于城市工资的程度。特别是在城市失业现象存在的条件下，雇主只要能够用最低工资雇用到城市劳动力，他就没有必要使用民工了。

第三，如果最低工资标准很低，甚至低于目前的外来劳动力工资水平，虽然对外来劳动力的雇用量不改变，最低工资制度却没有任何作用。可见，无论哪一种情形发生，最低工资制度都未能保护外来劳动力的利益。

实际中，最低工资的规定确实不能奏效。例如，《深圳经济特区劳务工条例》就规定，企业使用劳务工，工资不得低于最低工资标准。但有关的执法检查表明，有不少企业要么干脆不执行，要么利用诸如加班等手段压低工资率。观察到的现象是，工人因性别、受教育程度，以及受雇于不同性质的企业，而工资水平各异。① 这是不是反映了一定的经济规律呢！

① 李银河：《珠江三角洲外来农民工状况》，中国农村劳动力流动国际研讨会论文，1996，北京。

10.3 制度连续性和“欧共体条件”

对于经济发展和结构变化具有积极作用的劳动力迁移，尽管还面临着种种制度性的障碍，仍然以不可阻挡的势头发生。那么，这些起阻碍作用的制度安排和政策环境是否就没有必要了呢？或者说，诸如把城乡居民相隔绝的户籍管理体制、排斥农村劳动力的劳动就业政策等传统体制遗留的部分，是否可以不费成本地予以废除？

从两个方面观察的结果，可以得出这样的结论：改革仍然需要渐进式的，每一步深入都需要以创造出相应的条件为前提。

首先，我们从政府政策的成本收益考虑来观察。从前面的分析可以看到，政府政策的出台取决于该项政策的政治成本与政治收益的权衡。从目前城市政府的角度考虑问题，保持城市经济社会稳定的关键是控制物价水平和失业水平。

在市场发育不完备的条件下，通货膨胀与失业水平之间具有某种替代关系。当经济发展速度比较快的情况下，建设性投资相对活跃，劳动力雇用水平也提高，失业率就低。但与此同时，经济过热的现象也容易出现，通货膨胀水平倾向于较高。目前，抑制通货膨胀的办法通常是紧缩银根，控制贷款规模，从而达到减少基本建设项目的后果。此时，通货膨胀水平得以控制，但失业率常常相伴而来。

对于城市政府来说，既要发展经济，提高人民生活水平，又要维护社会安定。也就是说，要在保持低通货膨胀的条件下，同时维持较高的就业率。无疑，达到这种双重目标，对于城市政府来说，既是一项严峻的任务，又是必要的责任。

因此，在人们尚未真正理解，迁移劳动力与本地职工到底在多大的程度上存在就业竞争关系时，对一个地方的政府来说，通过政策来排斥外来劳动力，以稳定本地居民的就业，似乎是一种颇为可行的政策选择。

当然，这并不意味着，对于农村人口的居住和就业的歧视性政策，理所当然地要延续下去。而只是说，现实地讲，政策的改变需要假以时日，有赖于一系列条件的创造与形成。

其次，我们来观察一下，解除一系列对于人口迁移的制度障碍，究竟需要什么样的条件。目前的人口迁移规模和范围，是潜在的迁移者在现有的迁移收益与迁移成本之间做出权衡后的结果。而目前的迁移成本中，实际上是包含了种种制度限制在内的。如果一下子消除了这些制度约束，就意味着降低了迁移成本，迁移决策的依据就会发生变化。可以预期的后果将是，人口迁移的规模和范围会突然扩大。

如果说，城市政府对于目前的人口流动规模的管理能力和容忍程度，已经达到一个临界水平的话，一旦劳动力流动规模进一步扩大，势必将把城市政府置于束手无策的境地，同时也必然会引起城市居民的不满。

而当一系列条件发生变化之后，情况就会另当别论了。例如，这些新的条件可以包括：第一，通过一段时间的实践，城市管理者切身地了解到外来的新增人口和劳动力，对于城市经济发展的积极意义之后，政策的改变就有可能成为现实。我们已经讨论过，以受教育程度较高的年轻劳动力为主体的农村人口向城市的迁移，既能够优化城市日益老化的人口年龄结构，又可以为新生经济部门补充必要的劳动力，从而延缓城市发展过程中经济优势的丧失。

第二，通过城乡经济发展的逐渐一体化，以及趋于协调、均衡，那些牵动劳动力和人口迁移的非常规激励逐步变为常规的激励。换句话说，由于市场的发育和价格扭曲的消除，农村经济发展同城市经济发展一样快速而健康，城乡收入差别降低了。那时，完全拆除城乡隔绝的藩篱，就是自然而然的事情了。

究竟怎样才能消除城乡收入差别呢？欧洲经济共同体的一些经验，对我们将会有所启发。

20 世纪 90 年代伊始，欧洲经济共同体在筹划 1992 年 12 月以后，欧共体范围内各国实现自由迁移时，曾经预测过解除迁移障碍后可能遇到的问题。按照正常的经济学预期，人们可以预料到的一种显而易见的结果是：低工资、高通货膨胀率国家将会有较大规模的净迁出；相应的，高工资、低通货膨胀率的国家会有较大规模的净迁入。

而研究表明，一旦资本可以先于劳动力实现无障碍流动，从而由高收入国家流动到低收入国家，并在后者创造更多的就业机会，则劳动力流动规模过大的威胁几乎不存在。20 世纪 80 年代后期，西班牙、英国和比利时的净迁移率基本为零，就是因为资本流动帮助实现了工资的均等化。

更进一步，尽管欧共体国家内部在共同政策形成方面，以及内部贸易及与共同体外部贸易的做法方面，存在着种种争端，但相对于没有这个共同体而言，毕竟其共同市场已经相当成型。因此，统一的产品市场首先就通过各国比较优势的发挥，而使收入均等化程度有所提高。

正因为如此，欧共体的专家们预计，实现自由迁移后，不会发生共同体内部过大规模的国际迁移。这里，我们把在城乡一体化的劳动力市场形成之前，统一的国内产品市场和资本的无障碍自由流动，作为劳动力流动自由化的一个重要条件，不妨称之为“欧共体条件”。

从中国市场发育的现状来看，这种“欧共体条件”目前在中国尚不具备。主要表现在：第一，统一的国内产品市场尚未发育良好。虽然如同我们已经显示的资料所表明的，社会零售商品价格、农副产品价格和生产资料价格的绝大多数已经由市场调节，但由于各个地区争相提高地方的产值增长率，并且建造“小而全”、“大而全”的产业结构，因而纷纷实行产业的地方保护政策，其结果就是人为干扰地区间商品贸易。

第二，除了城乡劳动力市场发育受到种种阻碍之外，资本的自由流动远远没有达到市场化所要求的水平。在中国目前的经济发展阶段，相对于劳动力资源来说，资本仍然是十分稀缺的生产要素。如果由市场来决定资本的价格，利息率应该是相当高的。这一点从民间信贷与国有银行的贷款利率之间的差别比较，可以看得十分清楚。

在存在地区间经济发展水平差距的条件下，意味着经济较发达地区资金相对丰富，而经济落后地区劳动力相对丰富。按照正常的市场机制作用，相对于劳动力价格，经济发达地区资本价格会较低，经济落后地区资本价格将较高。如果并不存在资本流动障碍的话，发达地区的资金将流入到落后地区。

然而，我们在现实中观察到的事实恰恰相反。大量资金通过银行体制外，从中西部地区流入到东部地区。如何解释这种现象呢？实际上，这些资金流动并不是正常的投资资金，而是典型的投机资金。即在房地产市场过热的时期，中西部地区的一些机构截留了本地用于建设事业的资金，拿到沿海地区特别是经济特区和开发区炒房地产，获取高额投机利润。这是一种不正常的投资行为，也是目前金融体制的弊端之一。真正需要的资金市场化流动却没有发生。

把中国市场发育的现状与国际经验相结合来看，收入分配和区域发展不平衡的情况在近期内不会自动得到调整。

关于收入分配不均等程度的变化规律，有一个著名的库兹涅茨倒U字型假说。著名经济学家、诺贝尔经济学奖获得者库兹涅茨在国际范围内，比较了人均国民生产总值与收入分配不均等程度之间的关系，揭示了随着人均收入水平的提高，收入分配不均等的程度先扩大，达到一个转折点继而缩小的趋势。

图10－2中，横轴表示人均收入（国内生产总值）水平，纵轴表示收入分配不均等的程度（基尼系数）。按照经济学家总结出来的公式，[①] 估计从100美元到1250美元之间，每个人均收入水平上预期的基尼系数，表现在图形上如同一个倒写的英文字母U。

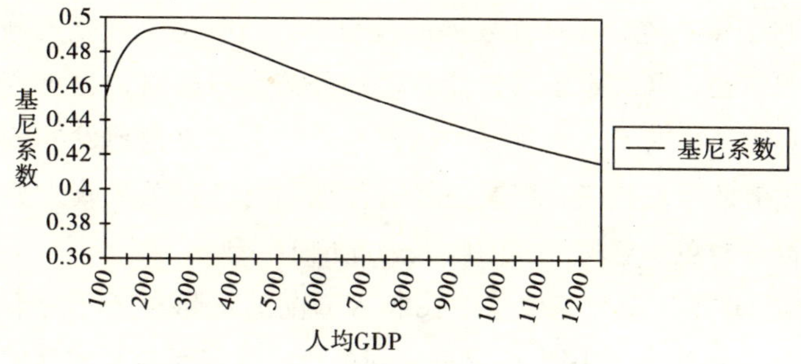

图10－2 收入分配的倒U型曲线

美国经济学家威廉森按经济大区和州，对1840～1961年，美国区域间收入分配不均等程度的变化进行了计算。结果表明，区域间的收入分配不均等，也同样遵循一个先上升后下降的倒U字型轨迹。进而，威廉森还通过比较法国农民工资水平差异和劳动生产率差异，间接看到了，在区域间收入分配趋势与区域间发展水平差异状况之间存在着正相关关系。

因而可以推断，在一个国家内部，各地区之间经济发展水平的不均衡程度也会随时间（发展水平）的变化，呈现先上升后下降的倒U字型演变

① G＝1.067－20.221（1/人均GDP）－0.089 ln（人均GDP）。其中：G表示基尼系数，ln表示自然对数。参见纳夫兹格：《发展中国家经济学》，瓦德斯沃茨出版公司，1984，第88页。

轨迹。因此，在收入分配不均等和区域发展不平衡的程度达到一个最高值以前，存在一个持续提高的区间。

值得指出的是，这种收入分配和发展不平衡的倒U字型轨迹，并非一定发生，所以绝不能将其视为一种规律。实际上，遵循了倒U字型轨迹的经济，常常具有“先增长，后分配”的特征。而有时在收入分配差距过大时，会导致社会的不安定。

在世界范围内，无论较早的时期，还是更为晚近的时期，都不乏经济增长与收入分配同步的事例。或者说，在“先增长，后分配”的模式之外，还有一种更为成功的“边增长，边分配”的模式。例如，较早进入发达国家的瑞典，稍后跨入发达国家行列的日本，以及创造了东亚奇迹的亚洲四小龙，都可以被看做这种模式的成功典范。

归根结底，对于一个国家或地区来说，是遵循一条收入分配和发展不平衡的倒U字型轨迹，还是在发展的过程中，同时解决好收入分配和区域发展差距的问题，既决定于选择什么样的经济发展战略，也决定于实行什么样的社会政策。对于一个发展中国家，能够最大限度地发挥劳动力丰富这一比较优势的发展战略，以及一如既往地实行一种关注收入分配的社会政策，就可以避免库兹涅茨式的收入分配倒U字型结果。

20世纪80年代至今，中国农民收入分配的户际和区际的不平衡都在扩大。我们以1980年全国农民家庭之间的收入基尼系数和地区间农户收入基尼系数为基数，计算1980～1993年这两个基尼系数的指数变化，表明上升的趋势仍在继续（图10－3）。显然，在这种不均等和不平等程度达到最高值以及开始降低以前，地区间以及城乡间的迁移动力将仍然很大。

从传统发展战略的遗产看，人口迁移和流动最根本的结构原因是农业劳动力和农村人口比重畸高，农业劳动力大量剩余。这种结构问题迄今仍然十分严重。以30个省、自治区、直辖市的人均国内生产总值分别与农村人口比重和农业劳动力比重做相关分析，得到的相关系数分别为－0.785和－0.886。即经济越是不发达，农村人口和农业劳动力比重就越高。

从分省的农业剩余劳动力数量和剩余比重来看，不仅整体数量大（1990年估计数为1.71亿），各省之间差异也很大，中西部农业劳动力剩余比率高于东部地区。在人口迁移和劳动力流动主要表现为从中西部向东部和从农村到城市这一基本走向的情况下，农村人口和农业劳动力的高比

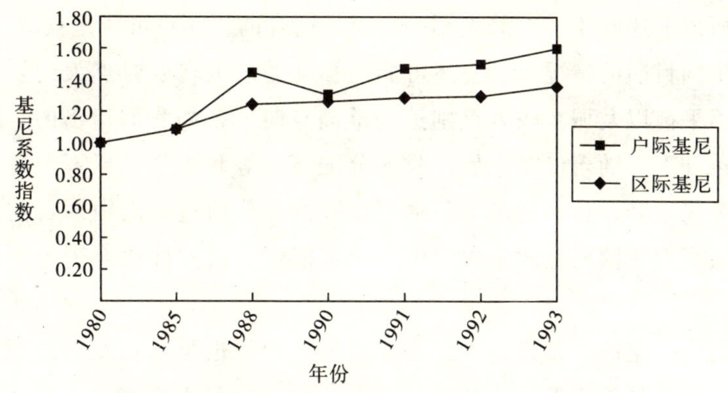

图 10－3　基尼系数指数变化趋势（1980 年为 1）

资料来源：见表 3－2。

例和地区分布，以及农业劳动力剩余程度的地区差异意味着这种迁移趋势将是持久的，规模也将越来越大。

与传统经济发展战略相联系的现行户籍管理体制，把城乡经济活动相隔离，阻碍劳动力市场的城乡一体化，无疑与建立社会主义市场经济体制的改革目标不相适应，终究要进行改革。但是，对政府来说，具有改革的动力和恰当地选择改革时机，与改革的决心具有同等重要的意义。

我们认为，彻底地改革现行户籍管理体制的政策临界点，是在政府放弃这种政策时所获得的政策收益大于所承担的政策成本的时点上。具体到针对现行户籍政策的改革来说，政策收益是由于农民增加就业机会进而提高农业劳动生产率，从而收入提高而促进农村经济又一个发展高潮；而政策成本则是因更多的竞争而引起的城市失业率上升，以及由于城市基础设施和交通运输条件跟不上而产生的城市居民生活不便，特别是心理上的不适应。

这里，政策收益通常表现为一部分群众对政府政策的支持度和认可度的增加，政策成本则表现为另一部分群众对政府政策的不满程度的提高。所以，政策变化通常选择在政策收益大于成本及净收益为正值的时机。

但是，这种分析只指出政府把经济效率、社会安定和制度连续性综合考虑时所表现出的理性，以及我们对政策变化的预期。由于政府信息是不全面的，因而判断并不一定准确，特别是由于改革户籍管理体制的受益方和受损方对政策的影响程度不均等，所以在政策决定中被考虑的权重也不一样，所以上述政策转变时点不一定是最适合的，而更可能是被动的。

从中国目前的情况看，上述可能是被动的政策转变时点大约发生在地区发展不平衡以及城乡收入差别达到最高点时。正如我们指出的，在特定的政策条件下，随着经济发展，收入分配不均等和地区发展不平衡有可能经历一个先上升，达到最高点后继而下降的变化轨迹。而中国目前尚未达到这个最高点，因而在政策决定中，很可能还不会立即放弃现行户籍管理体制。

然而，一定的政策松动不仅是必要的，而且也是正在发生的事实。我们的建议也正是从降低收入分配不均等、地区发展不均衡，减少城市独享的福利内容，培养城市居民就业竞争意识，通过管理和服务规范民工流动过程，提高其有序性，以及加强交通运输和城市基础设施建设等方面入手，分阶段、有节奏、讲技巧地推进城乡劳动力市场一体化的进程。

10.4 无序与有序的辩证法

无论是近年来汗牛充栋的对于流动劳动力问题的研究，还是本书不惜笔墨的讨论，都给予劳动力流动这一现象的发生原因以高度的重视。学以致用，我们研究劳动力流动的原因，不是出于纯粹的理论兴趣，而是为了从原因寻找解决问题的办法。

例如，我们了解到，城乡之间和地区间收入水平的差距是引致劳动力流动的重要动因，同时了解到造成经济发展水平和收入差距的根源，在于市场发育不充分。因而，培育统一的国内产品市场和生产要素市场，就是一项实实在在的、有益的工作，值得各级政府不遗余力地去做。

而当我们认识到，由于几十年推行重工业优先发展战略，以及与之相适应的制度“三驾马车”，造成农村劳动力大量剩余，并且使得城市工业吸纳劳动力的能力弱化，就会启发产业政策和经济发展战略调整的必要性。同时，几十年制度遗产所表现出的劳动力汹涌流动，警告人们要保持政策的连续性，以避免既有的社会经济均衡的突然破坏，造成不稳定的局面。

通过对乡镇企业就业吸纳能力变化的考察，人们又可以认识到最初为一些人津津乐道的“离土不离乡”的劳动力转移途径已经行不通。于是，无论是政府还是城市居民，绝不可能回避农村劳动力必然要转移到城市里面这个事实。

由于我们已经论及的政府政策的成本收益考虑，以及从人口迁移和流动的发生原因、发展趋势和已表现出的政策迹象看，对待农村劳动力流动这一现象，将会有两种并行或交替发挥作用的政策倾向。

一种政策倾向是从政府管理的角度出发，担心过大的迁移人口会压迫城市基础设施的承载能力、恶化社会秩序、干扰居民生活，甚至形成在劳动力市场上的竞争。因此，城市或发达地区的地方政府倾向于对迁移和流动进行比较严格的控制，以减小其规模。为此，各地政府采取了诸如强化户籍管理、关闭或抑制劳动市场、行业性歧视，以及其他增大迁移成本的政策措施。

另一种政策倾向是从人口和劳动力分布的现实出发，考虑到农村大量剩余劳动力的存在对农民收入和中西部地区发展的制约，因而采取了比较现实的态度。对于中西部的地方政府及中央政府来说，一个不容忽视的基本事实是，农民收入中的一个很大的比例来自外出打工。

根据一项调查推算，1994 年以 4140 万农村劳动力外出打工计，全年由外出挣得的劳务收入为 1511 亿元，占农村人口收入总额的 18%。[①] 一旦劳动力迁移受阻而失去或减少这部分收入，农民收入水平将会出现绝对下降。

由于目前农民收入水平和地区差异问题已经成为关系社会安定的重要方面，中央政府为保持整体经济平衡和社会安定局面，倾向于默许人口和劳动力继续流动，或至少在围绕两种政策倾向摇摆中经常偏向于不采用特别严格的政策来抑制人口迁移和流动。如果说政府的政策会对人口迁移趋势产生某种影响的话，其程度将取决于以上两种政策倾向的妥协。

所以，我们能够做出的基本判断是，政府将会探寻并采用各种对迁移和流动的管理措施，在一定程度上将提高迁移成本，却并不足以阻断迁移之流，迁移规模将不断扩大。

---

① 农村年度分析课题组：《1994 年中国农村经济发展年度报告——兼析 1995 年发展趋势》，中国社会科学出版社，1995。

由于目前占主导地位的政策倾向都具有某种程度的被动性，政府管理在诸多方面存在许多空白和不规范，致使矛盾得不到缓解。

面对大规模农村剩余劳动力流动的压力，流入地区的地方政府的所有政策，几乎都是立足于对外来劳动力实行严格限制，却在完善市场规则和保障外来打工者的权益方面，没有什么建树。这种管理真空恰恰为各种非正规组织行为提供了市场。而这类组织常常伴随着对市场的扰乱。结果，反而给那些极力主张严格控制的政策倾向提供了口实。可见，劳动力流动处于“无序”状态的说法，在很大程度上恰好是不适当政策造成的结果。

与此相反，面对劳动力流动，一些地区采取的更为现实的对策，却把劳动力流动真正变为有序的过程。

例如，在相当一部分小城镇和县城，对那些已经离开了农业生产和农村居住地的人口，发放城镇户籍身份证明。某些大中城市也实行所谓的“蓝印户口”制度，即对于在本地有固定工作，或购买一定面积商品住房，或在当地投资若干数量等类型的迁移者，发放一种特殊的户籍身份证明。这种做法在一定条件下是积极的。

人们看到，这种对于特定组别的外来人口发放户籍身份证明的做法，往往是由城市政府收取较高费用的。用老百姓的语言说，就是政府向农民“卖户口”。固然，从劳动力自由流动的市场经济原则，以及城乡居民共享城市文明的道义出发，这种做法对于农民兄弟是有欠公允的。一方面是对于那些花钱买户口的人，等于是支付一个本不该付的代价才获得自己应有的权利。另一方面是对于那些买不起户口的人，仅仅因为自己无法选择的出生地和贫困，就无端地被排斥在某种福利体系之外。

但是，如果我们面对事物发展的现实出发点，我们应该承认，“卖户口”比之从各种政策举措上面排斥和限制农村人口进城的政策，显然是一种进步。除了这种做法毕竟打破了农民永远不能改变身份和居住地的桎梏外，在城市目前尚不能给予所有期望迁移的外来人口以明确的居民身份时，用一定的条件来进行最初的选择，总是必要的。

使用迁移者的职业、身份、经济实力等作为选择标准，也是有一定道理的。首先，特定的职业身份和经济实力，在一定程度上反映了迁移者的人力资本素质。所以这种“优选法”是与靓女先嫁的规律不谋而合的。其次，类似的选择条件也同时选择了迁移者作为优秀市民的可能性。俗话说，“有恒产者有恒心”，在职业、财产等方面具有的条件，可以在更大的程度上保证迁移者会遵纪守法。

然而，诸如“卖户口”这样的可以把无序变为有序的政策，仅仅在其作用范围内发挥着积极的效果。毕竟，大多数这种政策都只是针对极小一部分人的，其作用范围十分有限。特别是某些大城市的“蓝印户口”制度，其条件的设置几乎完全排除了我们所讨论的迁移主体——农村劳动力。

例如，1993 年由上海市政府制定的《上海市蓝印户口管理暂行规定》中，境外人士投资 20 万美元和购买 100 平方米商品住房以上者，以及外省市人士投资百万元以上者，与农村劳动力转移是完全不搭杠的条件。而后者唯一可以寄予希望的是必须同时具备的以下条件：（1）达到高中以上文化程度；（2）具有管理能力或工艺技能且为聘用单位所需要；（3）被一个单位连续聘用三年以上且有工作实绩；（4）在本市有固定合法住房。显而易见，这种条件对大多数流动劳动力来说，也几乎是可望而不可即的。

从“托达罗教条”引申出来的一个使劳动力流动“有序化”的举措，是把重点放在农村经济的发展上面。逻辑很简单，既然在托达罗看来，城乡两地的收入差距是吸引劳动力从农村到城市转移的基本动力，则在农村创造更多的就业机会，并通过提高农产品价格等手段增加农民收入，应该是减小劳动力流动规模的一种有效方式。

然而，许多国际范围的研究表明，旨在减缓劳动力外流，而在农村发展方面付出的努力，遇到城市的拉力作用时，往往只能取得事倍功半的效果。例如，有人对坦桑尼亚 1955 ~ 1971 年城乡迁移进行了统计研究，发现如果想要抵消一定的城市收入对于劳动力的拉力，需要数倍的农村收入增加才能办到。

图 10 - 4 给出了四个不同国家的研究结果。其中肯尼亚和坦桑尼亚的研究是针对城乡迁移进行的，反映出城市工资的拉动效果大大高于农村工资的反向拉动效果。同时，鉴于这两项研究进行的时间和地点，非洲国家独立后因拆除城乡隔离障碍而导致的迁移倾向，起了很大的推动作用；委内瑞拉和印度的研究，是针对跨州迁移进行的，显示的结果就不尽相同了。

从以上进行的比较和分析中，我们可以接受的结论应该是，一方面，

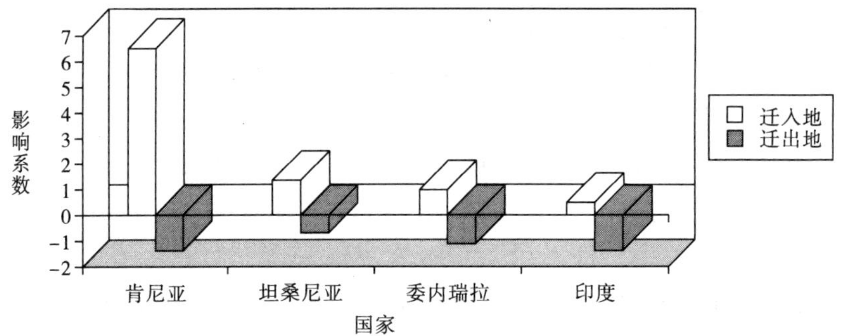

图 10-4　工资对迁移的影响：迁入地与迁出地

资料来源：Yap，“The Attraction of Cities：A Review of the Migration Literature”，*Journal of Development Economics* No. 4，1977.

城市和农村收入水平对于劳动力迁移的作用效果，没有绝对的结论所依据，而根据情况的不同而发生变化。另一方面，从中国的现实情况来看，无疑比较接近于非洲的例子。

首先，无论是我们的关心所在，还是现实中表现出的紧迫性，都是指城乡之间不同类型职业和身份的转移，而不是指同等类型地区相同劳动力的区域迁移。而从图 10-4 中反映出，在迁出地和迁入地分别指农村和城市时，倾向于表现为城市的拉力效果更强烈。

其次，中国面临的情况同样是通过经济改革，解除了一系列束缚劳动力城乡流动的制度障碍。从非洲两个国家的情况看，在这种情形下，城市拉力的效果大大强于农村反向拉力的效果。

再次，正如前面已经指出的，至少从 20 世纪 80 年代初期至今，中国已经尝试了把重点放在农村的方式。而从乡镇企业的发展动向来看，其吸收劳动力的能力已开始减弱，意味着“离土不离乡”的劳动力转移模式处于强弩之末了。

最后，我们由此得出的政策借鉴应该是，尽管我们不应该忽视农村发展努力对于稳定农村劳动力流动规模的作用，但更不能把需要城市方面解决的问题，像球一样踢到农村了事。

第十一章

迁移潮：从超常到常规

人口及劳动力的迁移，几乎在人类有史以来的任何时代中，都是社会、经济生活的重要内容之一。而在从一个具有二元经济结构特征的发展阶段，向现代经济增长时期转变的过程中，劳动力迁移更是发展的重要主题。

1971年冬季，库兹涅茨在斯德哥尔摩领取该年度的诺贝尔经济学奖时，做了一个例行的演讲。在这个演讲中，他描述了现代经济增长的几个特性。概而言之，现代经济增长时期无论是人均收入的提高、生产率增长、经济和社会结构变化，还是知识的扩展，都以前所未有的速度发生。正是这样几个方面的迅速变化，把现代经济增长时期与其他发展阶段区别开来。

根据库兹涅茨的定义可知，所谓现代经济增长阶段，并不仅仅意味着达到某种绝对的收入水平，而更具特征的是以上所述诸方面的变化速度。从20世纪80年代开始，中国经济发展稳步地进入到了这个现代经济增长的阶段。规模大、范围广的劳动力迁移现象，正是适应于经济结构变化的需要而发生的。

不过，由于长期以来实行重工业优先发展战略，以及与之相配套的政策，20世纪80年代以来的农村劳动力转移，是在多年累积的势能基础上迅速释放的结果，具有超常规的特性。虽然我们已经预期这种劳动力转移将是长期的趋势，但终究要从一种超常规的现象，转变为一种常规化的过程。而只有在一种常规化的事物发展过程中，人们的心理承受能力、政府的管理手段，以及社会各个方面的适应力才可能发育正常，现代经济增长才能够是可持续的。

本章拟从讨论城乡人口过渡、经济增长方式转变，以及相应的政策调整要求等方面出发，探讨使中国劳动力流动过程从超常规转向常规化的条件和方略。

11.1 人口过渡、计划生育与城乡差异

从历史上看，不同国家的长期人口增长具有某些可以归纳的特征，或者说，人口数量的转变过程通常相继经历一些共同的阶段，人口学家由此总结出所谓的人口过渡一般规律。所谓人口过渡，是指从生育率和死亡率都相当高的状况，转变到两者都很低的状况的一个过程。通常，这个过程要经历三个阶段。

人口过渡第一个阶段的特征是高出生率、高死亡率，从而导致低自然增长率。很显然，这是经济发展水平十分低下、医疗卫生条件很差时的情景。随着经济发展和收入水平的提高，人口过程逐渐进入第二个阶段，以高出生率、低死亡率从而高自然增长率为特征。当人均收入水平进一步提高，才进入低出生率、低死亡率从而低自然增长率的第三个人口阶段。

一般来说，较早进入发达国家行列的社会，第二个阶段的特征并不明显。这是因为在这些国家的发展过程中，始终处于技术发明和创新的前沿，包括医疗卫生在内的科学技术水平，是其经济发展每个阶段的结果。所以，死亡率的降低与生育率的降低之间，没有一个十分明显的时间差。

相对来说，发展中国家一般都有过这样的阶段。即当其经济发展水平尚未能够使人口出生率下降时，由于从发达国家引进医疗卫生技术，便使死亡率大大降低。这也是为什么发展中国家往往形成更为严重的人口问题的原因。

在一个国家内部，城市与乡村之间、发达地区与落后地区之间，在发展阶段上，通常具有一个时间上的继起关系，因此两者在人口过渡的阶段也存在一个时间差。也就是说，城市地区或经济发达地区通常比农村或经济落后地区较早进入更高的人口过渡阶段。例如，当某些发达地区已经进

入低出生率、低死亡率的人口过程时，同一国家中的落后地区可能还处在低死亡率、高出生率的人口过程之中。

正因为如此，城乡迁移或落后地区人口向发达地区的迁移，不仅是由经济结构变化一个因素所推动，还由于两类地区在人口数量方面的差异。所以，人们总是把迁移看做一个非正常的社会经济过程。

从20世纪50年代开始，中国就进入到了人口过渡的第二个阶段，即人口出生率保持较高，死亡率逐年下降，人口自然增长率较高。例如，1952年全国人口出生率为37‰，死亡率为17‰，人口自然增长率为20‰。随后人口死亡率大幅度降低，1970年降低到7.6‰，而出生率仍然保持在33.43‰，则人口自然增长率上升到25.83‰。

从20世纪70年代以来，中国实行计划生育政策取得了巨大的成就，人口出生率逐年降低，且远远超过了死亡率的下降速度，使得人口自然增长率基本呈稳定下降趋势。虽然在80年代中后期人口自然增长率略有回弹，最高时达到1987年的16.61‰，高于1975年15.69‰的水平。但进入90年代以后，重新开始了稳定下降的态势，从1990年的14.39‰下降到1995年的10.55‰。

图11-1刻画了中华人民共和国成立以来，人口过渡的过程。图中描述的是人口出生率和死亡率的变化，而出生率与死亡率两条曲线之间的差距，恰好就是人口的自然增长率。

这种趋势表明，在中国人口基数大的国情条件下，通过宣传、教育和各级政府、社区的行政措施，实行计划生育政策，实际上是把中国人口过渡的第二个阶段缩短了，对于缓解就业压力、资源压力，以及环境压力具有十分积极的作用。

作为一种资源，人口的内容具有数量和质量两个方面。在一定的经济发展阶段，由于其他资源的有限性，人口数量与质量之间具有某种此长彼消的关系。在人口增长率下降、人口总规模得到控制的同时，中国人口质量逐年得到提高。从经济发展资源的角度来说，就是人力资本的积累水平提高。

首先表现为人口教育程度的提高。根据世界银行的统计，1993年在各类年龄人口中的入学率，中国皆高于低收入国家的平均水平，其中小学入学率还高于中等收入国家的平均水平。表11-1提供了“八五”期间全国

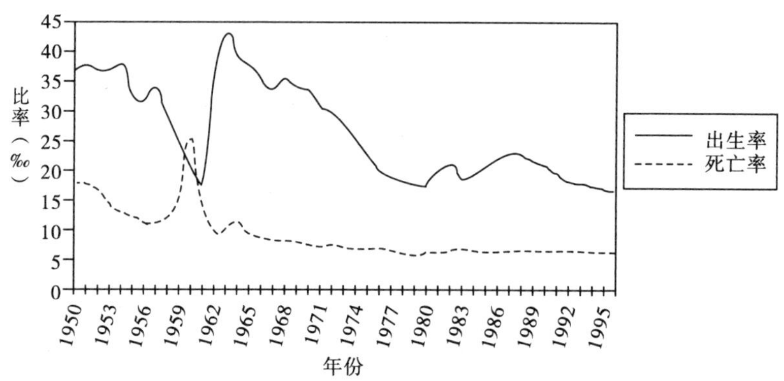

图 11－1　人口出生率与死亡率

资料来源：《中国统计年鉴》（1987、1995、1996）。

总人口中各类教育水平人口比重的提高趋势。

表 11－1　全国人口教育程度构成

单位：%

年　份	大　学	高　中	初　中	小　学	文　盲
1990	1.42	8.04	23.34	37.06	15.88
1995	2.07	8.28	27.28	38.44	12.01

资料来源：《中国人口年鉴—1996》。

其次表现为人口健康水平的提高。1989～1995 年，中国 5 岁以下儿童中营养不良儿童的比例为 17%，大大低于低收入国家的水平。而婴儿死亡率还低于上中等收入国家的水平。与此同时，全国农村贫困人口从 1978 年的 2.5 亿减少到 1995 年的 6500 万。

但是，人口问题并非可以无条件地持乐观态度，解决人口问题仍然存在着一系列难点。除了那些在控制人口过程中，各国都无法回避的难点外，在向市场经济转轨的过程中，还存在着若干特殊的政策难度。一个突出的表现就是，人口增长趋势在各个地区和城乡之间不平衡。

由于人口生育率取决于一系列经济社会因素，在地区间存在发展差别的情况下，生育水平及人口自然增长率的差别必然存在。从全国来看，90

年代在人口增长率逐年下降的同时，各省、自治区、直辖市之间的差异趋于扩大（表 11－2）。

表 11－2 人口自然增长率的省际变异程度

年 份	1990	1991	1992	1993	1994	1995
全国平均（‰）	14.39	12.98	11.60	11.45	11.21	10.55
变异系数（‰）	13.42	16.83	13.13	16.91	16.70	17.68
变异程度*	0.92	1.30	1.13	1.48	1.49	1.68

注：＊变异系数比全国平均数。

资料来源：《中国人口年鉴—1996》。

早在 1993 年，上海市领先全国实现了户籍人口的负增长，人口自然增长率为－0.78‰，比全国预计水平提前了大约 40 年。该市人口出生率将继续下降，虽然人口年龄老化的趋势和期望寿命增长速度减缓，死亡率将逐年上升，但自然增长率为负的趋势将持续下去，预计 1997 年上海市户籍人口数将达到最高值，为 1310 万。①

与此同时，有相当一部分省区的人口自然增长率仍然高于全国平均水平，这部分省区的人口总量占全国人口 30% 左右，大部分处于中西部地区。例如，处于中西部的江西、广西、云南、贵州、西藏、宁夏和新疆等 7 个省区，生育旺盛妇女的人数比例，预计将在 1997 年至 2000 年期间达到高峰。

与省区之间人口增长不平衡态势相类似的是，农村人口具有比城市高得多的增长率。在城市，计划生育执行严格的“一孩制”。而在农村，如果第一胎是女孩，只要经过 5 年的间隔，就允许生第二胎。因此，农村具有较高的人口出生率，从而人口自然增长率较高。

以市人口与县（相当于农村）人口相比，20 世纪 80 年代以前县人口的自然增长率通常比市人口自然增长率高 40%～50%，目前仍然高 1/4 左右。由于农村人口本来就具有很大的基数，这种出生率的差异就导致农村人口增长较快，总规模不断增大。

① 刘永良：《上海人口负增长与计划生育管理的对策》，《中国人口年鉴—1995》，经济管理出版社，1995。

由于地区之间和城乡之间人口增长率差异，必然会在常规的经济结构变化要求之外，造成另一种对于人口迁移和劳动力流动的推动力，以致难以形成劳动力转移的常规化局面。

11.2　转轨时期人口控制难度

人口增长过程也是一个有规律的经济过程。家庭作为一个经济决策单位，除了对生产过程、劳动力配置、消费安排做出最优化的决策之外，家庭成员的数量也是其决策的重要内容之一。从纯粹微观的决策过程来看，一个家庭在决定子女数量时，也是要经过一番成本和收益的权衡和斟酌的。

例如，母亲在怀孕和哺乳期会减少工作时间，从而降低家庭收入；把孩子从小抚养到能够挣钱养活自己并孝敬父母的期间，家庭要为这个孩子付出衣食住行的物质费用和教育费用等。这些都是养育子女的成本。养育孩子得到的天伦之乐、子女成人后家庭增加的收入、父母从孩子身上获得的老年保障等，则都是养育子女的收益。

一个家庭要不要生儿育女，要几个孩子恰到好处，要男孩还是女孩，都是家庭在权衡了成本和收益之后决定的。我们可以用图 11 - 2 来理解这个决策过程。图中，横坐标表示家庭选择生育子女的数量，纵坐标表示生育子女的边际成本和边际收益。随着生育孩子数量的增加，通常新增孩子的成本提高，收益下降。这种特点表现为生育孩子的边际成本曲线（MC）趋于向上扬，生育孩子的边际收益曲线（MR）向下沉。

在一种理性的选择条件下，家庭总是把生育孩子的数量定在边际成本与边际收益相等的水平上。这时，家庭选择的孩子数量为 Q_0，最后一个孩子的成本和收益为 P_0。我们可以看到，如果家庭选择生育更多的孩子，即超过 Q_0 的某一水平上，譬如说 Q_2，则对于家庭来说，多生的这个孩子成本大于收益。

相反，如果家庭选择生育较少的孩子，即生育子女数为少于 Q_0 的某一水平，譬如说 Q_1，则意味着家庭可以通过增加生育孩子的数量，继续获得收益。所以，用 Q_0 代表的一种生育数量，是家庭生育决策的均衡点。

我们时常可以听到一些说法，认为人口增长快了就会伤害经济发展速

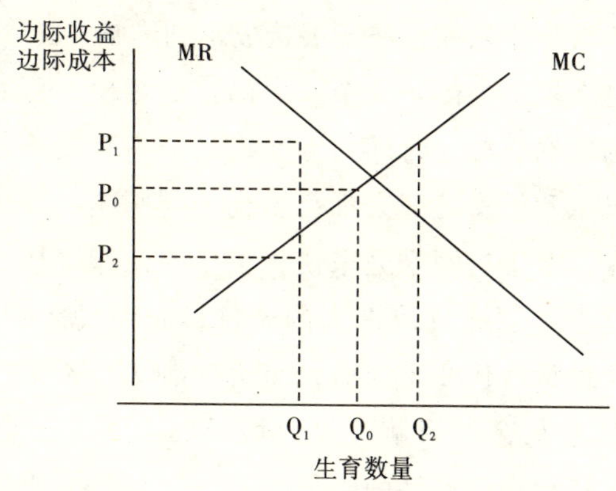

图 11－2 生育子女的成本收益比较

度。我们常常也自然而然地跟着别人相信和重复这种说法。然而，从世界经济的发展历史上，却找不到任何证据，以支持这种说法。

例如，在欧洲和北美，人均收入增长最快的 18 世纪、19 世纪和 20 世纪初期，也正是其人口增长率最高的时期。而发展中国家 20 世纪 50 年代以来的快速人均收入水平提高，同样是伴随着高人口增长率。虽然我们从统计分析上，并不能把人口增长归结为经济发展的推动因素，但十分肯定的是，没有任何统计证据，足以表明高的人口增长率会降低人均收入增长速度。

不过，在一定条件下，人口增长过快也确实可能引起负面的效应。就拿前面所述的人口过渡过程来说，由于发展中国家在第二个阶段上死亡率的下降，在很大程度上不是自身内在发展的结果，而是得益于发达国家先进医疗卫生技术的扩散效果。所以，发展中国家较早到来的死亡率下降，使得生育率的调整显得有所滞后。

例如，较早进入发达国家行列的美国，其婴儿死亡率从 1900 年的 16%，花了 25 年的时间，降低到大约 8% 的水平。而发展中国家作为一个整体，婴儿死亡率从 1960 年的 16.5%，用同样的时间降低到 7.2%。而许多发展中国家的这个转变则快得多。这样一种情形，会在一定时期一定程度上造成所谓的“人口问题”。

过快的人口增长速度，特别是一个在较短的时间里迅速增大的人口规模，会造成家庭、社会对人口规模做出反应和调整的时间过短，所以，可能从两个方面对于人均收入或经济发展造成不利影响。

第一个方面是在家庭内部。一个过大的家庭规模，可能会减少对每一个孩子身上投入的家庭资源和时间，因而人力资本投资不足。多生子女导致生育间隔短，母亲和子女的健康都会受到不利影响，降低家庭持续生产能力。在一些国家，对于贫困家庭来说，孩子多意味着挣钱养家的人手就多。但是，终究由于不能通过改进人的质量，而彻底摆脱贫困恶性循环，所以这种家庭可能世世代代疲于奔命，而始终难以脱贫致富。

第二个方面是对社会的影响。过快增长的人口，还会在一定的时期内，造成全社会人口结构生产性的降低。首先是导致低于生产年龄的人口比重上升，从而提高（儿童）抚养系数。这与人口增长过慢导致（老年）赡养系数提高是一个道理。

据世界银行20世纪80年代中期的资料，像肯尼亚这样生育率过高的国家，全国人口中的50%以上，是年龄小于15岁的人口。换句话说，这些国家人口的年龄中位数是15岁，即15岁是这样一种年龄，它只好把全国人口区分为两部分。

通常，人们把15岁以上、65岁以下的人口定义为生产年龄人口。这里，即使不考虑65岁以上老年人口的问题，一半以上人口处于生产年龄以下，对另外一部分人口，该是一个多么难以承受的负担？与此相反，那些生育率较低的国家，当时的年龄中位数大约为20~25岁。相应的，至少来自少儿的抚养负担就轻得多。

其次，人口增长过快会导致这样的情况，使得在教育、医疗和基础设施上面的投资，与一定时期的社会需求不相适应。对于教育、卫生和其他一些基础设施的改进，通常具有一种外部效应，即除了给每个个人带来直接的效益外，还有一部分效益为社会所得。因此，仅仅按照个人需求及付费所产生的供给，往往比全社会真实需求要少。

所以，通常此类建设需要政府给予补贴或直接投资。政府投资的来源是税收，即归根结底来自于全社会的生产能力。当人口结构具有较低的生产性时，社会对这些服务的需求大，而政府所能征集的税收却相对少，会导致供不应求。这将直接降低人们在这方面的消费水平，继而影响社会人力资本的形成，降低经济发展的可持续性。

人口因素对于一个国家经济发展确实存在着值得注意的影响。在特定的时期，在一定的程度上，这种影响也是巨大的。所以，发展中国家实行计划生育，对人口进行一定的控制，无疑是必要的和有效果的。

中国人口过快增长对于经济发展带来的问题，从20世纪50年代就已显现出来。但是，由于不正确地批判马寅初，以及“文化大革命”的干扰，直到20世纪70年代以后，中国的计划生育工作才走上正常的轨道。从那以后，人口增长受到控制，计划生育工作也成为计划经济的一个有机组成部分。

由于实行计划生育政策，在人民公社体制下，家庭的决策职能被抹杀了，生育子女的决策与经济决策一道被纳入国家计划及集体决策，也是那种体制的题中应有之义。中国计划生育的效果是显著的，这一点不仅可以由我们经济建设的实践所证明，也通过与其他一些发展中国家相比，得到世界范围的普遍肯定。

不过，从20世纪70年代末开始的以市场经济为目标的经济改革，也对已有的计划生育方式提出了挑战。例如，我们之所以具有较强的生育控制权威，关键在于健全的和强有力的基层计划生育组织体系。然而，随着农村家庭联产承包制的实行，以及人民公社的解体，农村社区组织的经济职能弱化，组织体系松弛。由此带来的后果之一，就是在农村基层，社区组织控制生育的能力也相应减弱，从而在很大程度上，人口增长率不能完全在计划控制之内了。

典型的情形发生在农村。当家庭经济职能重新建立起来后，生育的决策也不可避免地为家庭所关心。子女对于家庭来说是一种效益，比如增加劳动力和养儿防老等，而养育子女本身又要付出成本，如供养衣食、教导开化，以及因养育孩子而失去的挣钱机会。所以，生育决策即决定家庭中子女的数量和质量，是一个收益最大化的决策。

如果养育孩子的成本较高，而孩子数量的收益较低，孩子质量收益较高，则家庭愿意做出少生优生的决策。这正是目前在中国许多大城市所发生的情形。但是，在农村，生育孩子的成本和收益却十分不同于城市。即由于一些宏观政策原因，以及中国农村所处的经济、社会发展阶段，生育孩子的成本低而收益高。

当计划控制有所松弛、农民自我决策意识增强后，农民不仅更加自主地做出生产决策，同时，成本收益的考虑，通常会诱导农村家庭在一定时期多生子女。也就是说，对于人口数量的宏观控制目标，与子女数量的家庭目标，产生了矛盾。

在考察现实中发生的情况之前，先让我们使用图 11 -1 中的分析手段，理解这种关于生育决策的家庭微观目标与宏观政策目标之间矛盾的机理。对于孩子数量而言，宏观的成本高于微观的成本，宏观的收益低于微观的收益，则在图 11 -2 中，宏观的边际成本曲线在微观边际成本曲线的左上方，宏观的边际收益曲线位于微观边际收益曲线的左下方。按照边际成本和边际收益相等的决策原则，宏观决策的孩子数量少于微观决策，即表现为 $Q_{宏}$ 小于 $Q_{微}$。

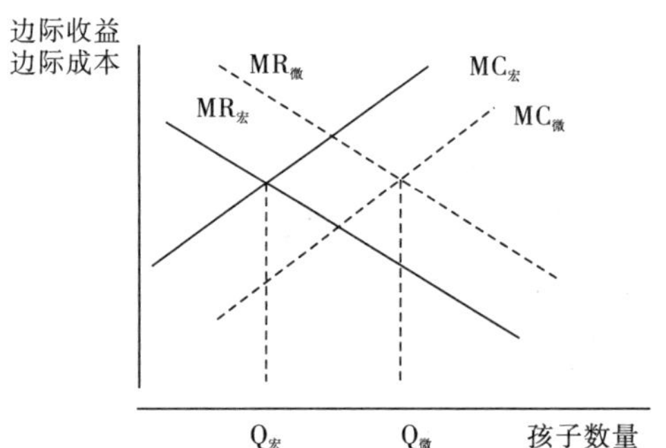

图 11 -3　生育决策的宏观与微观比较

下面让我们来看一看，农村家庭养育孩子的成本和收益方面的特征。在基本温饱解决之后，把孩子喂养大并保证营养，已经不是什么难事。所以，现在问题集中到孩子质量和父母的机会成本上面。

当一个家庭要做出决定，在家庭资源既定的条件下，是多要孩子而为每个孩子投资较少，还是少要孩子但对其给予更多的投资时，家庭决策者要考虑，是孩子数量还是孩子质量能给家庭带来更多的收益。目前农村的现实情况是：

第一，在家庭联产承包制的条件下，承包田的分配，主要是依据农户人口的数量。所以，人口越多，能够从集体分得的承包土地就越多。由于目前土地既是农民家庭的基本生活和收入来源，又是其从事不确定的非农产业活动的一种保险，所以农民有很大的积极性，包括多生孩子来争取增加土地数量。

第二，农业现代化水平低，农村就业层次低，因而在农村经济活动中，对于劳动力素质的要求就不很高。由于城乡劳动力市场被分割，城市就业歧视政策的存在，农村外出劳动力只允许从事较低岗位的工作，劳动力素质要求也低。这降低了农民家庭对孩子教育给予更多投资的激励。

进一步来说，目前在许多领域，劳动力价格还不能反映其相对素质，甚至存在着高素质与低素质劳动者报酬“倒挂”的现象。由此，使得接受更高的教育，回报率相对较低。农民供养子女读书，就要考虑是否能够考上大学。如果达到这个目标的可能性很小，则农民只满足于让子女认字、识数。现实情况是，高等教育供给仍然不足，农民子女进一步的升学机会很少，所以他们没有在子女人力资本上面投资的积极性。

第三，中国的社会保障体系，传统上是城市偏向型的，大部分作为国有企业内部的职能。虽然这种社会保障职能正在逐步社会化，但是，不仅这种改革的步骤尚不尽如人意，而且农村更为滞后，还远远没有形成有效的社会保障体系，农民养老主要还依赖于自己的子女。因此，孩子越多，得到保障的概率越大。“养儿防老”不只是一种观念，更是存在的现实。

第四，养育过多的子女，对于母亲来说，固然意味着丧失许多经济机会，但由于中国农村目前普遍存在30%以上的剩余劳动力，土地上并不缺乏人手，妇女就业机会也十分有限，所以，养育孩子对于妇女来说，也不构成很高的机会成本。

如前所述，目前农村的现实经济条件，就使农民的生育意愿与计划生育政策有所矛盾。在不能使农民的生育选择与政府的计划生育目标取得一致的情况下，单纯靠行政手段推行计划生育，工作就会越来越难做。

以目前城镇和农村人口比重做权数，可以推算出按严格的计划生育要求，全国平均每个家庭的子女数为1.71；而根据1992年10省市家庭经济与生育抽样调查结果计算，全国平均每个家庭的期望子女数为3.20个。用调查户期望子女数与计划生育目标数相比，作为计划生育的难度系数。从这个定义不难看出，该系数超过1即表示有政策难度。

在现实中，无论从全国平均状况来看，还是从城市、镇和县（农村）家庭情况来看，计划生育的难度系数都大大高于1，政策目标与家庭生育意愿之间的差距可谓很大（见表11-3）。

表 11－3　计划生育目标与实际生育意愿

	政策目标数	已有子女数	意愿增加数	期望子女数	难度系数
	(1)	(2)	(3)	(4) ＝ (2) ＋ (3)	(5) ＝ (4) ／ (1)
全　国	1.71	2.01	1.19	3.20	1.87
市	1.00	1.63	1.17	2.80	2.80
镇	1.00	1.68	1.24	2.92	2.92
县	2.00	2.14	1.19	3.33	1.67

资料来源：根据田雪原主编《中国 1992 年家庭经济与生育 10 省市抽样调查资料》计算。

11.3　匡正信号——走向协调的政策保障

从中国农村这种现实经济条件出发，农民的生育意愿与计划生育政策有所矛盾，就不足为奇了。在市场经济条件下，计划生育仍然应该是我们的基本国策，这一点丝毫不容怀疑，思想上、工作中也不容有任何松懈。

但是，如果不能创造一种有效的机制，使农民的生育选择与政府的计划生育目标相一致，计划生育工作难度就会越来越大，人口出生率的失控，也就相应地导致劳动力流动的无序化。所以，在市场不断发育的过程中，急需探索一种新的计划生育方式，即将其扩展到宏观经济政策的一系列环节，从政策上使农民的生育决策与计划生育目标激励相容。

一旦政府的制度安排和政策决定形成一种环境，达到计划生育目标与农民生育意愿的激励相容，就意味着市场经济条件下计划生育新路的形成。在建立市场经济体制的过程中，以下方面的政策调整，既有助于降低农村的生育意愿，又是当前改革的重要内容。

第一，在农村实行“增人不增田，减人不减地”的承包土地分配政策。此项政策最初曾在若干地区进行过实验，其直接目的是稳定土地承包期，提高农民对土地投资的积极性。而实行的结果同时显示出对于计划生育的积极效果。

例如，贵州省湄潭县是这方面实验区之一。鉴于全国农村大多数地区实行按人平均分配承包田的做法，客观上起到一种鼓励生育的效果，湄潭县采取了新的土地分配方式。即分配格局一经确定，不管家庭人口是增加还是减少，都不再进行重新分配。这样，实现了承包土地“生不带来，死不带走”。

图11－4表明了这项政策试验的效果。湄潭县通过实行“增人不增田，减人不减地”的承包土地分配政策，其生育率明显降低，并大大低于全国和贵州省的平均水平。而且，这种差别倾向于逐年扩大。

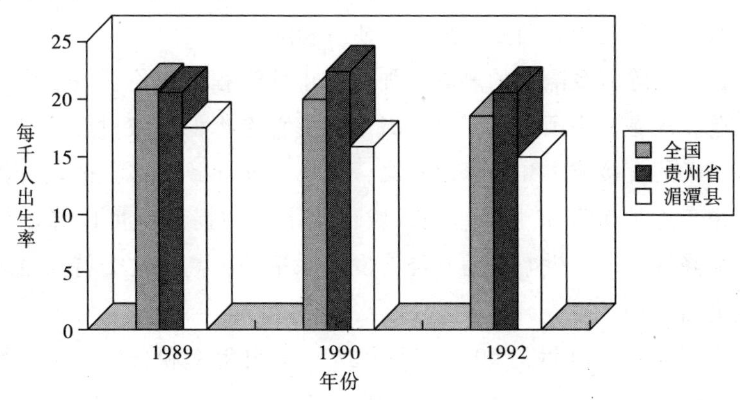

图11－4 土地制度与生育率差别

资料来源：约翰森：《制度与政策对农村人口增长的效果：对中国的启示》。

第二，加快农村教育事业的发展，并把重点放在提高妇女的教育水平上面。虽然家庭规模选择的决策，往往是根据最优化原则做出的，但受教育水平和信息获取能力的局限，也有可能使家庭做出不正确的决策。所以，提高父母的教育水平，可以帮助消除这方面的扭曲。

此外，妇女受教育程度的提高，往往能够有效地降低其生育意愿。这通常是通过提高妇女的就业机会、增加她们对子女素质的重视程度，以及增加避孕知识等达到的。

一项对于发展中国家的研究结果表明，如果在10年内使妇女的中学入学率提高1倍，可以将妇女终身生育的子女数量（人口学中称为总和生育率），从5.3个降低到3.9个。[①] 而如果单纯依靠计划生育，其效果则相去甚远。据研究，计划生育服务水平的加倍，所产生的效果，只及这种教育

① 约翰森：《制度与政策对农村人口增长的效果：对中国的启示》，芝加哥大学农业经济研究办公室论文第93.13号，1993。

效果的1/3。

第三，加快建立农村养老社会保障体系。由于城乡在就业与社会保障体系方面的差异，目前农村的高生育意愿，在相当大的程度上是由于父母对子女，特别是对男孩作为养老保障的需求。所以，把养老职能从家庭内部转变为社会职能，会相应降低家庭对子女需求的数量。对发展中国家的研究表明，社会对65岁以上老人所支出的保障和福利花费，与生育率呈负相关关系，也就是说，前者增加，就使后者降低。

第四，破除城乡隔绝的藩篱，加快城市化进程。无论从发展中国家的一般经验，还是从中国的情况看，城市的生育率都低于农村。这是因为城市养育孩子的直接成本和机会成本高，而竞争又导致对孩子的教育投资要求高。由于这种生育率上的差别，城市化水平的提高就可以降低生育意愿，从而降低人口出生率。随着经济发展水平的提高，这个特点也表现得越来越突出。

以中国为例。20世纪50年代城镇人口的出生率和自然增长率都高于农村。1957年城镇这两个指标分别为44.5‰和36‰，分别比农村高11.7个千分点和14.3个千分点。这是因为当时无论城市还是农村都处于高出生率的阶段，而城市死亡率较早地下降，并且由于生活水平较高，因而生育水平也较高。

但是，这种情况很快就发生了变化。20世纪60年代初，首先是城镇人口出生率降到农村的水平之下，随后城镇的人口自然增长率也越来越低于农村。到了1995年，城镇人口的出生率为14.7‰，人口自然增长率为9.2‰，分别比农村人口的出生率和自然增长率低3.3个千分点和1.9个千分点。这种格局毫无疑问成为了定态。

此外，劳动力流动本身也有助于降低生育率。一方面，农村外出劳动力绝大多数年龄在20～30岁，正是婚育年龄。较多的流动和挣钱机会，会延缓婚期和生育年龄。[①] 另一方面，由于城市就业需要较高的技能，表现为，文化水平越高，就业机会越多，因而对农村孩子受教育的需求提高，原来用于孩子数量的资源，倾向于用于对子女教育的投资。

---

① 关于“超生游击队”的指责是不公允的。广东省计划生育委员会的调查指出，流动人口比非流动人口的生育率低34.5%，生育年龄推迟2年。

11.4　经济增长方式转变

近年来，中国政府在制定经济发展目标时，反复强调了在积极推动经济体制改革的同时，还要实现经济增长方式的转变。这种经济增长方式的转变，固然是针对提高经济效率，变粗放型增长为集约型增长而提出的，但其对于实现劳动力转移过程的常规化，也是重要的。

“工欲善其事，必先利其器。”实现经济增长，必须投入生产要素。概括起来，最基本的生产要素包括资本、劳动力和土地。在早期的经济增长理论中，人们总结了一个通过投入生产要素，从而获得产出的公式，称作生产函数。

这个生产函数的简单表述形式为：产出 =f（资本，劳动力，土地）。在使用实际统计资料来估算这个生产函数时，人们可以分别计算出资本、劳动力和土地的系数或产出弹性。意思是说，当某种要素投入数量增加时，能够以多大的幅度相应提高总产出，以及每种要素对于总产出增长的贡献份额。

显而易见，如果总产出的水平确实仅仅依赖于这三种要素的作用，则在生产函数中，三种要素的系数之和应该等于1。在这种情形下，产出的获得全部依靠生产要素投入，产出的提高完全依赖于要素投入的增加。如果整个经济增长都具有这种性质的话，我们称这种增长为粗放型的经济增长。

经济学家在实际计算生产函数时，发现三种生产要素在函数中的系数不一定等于1，而常常是大于1的数值。这意味着，除了人们在生产函数中列出的要素之外，还有某种要素在起作用。当你没有把这种要素单独列出来时，其作用就分摊到那三种常规要素中了。那么，在资本、劳动力和土地之外的这种要素是什么呢？

在对此尚不得而知的时候，经济学家暂且在生产函数中加入一个无名氏，称为残差。这时，生产函数中就有了四种要素或自变量。再来估算这个生产函数，结果发现，除了资本、劳动力和土地分别以一定的比例对总产出作出贡献之外，这个不知名的残差也作出一定的贡献。

经济学家通过理论和经验的研究，最后发现，这个残差实际上包含了一系列未能在三种常规要素中反映，却又是对生产过程起着至关重要作用的内容。例如，它可能包含着规模经济、组织效率、技术进步等等。而其中起作用最大的常常就是技术进步的因素。所以，后来人们把生产函数中的这个残差的作用，等同于技术进步所起的作用，并冠名为“总要素生产率”。

相对于那种主要依赖于增加投入而取得的经济增长，更多地依赖科技进步取得的经济增长，被称之为集约型经济增长。实际上，在粗放型和集约型两种增长方式之间，并没有明确的数量界限。所以，当人们说粗放型和集约型的经济增长时，只是相对而言，视一种经济增长方式更接近于是单纯依靠投入，还是更多地依赖于科技进步的因素而定。

究竟哪些条件造成经济增长方式具有粗放型和集约型这样的分野呢？或者，问题还可以这样提出，即在什么样的条件下，经济增长更倾向于单纯依赖物质投入，在何种条件下又能激励经济增长更多地依赖技术进步呢？

我们发现，迄今为止，各个国家的经济发展战略，可以被区分为两类。一类是以重工业优先发展为目标的战略，另一类是发挥自身资源比较优势的战略。让我们来看看，两种战略对于经济增长方式有何种影响。

当我们使用重工业优先发展战略这个用语时，并不指在那些经济发展已经达到较高的水平，从而进入到以重工业为主导的产业发展阶段的国家所发生的事情，而是指处在经济发展较低的阶段上，却人为地推行重工业优先的产业政策这样的事实。换句话说，重工业优先发展战略，就是发挥资源比较优势战略的反义语——脱离本国资源比较优势的战略。

设想一下，在发展水平较低的国家中，资金十分稀缺，资本密集型产业显然不是其比较优势所在，哪个企业愿意把昂贵的资金投入到费宏效微的重工业部门？所以，实现重工业优先发展战略，意味着往往要由政府出面对一系列价格进行扭曲，包括压低资金的价格。一方面，扭曲价格后的生产要素更加稀缺，另一方面，不具备比较优势的产业同时意味着没有竞争力。所以，在压低资金价格之外，政府还要实行稀缺资源的计划配置体制，以及制定产业政策，对处于发展目标首位的重工业部门和企业进行保护。

而一旦产品和生产要素的价格被扭曲了，企业又被赋予了执行重工业战略目标的任务，并受到国家政策的保护而免于竞争，可以想象，对于企业来说，与其把努力投入到加快技术进步速度上，不如把努力放在向政府管制部门争取得到更多的廉价投入品上面。这种情况所诱出的，当然不会是以依赖技术进步为主的集约型经济增长方式。

与此相反，充分利用资源比较优势的发展战略，总是按照本国在特定的发展阶段上所具有的资源禀赋特点，来推动经济增长。

在发展水平较低的阶段，资金是稀缺的生产要素，而劳动力或者自然资源可能是相对丰富的生产要素。如果按照资源比较优势来发展，则劳动密集型产业或者资源密集型产业理应成为占主导地位的产业。当发展水平进入到较高的阶段上，相对于自然资源和劳动力而言，资金相对丰富起来时，资本密集型和技术密集型的产业就自然而然成为占主导地位的产业。

能够充分发挥一个国家自身资源比较优势的关键，在于各种生产要素的价格都没有扭曲。在没有价格扭曲的条件下，稀缺要素的价格就比较高，丰富要素的价格就相对低。任何以利润最大化为目标的生产者，总是要尽可能多地使用便宜的生产投入品，尽可能少地使用昂贵的生产投入品。

同时，生产者为了降低成本，增加利润，还要通过技术创新来节约生产过程中对稀缺要素的使用。设想一个企业家，面对的投入品市场是劳动力供给丰富而价格低廉、资本稀缺而价格高昂的条件，如果他有机会在两种生产技术之间进行选择，譬如是在节约资金、使用劳动力的技术和节约劳动力、使用资金的技术之间进行选择，毋庸置疑的是，他一定要选择节约资金、使用劳动力的技术。

在相反的情况下，譬如说在一个资金相对丰富，劳动力价格变得十分昂贵的国家里，一个企业家在选择技术时，一定是着眼于那种节约劳动力、使用较多资本的技术。

至此，我们可以很容易地把经济增长方式转变，与经济发展战略转轨，以及劳动力流动的常规化联系起来。也就是说，一定的发展战略决定不同的经济增长方式，而各种增长方式对于劳动力的吸纳具有不同的效果，从而导致劳动力转移过程的特点。

中国在20世纪80年代以前的发展经历，无疑可以作为重工业优先发展战略的典型。战略形式是典型的，相应的制度形式是典型的，产生的后果也是典型的。如果发展战略没有根本改变，同时却在一定程度上放松了制度约束，不可避免地要形成劳动力流动的超常规趋势——流动势头超出政府的管理能力，超出既得利益者（城里人）的承受能力。

使这个过程进入常规状态有两种途径。一是不触动经济发展战略，从而也无须改变经济增长方式，只要把一度放松了的制度约束重新收拢起来。但是，读者阅读本书至此，应该立即想到，这种办法不啻抽刀断水之举。另一种办法是实现发展战略和增长方式的转变，即把发展战略从重工业优先转变到利用资源比较优势上来，把增长方式从粗放型转变到集约型上来。

曾经创造了“东亚奇迹”的亚洲四小龙，也是典型的事例。尤其是韩国和中国台湾省，通过选择正确的经济发展战略，而实现了集约型经济增长，从而使劳动力转移过程既是迅速的，又是平稳的。[①] 在四小龙经济快速增长的时期，其劳动力就业的增长率达到了每年2%～6%，失业率被降低到2.5%以下。

与此同时，这些国家和地区的生产率也提高很快，每年平均提高4%。与之相反，那些推行重工业优先发展战略的拉丁美洲国家，经济增长过程中创造的就业机会要少得多，并且生产率增长率也低得多，年平均生产率提高仅仅是亚洲四小龙的1/8。

所谓生产率提高，实际上就表现在生产函数中那个残差的作用上面。因此，生产率提高快，意味着技术进步速度快。而在技术进步的过程中，人的作用是居首位的。所以，我们谈论的问题同时也是人力资本的作用。

在当今世界，人力资本是任何经济得以持续发展的关键。据世界银行对192个国家的研究表明，在经济增长中，像机器、建筑和基础设施这样的物质资本，仅仅作出16%的贡献。而像土地、资源这样的自然资本，贡献率也只有20%。对经济增长具有最大的贡献的是所谓人力资本和社会资本，贡献率为64%。[②]

所以，在劳动力丰富而资本稀缺的发展阶段上，以创造最大可能的就业机会为目标的增长方式，既是充分利用比较优势的，又是生产率最高

① 林毅夫、蔡昉、李周：《中国的奇迹：发展战略与经济改革》，上海三联书店、上海人民出版社，1994。

② UNDP, *Human Development Report (1996)*, Oxford University Press, 1996.

的。在如今这个关头，我们虚怀若谷地学习成功经验，不仅有必要性和可行性，还恰逢其时。

我们把20世纪80年代初到90年代初，中国内地劳动密集型产品的比较优势，与中国台湾省及韩国做了比较，可以很清楚地看到这样的趋势：中国内地劳动密集型产品的比较优势稳步提高，而中国台湾和韩国却逐年下降。

让我们简单地回顾一下历史。曾几何时，日本也属于经济上后进的国家。但是，由于她抓住了一个历史机遇，利用欧美发达国家比较优势从劳动密集型产业向资本和技术密集型转移的机会，取而代之，实现了自己的比较优势战略，创造了第一个“东亚奇迹”。1955～1970年，日本的经济增长速度显示了辉煌。其人均国内生产总值，平均每年实际增长10%。

以后，亚洲四小龙步日本之后尘，接过了发展劳动密集型产业的机会，谱写了“东亚奇迹”的新篇章。1965～1973年，韩国、新加坡国内和中国香港的生产总值年平均增长率分别为10%、13%和8%。同期，中国台湾省的国民生产总值每年平均增长率也达到11%。而且，这种经济增长速度，在以后的十几年中得以持续。

如今，所有这些东亚经济，都已经超越了发展劳动密集型产业的阶段，产业结构渐次升级到资金和技术密集型。一则作为经验，我们看到接过别人退出的产业，并不意味着永远跟在人家后面爬行。实际上正相反，利用了自己的比较优势，才能有高速度的增长，才会最终实现赶超。二则展示了一个机会，或者说我们可以把一个实实在在的产业机会，同时当做发展战略调整的机会，得到发展与改革的双重果实。

参考文献

中国社会科学院人口研究所编《中国1986年74城镇人口迁移抽样调查资料》,《中国人口科学》编辑部,1988。

国务院人口普查办公室、国家统计局人口统计司编《中国1990年人口普查资料》第4册,中国统计出版社,1993。

崔波:《农村外出务工青年是重要的人力资源》,1995年4月2日《中国青年报》。

何菁、皇黎:《亦喜亦忧“民工潮”》,1994年3月1日《四川工人报》。

潘盛洲:《农村劳动力流动问题研究》,《管理世界》1994年第3期。

石述思:《农村寻找出路,城门向农民开多大?》,1995年1月7日《工人日报》。

晓京:《乡下人进城求发展,城里人须抱平常心》,1995年5月18日《中国青年报》。

国务院发展研究中心农村部课题组:《农村劳动力流动的组织化特征》,中国农村劳动力流动国际研讨会论文,1996年6月。

周其仁、杜鹰、邱继成:《发展的主题——中国国民经济结构变革》,四川人民出版社,1987。

周荣坤、郭传玲等编《苏联基本数字手册》,时事出版社,1982。

中国银行总管理处、北京经济学院编《六国经济统计(1950~1973年)》,中国财政经济出版社,1975。

佩鲁:《新发展观》,华夏出版社,1987。

钱纳利、赛尔昆等: 《发展的型式,1950~1970》,经济科学出版社,1988。

刘易斯:《二元经济论》,北京经济学院出版社,1989。

蔡昉:《中国的二元经济与劳动力转移》,中国人民大学出版社,1990。

林毅夫:《制度、技术与中国农业发展》,上海三联书店,1992。

李尪、韩晓耘:《外出打工人员的年龄结构及文化构成》,《中国农村经济》1994 年第 8 期。

林毅夫、蔡昉、李周:《中国的奇迹:发展战略与经济改革》,上海三联书店、上海人民出版社,1994。

周其仁:《中国农村改革:国家和所有权关系》,《中国社会科学季刊》1994 年夏季卷。

科林·卡特、钟甫宁、蔡昉:《经济改革进程中的中国农业》,中国财政经济出版社,1997。

黑爱堂:《国家要为搞活国有企业创造一个好的外部环境》,《经济工作者学习资料》1995 年第 74 期。

农业部农村经济研究中心编《农村劳动力流动研究通讯》,1996 年第 3 期。

张庆五主编《中国 50 乡镇企业流动人口调查研究》,中国人民公安大学出版社,1994。

朱生豪译:《莎士比亚全集(九)》,人民文学出版社,1978。

国务院发展研究中心:《农村劳动力流动的组织化特征》,中国农村劳动力流动国际研讨会论文,1996。

道格拉斯·诺斯:《制度、制度变迁与经济成就》,时报文化出版公司,1994。

农业部农村经济研究中心课题组:《中国农村劳动力流动研究:外出者与输出地》,中国农村劳动力流动国际研讨会论文,1996。

北京零点市场调查与分析公司:《裸人——北京流民的组织化状况研究报告》,中国农村劳动力流动国际研讨会论文,1996。

董克用:《劳动力市场的培育与完善》,海峡两岸促进中国现代化学术研讨会论文，1996年11月，上海。

劳动部课题组：《机会和能力：中国农村劳动力的就业和流动》，中国农村劳动力流动国际研讨会论文，1996。

农业部农村经济研究中心编《农村劳动力流动研究通讯》，1996。

池子华：《中国近代流民》，浙江人民出版社，1996。

张志雄主编《财经丛书》第1辑，上海财经大学出版社，1995。

郭剑英：《三种价格形式所占比重及其变化》，《中国物价》1995年第11期。

农村年度分析课题组：《1994年中国农村经济发展年度报告——兼析1995年发展趋势》，中国社会科学出版社，1995。

刘永良：《上海人口负增长与计划生育管理的对策》，《中国人口年鉴—1995》，经济管理出版社，1995。

Chan, "Migration Controls and Urban Society in Post-Mao China", Working Paper No. 1995—2, Seattle Population Research Center, University of Washington, Battelle, 1996.

Kuznets, *Economic Growth of Nations: Total Output and Production Structure*, Harvard University Press, 1971.

Chan, *Internal Migration and Policy Issues in the PRC: A Report for the Asian Development Bank*, University of Washington, Seattle, USA, 1996.

J. A. Banks, "Population Change and the Victorian City", *Victorian Studies*, 11.

斯特劳斯：《较好的营养能提高农业生产率吗?》，《政治经济学杂志》1986年第94卷第2期（Strauss, 1986, "Does Better Nutrition Raise Farm Productivity?", *Journal of Political Economics*, 1994, 2: pp. 297 ~ 320）。

萨恩、阿尔德曼：《人力资本对工资的影响及发展中国家劳动供给的决定因素》，《发展经济学杂志》1988年第29卷第2期（Sahn and Alderman, 1988, "The Effects of Human Capital on Wages, and the Determinants of Labor Supply in a Developing Country", *Journal of Development Economics*, 29, 2: pp. 157 ~ 183）。

斯蒂格利茨：《工资决定与失业的替代理论：效率工资模型》，载格索维茨等编《经济发展的理论与经验：纪念刘易斯爵士论文集》，艾伦与昂温出版公司，1982。

International Labour Organization, *Employment, Incomes and Equality: A Strategy for Increasing Productive Employment in Kenya*, Geneva, 1972.

Hamermesh and Rees, *The Economics of Work and Pay*, Harper Collins College Publishers, 1993.

The World Bank, *China: Reform of State-Owned Enterprises*, China and Mongolia Department, East Asia and Pacific Region, Report No. 14924—CHA, June 21, 1996.

Bhattacharya, "Rural-Urban Migration in Economic Development", *Journal of Economic Surveys*, vol. 7, No. 3, September 1993.

Harris and Todaro, "Migration, Unemployment and Development: A Two-Sector Analysis", *American Economic Review*, Vol. 60, March 1970.

Yap, "The Attraction of Cities: A Review of the Migration Literature", *Journal of Development Economics*, No. 4, 1977.

Li, W. L., Models of Migration, Monograph of the Population Studies Center, Taipei, 1994.

约翰森：《制度与政策对农村人口增长的效果：对中国的启示》，芝加哥大学农业经济研究办公室论文第93.13号，1993。

纳夫兹格：《发展中国家经济学》，瓦德斯沃茨出版公司，1984。

UNDP, *Human Development Report (1996)*, Oxford University Press, 1996.

中国社会科学院文库·经济研究系列

中国流动人口问题

著　　者／蔡　昉

出 版 人／谢寿光
出 版 者／社会科学文献出版社
地　　址／北京市东城区先晓胡同 10 号
邮政编码／100005
网　　址／http：//www. ssap. com. cn
网站支持／（010）65269967
责任部门／财经与管理图书事业部　（010）65286768
电子信箱／caijingbu@ ssap. cn
项目经理／周　丽
责任编辑／张　征
责任校对／王媛利
责任印制／盖永东

总 经 销／社会科学文献出版社发行部
（010）65139961　65139963
经　　销／各地书店
读者服务／市场部（010）65285539
法律顾问／北京建元律师事务所
排　　版／北京亿方合创科技发展有限公司
印　　刷／北京智力达印刷有限公司

开　　本／787×1092 毫米　1/16 开
印　　张／14.25
字　　数／216 千字
版　　次／2007 年 1 月第 2 版
印　　次／2007 年 1 月第 1 次印刷

书　　号／ISBN 978-7-80230-390-4/F·105
定　　价／35.00 元

本书如有破损、缺页、装订错误，
请与本社市场部联系更换

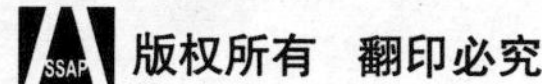

版权所有　翻印必究